U0580126

Was ist
Kritik

耶吉作品系列

什么是批判

[德] 拉埃尔·耶吉　蒂洛·韦舍　编
孙铁根　等译

北京师范大学出版集团
BEIJING NORMAL UNIVERSITY PUBLISHING GROUP
北京师范大学出版社

总　序

21 世纪以来，当代德国哲学似乎风头不再。除了哈贝马斯和霍耐特仍不时出版著作，提醒着人们德国的“学统”仍然赓续不绝，似乎很少再有什么特别引人关注的人物、著作和思想出现。这不但与法国哲学和英美哲学的风头无两的局面形成了鲜明的对照，也更难与作为西方哲学史上的高峰即以康德、黑格尔等为代表的德国古典哲学所受到的关注相提并论。从二战后至今，德国哲学除了法兰克福学派，尤其是哈贝马斯、霍耐特等少数思想家的著作得到了较多但并不系统的翻译和研究，它在国内整体上显得“边缘化”。究竟是德国学界整体上思想“贫瘠”，还是他们确实出现了诸多成果但没有得到国内学界的真正重视？这需要在学术上给予澄清，更应该在事实上予以改善。

一

马克思主义研究需要“瞻前顾后”。所谓“瞻前”，是指马克思主义研究需要不断“回到马克思”，既要进行基础性的文本文献研究工作，这相当程度上可以视为“马克思学”的研究主题，也要挖掘和阐发马克思、恩格斯的思想。所谓“顾后”，则是指马克思主义研究应该及时关注国外左翼学者尤其是国外马克思主义研究者最新的研究进展。他们关于当下晚期资本主义的分析和批判，应该成为国外马克思主义哲学研究的主要论域。进而言之，西方马克思主义著作的译介在一定程度上能够推动马克思主义的研究。正如习近平总书记所说，“学习研究当代世界马克思主义思潮，对我们推进马克思主义中国化，发展21世纪马克思主义、当代中国马克思主义具有积极作用”。

正是基于上述考量，我们这个团队的主要成员基本上形成了这样的认识，马克思主义研究需要在一定程度上做到“一体两翼”。所谓“一体”指的是马克思主义理论。作为马克思主义研究者，我们需要把主要精力放在马克思主义理论的阐释和发展上。青年马克思在《〈黑格尔法哲学批判〉导言》中提出，德国需要彻底的革命，以便让人们获得解放，而“这个解放的头脑是哲学”，这就为马克思主义研究者奠定了永恒的主题。

所谓“两翼”一是指马克思主义经典作家尤其是马克思恩格斯的文本文献研究；另一则是指西方马克思主义研究。马克思恩格斯文本文献研究由于能够奠定马克思主义研究的文献学基础，夯实研究者的基本功，因此能够让研究者“飞得更稳”。西方马克思主义的研究主题日新月异，能够及时对西方资本主义社会或者更宽泛地说现代社会出现的问题做出及时反映，并在一定程度上能够加以深刻且富有启发的反思。不管是对现代性的整体反思，还是对资本主义社会诸种危机的鞭辟入里的分析，不管是对资本主义制度的全面批判，还是试图借助西方传统思想资源“重构”现代人的生活方式，西方马克思主义基本上都“在场”。正如陈学明先生在其《西方马克思主义在中国的传播与影响研究》中所指出的，西方马克思主义不但推动了改革开放以来“一系列的理论创新”，而且任何轻视和忽视西方马克思主义的做法“都会造成马克思主义发展史的‘缺环’，都会破坏马克思主义‘谱系’的完整性”。

作为西方马克思主义最重要的学派之一，法兰克福学派及其批判理论的影响可以说是全面且深入的。我们不但在哲学领域能够看到法兰克福学派的重要思想家及其著作不断出现，而且作为该学派基本内容的批判理论被当做重要的理论分析工具，还渗透到了社会学、政治学和思想文化等诸多领域。如果从 1923 年法兰克福学派的机构即社会研究所(Institut für Sozialforschung)算起，今年恰好是法兰克福学派的百年华诞。在其百年的发展历程中，从霍克海默、阿多诺，经由马尔库塞、哈贝马斯，直至当下被人们关注的霍耐特，法兰克福学派已经不再是简单的“星丛”，而是构成了一道既有历史持久性，也有内容广泛性和深刻性的思想“星河”。“传统理论和批判理论”的对比分析，启蒙辩证法和否定辩证法的持久影响，交往行动理论的广泛应用，直至承认理论得到广泛“承认”，都彰显了这一学派的持久生命力。

法兰克福学派之所以能够称得上是一个学派，最重要的原因之一在于在这个学派内部的思想传承和发展之间保持了一种必要但又适度的张力。该学派成员都比较关注社会现实，继承了马克思的批判精神，并将批判的矛头指向了现代资本主义。但它们在哲学思想层面并没有要求一致性，反而表现出了巨大的差异性。阿多诺、霍耐特、耶吉等人比较偏爱黑格尔的思想传统，喜欢在黑格尔那里找到更多的理论资源，而哈贝马斯(尤其是晚期思想)、福斯特等人则具有比较明显的康德主义倾向。但是，该学派内容的张力恰恰刺激了该学派的发展和壮大，在一定程度上为国内学者研究马克思主义提供了新的研究视角和新的理论资源。更重要的是，他们既重视凸显自身理论上的“独特性”，也会不遗余力地借鉴和吸收对手甚至是学生的观点，在“如切如磋，如琢如磨”中成全自身，推动法兰克福学派、批判理论乃至西方学界研究领域的拓展。耶吉的学术思想就是在这种语境中发展和逐渐成熟的，因而，她的思想观点既具有非常明显的法兰克福学派的特点，也日益成为法兰克福学派当今发展不可或缺的一环。

二

作为法兰克福学派最具原创性和代表性的学者，耶吉教授与她的老师霍耐特和其他学术前辈之间既具有相似性，也具有自身的特点。就其相似性而言，耶吉秉承法兰克福学派的传统，注重从黑格尔和马克思的哲学思想中吸取理论资源，比如，她的《生活形式批判》就明显继承了黑格尔和马克思的传统，一方面在批判生活形式时试图恢复黑格尔在客观精神中特别强调的伦理生活，从而反对康德和康德哲学传统的形式主义道德哲学，另一方面，她将生活形式归结为一种“惰性实践的总和”，这很难不让人联想到马克思的实践观和“人的本质是一切社会关系的总和”的论断。就其创新性而言，耶吉一方面将理论资源扩展到了美国哲学传统，尤其是杜威的实用主义教育哲学，并予以理论上的改造，另一方面吸收了20世纪以来现代哲学的反形而上学旨趣，尤其是反对本质主义的倾向，她把异化界定为“无关系的关系”就是证明。

根据我们的理解，耶吉教授的思想发展具有高度的内在融贯性，到目前为止，她的论著之间共同构成了一个思想链条。与哈贝马斯晚年发生了自由主义转向不同①，

① 哈贝马斯的哲学思想或许过于庞大，因而其哲学立场在晚年表现得非常矛盾。一方面，当他与罗尔斯就理性的公用进行争论时，他明确承认自己与罗尔斯之间的争论是家族内部的争论，这里的家族显然是自由主义族系；另一方面，当他在新进接受采访时，又明确表达过自己的马克思主义立场。

她的思想没有出现剧烈变化；与霍耐特把“承认”概念作为其整个思想体系的核心不同，她的论著似乎也没有仅仅围绕着一个核心论题展开。但是，从异化理论到生活形式批判，然后再到对资本主义的批判，她最终形成了一套完整的现代资本主义社会批判理论。

耶吉教授的第一本也是篇幅最小的专著是《世界与人》(*Welt und Person*)。然而，就是这本小册子，尽管主旨是从阿伦特的政治—社会哲学出发讨论社会、政治以及世界和个人之间的关系，但其中对阿伦特“世界异化”的讨论为其成名作《异化》(*Entfremdung*)全面讨论“异化”作了理论铺垫，其“《生活形式批判》中所提出的具有集体实践特征的‘生活形式’”也与这本小册子中阿伦特以主体间行动来界定的政治和社会运动相关。不仅如此，这本小册子还奠定了其之后一以贯之的反本质主义立场，以及方法论上对内在批判的坚持(Immanente Kritik)。

作为耶吉教授最具代表性和原创性的著作，《异化》在一定程度上复活了似乎已经失去了生命力的“异化”概念。正如霍耐特为这本著作所作的序言中所说，由于传统的“异化”概念建立在本质主义基础之上，当20世纪哲学开始追求一种后形而上学(甚至是反形而上学)和反本质主义时，如何在新的语境下发展“异化”就成了一个“难题”，这也让很多哲学家对此望而却步。耶吉在充分吸收黑格尔—马克思传统的异化理论以及存在主义异化理论的合理内核的基础上，对异化概念作出了反本质主义的发展，将异化概念界定为“无关系的关系”，将其视为人的本真性（Authentizität）丧失，从而为异化批判确立了规范性基础。但是，耶吉尽管仍然像大多数哲学家一样寻求社会—实践哲学的规范性，但并非单纯的思辨论证，而是通过四个极具独立性但同时从不同侧面体现现代人异化状态的具体案例勾勒人的异化状态，对异化现象作出了微观分析，从而重构了异化概念。在此基础上，耶吉将传统异化概念强调的自由、解放、自我实现以及自我决定等概念进行了更为充分的分析和诠释，详细论述了自我异化和社会异化之间的关系。

耶吉在《异化》中讨论主体并没有随着该书的出版而告一段落，相反，其中很多内容在她的另一部重要著作《生活形式批判》（*Kritik von Lebensformen*）中得到了延续和发展。从宏观层面看，异化现象的盛行必然导致人们对现代社会的反思，进而促进人们考虑现代社会的转型问题，这恰恰是《生活形式批判》的重点研究内容。实际上，如果我们带着自身的“前见”来解读耶吉的异化理论，那么她从微观的甚至是生活化的场景中讨论人的异化，必然也会导致应该从具体的生活语境中分析异化的“扬弃”，这种思路自然而然会更倾向具有一定情景主义的伦理解决方案，而不会倚重形式主义道德。因而，耶吉在《生活形式批判》导言中开宗明义批判了当代自由主义的“伦理节制主义”（ethische Enthaltsamkeit），并且在批判方法上更侧重伦理和文化批判——尽管她试图把功能性批判、道德性批判和伦理性批判综合应用——同时把批判的矛头直接指向了仅仅重视道德分析或批判的罗尔斯和哈贝马斯。也正是在此意义上，耶吉毫不讳言黑格尔对其思想的影响，同时对麦金泰尔等社群主义者表现出来更明显的亲和性。当耶吉试图通过学习作为现代社会转型的动力机制时，伦理主义强调的传统也就成了其非常重视的资源。

如果说上述著作展现了耶吉的思想发展立场，那么她和弗雷泽以对话体的方式共同完成的《批判理论视域中资本主义》(*Capitalism: A Conversation in Critical Theory*)则可以视为其理论的阶段性总结，因为截至目前耶吉所有的著作都或明或暗地指向了资本主义批判。她在这部著作中根据经济生产和社会再生产、自然领域和经济领域、经济和政治以及剥削和剥夺的制度性分离，论述了资本主义发展的四个阶段，即商业资本主义、自由竞争资本主义、国家管理资本主义和金融资本主义。她们一方面指出，资本主义当前面临着“总危机”，因此需要从功能主义的、道德的和伦理的角度进行批判；另一方面，要求重视资本主义的制度性分离导致的边界斗争及其解放意义。关于批判方法的论述，耶吉不但在《生活形式批判》《批判理论视域中的资本主义》等著作中给予了论证和应用，而且还专门编辑出版了《什么是批判》(*Was ist Kritik*)一书，更为集中和充分地讨论了“外部批判”“内部批判”和“内在批判”以及功能性批判、道德性批判和伦理性批判的具体定义，在一定程度上深化了人们对作为方法的批判的认识。

三

从学术的角度而言，我们认为在学术著作的译介方面，应该多向国外同行学习。在访学期间，我注意到国际上比较重要的学术著作，德国同行基本上都会非常及时地将其翻译成德文，比如齐泽克、阿甘本等人的著作。日本学界同样如此。当我们在研究马克思早期思想而苦于缺少相关的背景资料(比如关于鲍威尔等青年黑格尔派的一手文献)时，日本学界已经基本上把这些文献翻译成了日文，大体上完成了这项任务。我想这也是日本马克思主义研究能够取得让人敬佩的成就的原因之一。

如果承认国外马克思主义的理论价值，那么可能需要进一步解释的就是为什么选择法兰克福学派中目前比较有影响力的拉埃尔·耶吉教授的著作。关于法兰克福学派，我们不打算在这里解释太多，因为这一学派对国内学者而言太熟悉了，且不说霍克海默、阿多诺、马尔库塞以及目前得到世界哲学界广泛认可的哈贝马斯，就是霍耐特乃至福斯特等人也都开始受到越来越多的关注。上文提到的国内正在陆续出版的几位著作家的文集就已经证明了这一点。但为什么要选择翻译耶吉教授的著作，则需要做个简要的非学术方面的解释。

严格来说，国内系统翻译和研究耶吉的论著的成果并不多。除了部分学者的少量译文和研究其异化和生活形式批判的论文外，甚至还没有系统研究其思想的论著。[①] 但这并不意味着耶吉教授的著作没有原创性和影响力，国内对她的忽视相对而言有些“不公平”。耶吉教授在2012年曾在复旦大学开设过“社会批判和现代政治”(Social Critique and Modern Politics)研讨班，但奇怪的是，她的这一活动并没有引起太多关注，更没有形成持久影响。这可能是因为她比较年轻，她的理论以及她在法兰克福学派中的学术地位没有得到充分认可。这种情况一直持续到了2018年。当平卡德教授在接受学术采访的时候论及法兰克福学派时，专门提到了福斯特和耶吉。尤其是，随着霍耐特的《物化：承认理论探析》、罗萨的《新异化的诞生：社会加速批判理论大纲》等著作的翻译和引介得到了一定的改观，因为两位作者在自己的著作中都承认耶吉的《异化》一书对他们有过或直接或间接的影响。2018年，我们有幸受耶吉教授邀请赴洪堡大学访学，这给我们提供了了解耶吉和全面阅读理解她的著作的机会。

在洪堡大学访学期间，我们一直参加耶吉教授及其

---

① 根据笔者的不完全了解，国内相对较系统研究耶吉教授的学位论文只有两篇，而且都是篇幅较短的硕士学位论文。

团队组织的研讨班，向德国同行乃至世界一流学者学习(期间耶吉教授曾邀请查尔斯·泰勒教授到洪堡大学学术交流)。更重要的是，我们利用与耶吉教授为数不多的直接交流的机会(不巧的是，在我们访学期间，耶吉教授又应邀到美国访学交流半年有余)，向她表达了翻译其著作的意愿。尽管当时她比较高兴地应允了此项“工程”，但仍表现出了些许的“担忧”，毕竟，她虽算不上是著作等身，但在国际学界颇有影响且具有相当理论深度的著作业已发表了几部。

当代德国思想在国内遭受“冷遇”的状况最近几年正在起变化，这种变化最直接的体现就是译介德国学术著作的逐年增多。国内学界不但开始系统翻译德国古典哲学，先后出版或正在出版《康德著作全集》《黑格尔全集》以及《谢林著作集》等，而法兰克福学派的重要著作家的著作也得到了关注和集中翻译，并且先后出版了《阿多诺选集》《马尔库塞文集》《福斯特选集》等译著。这些翻译工作无疑会推动马克思主义研究的深入。我们这套译丛，目的之一也在于在推进国内德国思想研究和国外马克思主义研究上贡献绵薄之力。

需要补充的是，这套书尽管数量不多，但由于这是我们首次主编学术类译丛，因此在翻译和出版过程中波折不断，时间上也一再拖延。虽然我们体会到了作为主编的不易，但我们更想在这里感谢参与翻译的各位译者，对他们的辛苦付出深表感谢和敬佩。当然，我们的翻译或许存在很多不足之处，我们也诚恳希望方家给予指点。在出版过程中，北京师范大学出版社的祁传华老师、刘溪老师等不但提出了编辑方面的意见，而且给予了很多专业方面的支持，更是对我们的“拖延症”表现出了极大的耐心，我们在表达自己谢意的同时，也想表达我们的歉意。子曰：“益者三友：友直，友谅，友多闻。”(《论语·季氏》)对于这样的“益友”，我们希望和他们有更多的合作机会，得到他们更多的帮助。

田毅松　王贵贤

2023 年 3 月

目　录

导论　什么是批判　1

拉埃尔·耶吉(Rahel Jaeggi)

蒂洛·韦舍(Tilo Wesche)　刘珂舟　译

第一部分　作为实践的批判

时间关系批判

——加速与异化作为社会批评的关键概念　21

哈特穆特·罗萨(Hartmut Rosa)　施林青　译

一、批判性社会哲学的基础和尺度　21

二、一份实质性的当代社会批评　41

(意识形态)批判如何被规训

——在哲学、社会学和艺术之间　61

露丝·桑德雷格(Ruth Sonderegger)　刘万瑚　译

一、现状描述 61
二、批判之基础 63
三、以哈贝马斯为例 65
四、意识形态批判 71
五、在意识形态方面的工作——最近的两个例子 76
六、带给哲学的结论 91

批判社会学还是批判理论
——与罗宾·切利凯特的对话 95
吕克·博尔坦斯基(Luc Boltanski)
阿克塞尔·霍耐特(Axel Honneth) 孙铁根 译

第二部分 批判的规范性基础

朝向社会批判的理性化 137
梅芙·库克(Maeve Cooke) 孙铁根 译

批判，以及它如何可能变得更好 158
吕迪格·比特纳(Rüdiger Bittner) 韩骁 译

批判的基础
——论社会辩护秩序中人的尊严的概念 181
莱纳·福斯特(Rainer Forst) 文晗 译

资产阶级哲学和"批判"概念　201

雷蒙·盖斯(Raymond Geuss)　施林青　译

第三部分　内与外：批判的星群

反思，治疗，展示

——批判的形式　233

蒂洛·韦舍(Tilo Wesche)　韩骁　译

一、启蒙批判　234

二、作为辩护活动的批判　242

三、内在的和超越的批判　247

四、反思的批判维度　250

五、治疗性的批判　252

六、作为展示活动的批判　255

七、批判作为审美的展示活动　258

八、作为对话性展示活动的批判　262

九、作为理论性展示活动的批判　267

什么是批判

——一篇关于福柯美德的论文　272

朱迪斯·巴特勒(Judith Butler)　孙铁根　译

谱系学的批判　306

马丁·萨尔(Martin Saar)　韩骁　译

一、谱系学的要素　309

二、行动中的谱系学　320

三、谱系学批判的特征　326

什么是意识形态批判？　333

拉埃尔·耶吉(Rahel Jaeggi)　武潇洁　译

一、何为意识形态批判?　336

二、意识形态批判的悖论　341

三、作为内在批判的意识形态批判　357

四、结　语　367

第四部分　批判的解释学和科学

搭档和批判者

——对心理治疗谈话的批判解释学　373

约阿希姆·屈兴霍夫(Joachim Küchenhoff)　阿思汗　译

一、分析者的批判目标　374

二、批判的诸形式　386

三、结论：批判立场与对批判立场的批判的摇摆　394

解释学与批判　398
艾米尔·安戈恩(Emil Angehrn)　阿思汗　译
一、反题和补充　398
二、理解的边界：不理解、误解　403
三、意义的错误：意义的扭曲、意义的遮蔽、意义的回撤　407
四、世界的否定性：不可理解的东西与不应当存在的东西　411
五、批判性的解释学和否定主义　416
六、解释学意义与存在的意义　422

理解－怀疑－批判　425
君特·菲加尔(Günter Figal)　刘珂舟　译

科学与批判
——一些历史性的观察　443
米歇尔·汉普(Michael Hampe)　阿思汗　译
一、作为科学的批判　444
二、被批判的科学　456

译后记　466

导论　什么是批判

拉埃尔·耶吉(Rahel Jaeggi)
蒂洛·韦舍(Tilo Wesche)
刘珂舟　译

一

什么是批判，我们为何进行批判？对批判条件与可能性的追问总发生于实际情形(Gegebenheiten)被分析、被判断或作为错误被拒斥之时。照此理解，批判是人类实践建构性的组成部分。只要存在余地(Spielräume)，存在解释和抉择的可能性，就总存在人类的批判行为。当可能这样或那样行事时，人们也就可能错误地或不恰当地行事，并相应地因此被批判。如果批判针对社会关系，则它质疑的是社会价值、行为和体制及与之相关联的世界和自身意义，这乃是出于这样的假设，即它们并非必须如其所是这般。

由此观之，似乎批判实践离开人类的行为关联是全然不可想象的；另一方面，这又相当确定地提出了“究竟为何(仍要)批判”的问题。既然社会关系如此呈现，似乎没有与之相对的替代选项，其中也没有什么抉择余地，批判的可能性似乎就消失了。然而，即使当哲学家理查德·罗蒂声称：“揭示或阐明一种现行做法的最好办法似乎是另外提出一种做法，而非批判现有做法。”[①]他也只是以一种影响深远的方式同一种特定的批判理念话别，正如这一理念长久以来支配着我们理论与实践的自身理解那样。

值得注意的是，他在此否定的不是已存在的行为和体制自在的变化价值。相反，被质疑的是这样的假设，即从旧的、被视为有缺陷的实践到一种新的实践之间存在有根据的转换。也就是说，不存在某种尺度，使得批判推动的转型可被视为一种面向改善的进步，而不仅仅是转换为某种不同的东西。并且，在旧形势下也不存在什么适合新形势的资源，如同以激进转型为基础的马克思式纲领期望的，当马克思视作其“新思潮”特色时所强调的那样，这将“不想教条式地预测未来，而只是想通

① Richard Rorty, »Feminism, Ideology, and Deconstruction: A Pragmatist View«, in: Slavoj Žižek (Hg.): *Mapping Ideology*, London, New York, S. 226-234, hier: S. 227.

过批判旧世界发现新世界”①。

在这种批判性转型或“飞跃”(Sprung)的抉择中，批判计划的一种根本特征就清楚了：批判总是同时意味着离解(Dissoziation)和聚合(Assoziation)。它区分、分离和疏远，它也连接、关涉、联系。换言之，它是一种从聚合中产生的离解和一种在离解中的聚合。激进的反驳在此意义上也是一种关涉，而在现有秩序的断裂处构建的批判也和应当被克服的处境相关。

这种情况说明，批判的实践前提多么丰富，而批判行动的运作及其方式是多么不明。批判与其对象间，以及批判者与被其批判者之间的具体关系如何，这一疑问导向了在本书中以不同方式被专题讨论的一系列问题。

(1)对旧事物的批判与新事物的可能性间是什么关系？一部分人坚持批判的否定性，另一部分人则要求批判有建构性的环节，这是因为，对现有事物的批判若要有效，就必然需要它的肯定性反面图景(Gegenbild)的推动力。

(2)如何证明标准(这些标准使批判者得以将给定情形当作错的、坏的、不合适的或有缺陷的进行批判)，以及是否存在超出个别物，超出个别或局部有效性这一

---

① Karl Marx, *Briefe aus den Deutsch-Französischen Jahrbüchern*, in: *Marx Engels Werke* (MEW), Band 1, Berlin 1976, S. 344.（译文出自《马克思恩格斯全集》第 47 卷，64 页，北京，人民出版社，2004。）

意义下的标准？这里的问题在于，批判是否能够涉及普遍有效的（与现有行为或体制相对立的“外在的”）价值标准，或者它是否仍依赖于一个共同体中现存的，而且由批判者在一定程度上“信受其言”的规范。这些问题长期在“强”与“弱”的规范性抉择中被审视，[①] 而现在，动荡和颠覆效应却越来越成为关注的重点，它们作为批判行为本应拥有破坏现有秩序的力量。

（3）什么是批判者最终所持的立场？批判是首先通过接近被批判者得以实现的，还是相反，是由于远离了那些首先使不相称的认知得以可能的现有事物？批判者相信自己能够摆脱被其所批判的现实的纠缠，从而达到一种特殊的认识论状态，这一论断不断地被批评。尽管如此，这种远离的能力可能仍属于批判实践的条件。

（4）分析和批判实践的关系，以及由此，相对于理论导向的批判者视角，社会行动者的解释权力（Deutungsmacht）究竟是怎样的？社会苦痛的表达已然是批判了，还是需要理论导向的转型程序，使社会经验成为可表达的并转化为（合理的）批判？

---

① 参见：Onora O'Neill，» Starke und schwache Gesellschaftskritik in einer globalisierten Welt «，und Michael Walzer，»Mut，Mitleid und ein gutes Auge«，in：*Deutsche Zeitschrift für Philosophie* 5，Band 48，2000，S. 719-728 und S. 709-718.

二

本书要做的是从不同角度探讨这些问题，这正是出于相信批判向来就在精神科学与社会科学中占据重要位置。另一个考虑的出发点是批判概念的多样性。比如，仅在欧洲就有两千五百年历史的哲学没有单一概念，同样，哲学所承担的批判概念也不是单一的。伴随着社会、人文与文化科学的历史变迁，这些科学的批判概念同样也在变化。因此，什么可称为批判？这一问题的解答并非要寻求一个全面的批判概念。此外，本书侧重的较窄意义域也限定了对问题的选择，不能覆盖诸如文化批判、宗教批判和图像批判等所有领域。[①] 历史地看，可以区分四种批判的意义，它们在一个系统的视角下可互相补充。

第一，与哲学同样古老的是作为启蒙（Aufklärung）的自我认识。在从神话（Mythos）到理性（Logos）的转变中，哲学作为一种认识批判登上舞台，为知识和信仰划定边界。康德的三大批判也使人们意识到，哲学和批判在表面上多么紧密地交织在一起。“批判主义”（Kritizis-

---

① 新近主题见：Ralf Konersmann，*Kulturkritik*，Frankfurt/M. 2008；Ingolf U. Dalferth und Hans-Peter Grosshans (Hg.)，*Kritik der Religion*，Tübingen 2006；Gottfried Boehm，*Wie Bilder Sinn erzeugen. Die Macht des Zeigens*，Berlin 2007；W. J. T. Mitchell，*Bildtheorie*，Frankfurt/M. 2008.

mus)正是关乎避免谬误的，谬误在理论知识中体现为独断论，在实践知识中则体现为专制。这些谬误位于知识自身之中。因此康德的批判针对独断论，认为其未能正确认识先验的、从知性自身中产生的幻象。作为对从理性自身中产生幻象的批判，它以启蒙为名反对一种虚假的启蒙。在哲学中，这样的启蒙批判自苏格拉底和柏拉图对智者的划界开始就已扎根。

第二，理论和一种历史批判紧密关联，这种历史批判与定位(Positionierung)相对立，服务于替代选项。划界、超越、改正——只要想想亚里士多德对柏拉图的批判，黑格尔对康德的批判或克尔凯郭尔、费尔巴哈和马克思对黑格尔的批判——是自身确证的媒介。理论的说服力尤其可以追溯到其对替代方案批判的强度，正如自身的侧面像(Profil)只有在对比中才能获取轮廓。由于一种理论的差异性取决于其区分力，这种区分力使其得以排除虚假的替代选项。因此，无论以何种方式，一种理论必须对待其替代选项。

第三，批判可被视为某种“知识分子角色”的说法所指向的理智德性。这种解放的批判包括了科学参与者“介入”意见形成过程的所有可设想形式，从塑造公众领域(Öffentlichkeit)到非组织地参与政治。[①] 但丁的《飨宴》(*Convivio*)展示了道德-政治价值观支配下解放批判

① Uwe Justus Wenzel (Hg.), *Der kritische Blick. Über intellektuelle Tätigkeiten und Tugenden*, Frankfurt/M. 2002.

的一个早期例证，它面向大学与教会之外的读者，目标是引导他们自决(Selbstbestimmung)，使贵族扭转他们的封建政治。[①] 解放批判的核心是实践。作为当下批判(Gegenwartskritik)，它对不公正进行诊断，通过意见建议参与所发生之事，在一个科学共同体之外发声。

“分裂”(Entzweiung)是哲学需求之来源。[②] 通过从惊奇到现实历史冲突与危机的经验转换，黑格尔不仅重新规定了哲学活动的动机，而且他由此奠定了一种对哲学全新的自身理解，理性因而得以和批判等同(当然不是批判从中产生)。只有到了黑格尔这里，哲学和批判才合为一体，批判也就是哲学批判，这是批判的第四种意义。在黑格尔这里，哲学深深地和批判交织在一起，而不能被错认为认识批判和当下批判。这种“扬弃当前世界否定因素的努力”既非致力于区分知识和谬误，也非致力于知识分子的介入；[③] 亦未要求哲学和批判的统一，从而将日常政治的介入从“副业”提升至“主业”并以

---

① Dante Alighieri, *Das Gastmahl*, erstes bis viertes Buch, Hamburg 1996-2004.

② Georg Wilhelm Friedrich Hegel, »Differenz des Fichteschen und Schellingschen Systems der Philosophie«, in: ders., *Werke*, Band 2, Frankfurt/M. 1970, S. 7-138, hier: S. 20 (im Original u. a. kursiv).

③ 参见黑格尔 1799—1800 年的 *Verfassungsschrift* 导论，见：*Werke*, Band 1, Frankfurt/M. 1970, S. 457-460, hier: S. 457.

"小册子"替代研究工作。[①] 从偏见、强迫和苦难中解脱本就是哲学主要的关涉，而不需要放弃其基本问题。哲学的传统核心领域不会被突袭式地解除，而将被转化进一个批判的概念。社会冲突和历史危机并非盲目降临，而是以可解释的条件为基础。黑格尔认为它们可回溯至范畴式的思维形式，这些思维形式塑造了我们对自身和世界的理解。哲学使得这些科学、文化和政治的范畴式前提明确表达为前提，它们与道岔转换(Weichenstellungen)和冲突潜能关联。在思想中把握其时代也就意味着，把时代回溯到一种表达时代的知识形式中。时代诊断和概念分析因而携起手来。此外，只要概念分析与历史上的替代选项相区分，概念分析也就嵌入了历史批判。[②] 但是，哲学中并不产生直接的行动指示，也不产生拯救现实的规划。毋宁说，哲学直接的影响力在于重建消除矛盾的潜能，这些潜能体现在现实中，体现在习惯、语言和体制的实践形式中。批判的规范性基础正是通过实践

---

① Jürgen Habermas, »Heinrich Heine und die Rolle des Intellektuellen in Deutschland«, in: ders., *Eine Art Schadensabwicklung*, Frankfurt/M. 1987, S. 25-54, hier: S. 42; ders., »Ein avantgardistischer Spürsinn für Relevanzen. Die Rolle des Intellektuellen und die Sache Europas«, in: ders., *Ach, Europa*, Frankfurt/M. 2008, S. 77-87, hier: S. 84.

② G. W. F. Hegel, »Einleitung-Über das Wesen der philosophischen Kritik überhaupt und ihr Verhältnis zum gegenwärtigen Zustand der Philosophie insbesondere«, in: ders., *Werke*, Band 2, Frankfurt/M. 1970, S. 171-187.

形式的重建得以保证的，这些形式在实存中表现出来。

哲学在后黑格尔时代不可避免地失去了批判的专有权(Exklusivrecht)。伴随着现代社会、人文与文化科学的形成，承接黑格尔，被称为哲学批判的东西就分化成了不同学科构建项目的关键概念。批判属于如此不同的规划的自身理解中心，诸如克尔凯郭尔的哲学人类学、马克思的社会理论及尼采的文化批判。以其自身重要性与之关联的还有批判理论、萨特的现象学本体论、福柯的权力理论、迈克尔·特尼森(Michael Teunissen)的辩证否定主义、德里达的解构主义和利科的批判诠释学。在这些路径中，批判的光谱越来越多地分散在两个方面。一方面是对何为批判的理解，以及对批判在社会与精神科学中作用的追问被明确提出。[1] 另一方面，形成

---

① 参见诸如：Max Horkheimer，*Traditionelle und kritische Theorie*，in：ders.，*Gesammelte Schriften*，Band 4，Frankfurt/M. 1988，S. 162-225；Theodor W. Adorno，»Kritik«，in：ders.，*Gesammelte Schriften*，Band 10. 2，Frankfurt/M. 1977，S. 785-793；Michel Foucault，*Was ist Kritik?*，Berlin 1992；Roland Barthes，»Was ist Kritik? «，in：ders.，*Am Nullpunkt der Literatur*；*Literatur oder Geschichte*；*Kritik und Wahrheit*，Frankfurt/M 2006，S. 117-123. 先行的概念澄清来自瓦尔特·本雅明的工作。和康德不同，“这一术语对浪漫派和思辨哲学意味着批判：客观有效，谨慎创造。批判意味着将思想尽可能提升至超越所有联系的地步，使得仿佛对真理的认识从对联系之谬误的见解中魔幻般地跃出了”。(Walter Benjamin，»Der Begriff der Kunstkritik in der deutschen Romantik«，in：ders.，*Gesammelte Schriften*，Band I. 1，Frankfurt/M. 1991，S. 7-122，hier：S. 51.)

了一种对批判的规范性基础的强化问题意识，这种批判与现实相对，同时又从现实中汲取资源。伴随着内在的和超越的批判，以及谱系学批判这些表达，提出了规范性基础如何得以保证的解决办法。

三

本书第一部分的文章聚焦的问题是，作为实践的批判如何展现，以及批判和理论的关系如何。哪些是理论的批判任务，以及社会理论、社会学和社会哲学若要成为批判性的，它们对于实践有哪些功能？哈特穆特·罗萨(Hartmut Rosa)为社会学指定的任务是，发掘集体错失良好生活(das kollektive Verfehlen eines guten Lebens)的系统性原因。这种批判从成功生活的概念中提取其标准，而这些概念是有社会效用的，是能对主体进行行为引导的，即使这种批判证明(如在涉及当代社会时)，在这种社会中，现代性本身的基本承诺，即文化和政治的自主(Autonomie)规划，有被侵蚀的危险。罗萨将这种通过特定类型独立进程对自主的威胁等同于两种相互指涉的病理学现象，即加速(Beschleunigung)和异化(Entfremdung)。社会批判的任务则在于，将那些已然被主体感知到，但还未及被展示的机制展示出来。

社会批判可以作为社会苦痛的展示实例起作用，而不对涉及者进行约束，这也是露丝·桑德雷格(Ruth

Sonderegger)对重启意识形态批判进行辩护的中心直觉。桑德雷格以哈贝马斯的社会理论为例断言，批判的社会理论一旦固化在“不断的理由辩论”中，就会陷入这些理论造成的疏离行动者自己视角的情形。与之相对，桑德雷格以两个例子介绍了实践意识形态批判的可能性，从而从理由问题导致的失败主义支配中解脱出来。皮埃尔·布迪厄的《世界的苦难》中搜集的访谈，以及达内兄弟的电影都绝不是社会现实的单纯映象，而是将社会排斥和社会苦痛如此展示，使之向社会和政治批判开放。

在罗宾·塞利卡茨(Robin Celikates)与吕克·博尔坦斯基(Luc Boltanski)和阿克塞尔·霍耐特(Axel Honneth)的对谈中，重点是追问“习惯行为体”的位置，以及社会现实中有迹可循的社会苦痛的经验作用。在此，两种以不同方式把握批判现象的当代思想方向发生碰撞：一是“批判的社会学”，这是法国社会学家吕克·博尔坦斯基在与“政治与道德社会学小组”(Groupe de Sociologie Politique et Morale)其他成员的紧密合作中发展出来的；二是与法兰克福学派有传统关联的“批判理论”，德国社会哲学家阿克塞尔·霍耐特将其作为承认理论继续发展。在阐明了各自的理论渊源和特征后，两位理论家将尝试探讨习惯行为体相对于理论的位置，以及理论和实践的关系，以求以不同方式勾勒这样一个立场，它既可以是批判的，又能够连通行为体的经验和自身指涉。

社会批判的规范性基础是怎样的，这种批判出于何种理由能够要求全面的效力和理性？为了能够施展其驱动力，社会批判需要一个相对现有社会的、肯定性的反面图景，还是可以纯然否定性地进行？这些问题是本书第二部分的中心。梅芙·库克（Maeve Cooke）的文章代表了这样的观点，即批判理论必须总是包含乌托邦要素。批判理论以阻碍人类生活成功的社会因素为目标，也就不可避免地涉及对一个“良好社会”的构想。但这些乌托邦不应被理解为“建筑图纸”（Bauplan）或对一个新社会形式的具体规划，而应被理解为一种有开辟世界力量与伦理指向功能的虚构（Fiktion）。库克将批判社会理论的推动力视为“理性和感性的协调”。良好生活激励图像的“开辟”和感性占据的力量伴随着一种对理性的要求。就此而言，库克把推动社会批判的，对于正义、合法和幸福的构想视为“超越对象”（transzendierendes Objekt），我们的认识只能接近，但不能完全企及它。作为超越的对象，它有一种非历史的、绝对的特征，但另一方面，它又会不断地被重新表现和展示出来。

吕迪格·比特纳（Rüdiger Bittner）同样也处理了这一问题，即批判是否依赖于肯定性的反面图景，从而必然是建构性的。他批评了霍克海默和阿多诺式“批判理论”的整体性要求和反图像化的宗教动机，并在他的思考中某种程度上消解了这个问题的意义。比特纳认为，批判可以是，但不必须是建构性的；它可以，但不是必须提供相对于被批判判定为坏关系的反面图景。即使不关联评价推导出来的更好的东西，作为评价性命题的批判也是完整的。但我们实现这样一种评价的过程可能会依赖于对替代选项的考量。

从涉及人类尊严的理念出发，社会斗争产生了推动力，就此而言，莱纳·福斯特(Rainer Forst)的文章讨论了内在和超越的，特殊的和可普遍化的批判标准的对立。对于尊重人之尊严的要求，在一种特定的、语境相关的形式下主张一种“每个人作为人的核心中应得的”权利。作为对社会秩序跨语境的批判，“批判之根据”展现了人作为“有根据的，有正当性的生物”与一种基本的正当性权利之间的关系。批判理论的任务因而可被视为“正当性关系批判”，并从非专制的立场，以某种形式的社会结构转型为目标，使得个体能够在政治的意义上将自身经验为自主的生物。

从维特根斯坦的一个评论出发，雷蒙·盖斯(Raymond Geuss)在他的文章里探讨了“市民思想”与激进社会批判间的差别。若“市民思想”通过一种强肯定性的态度和“这个世界本质上或根本上还行”的乐观假设来界定，那么这种思想就限于现有的社会框架内的改善和重构。但盖斯进一步问，如若这种乐观态度导向一种与现有事物的同谋，甚至导向一种“社会弊端的深层串谋”又当如何呢？冲破“市民正直”和市民乐观主义的人是卢卡奇和阿多诺这些人，对他们而言，激进的社会变革似乎显现为一种即使(对阿多诺而言)并非一定是可计划的，但总是必要的选项。尽管如此，按照盖斯悲观的最终诊断，这种“批判，作为市民时代产物”可能在这个时代将“不能幸存”。

批判的力场(Kraftfeld)在两方面受到限制。批判必须面对其接受者证明自身正当，若批判命中其接受者，批判就还要同时能够反对其接受者的自身理解。内与外，内在与超越的批判思维模式要对这两个方向的交叉负责。蒂洛·韦舍(Tilo Wesche)把批判描述为一种正当实践，它与诸如思维习惯和感知扭曲的抗阻相对立。对应于错误、强迫构想和简单化指引的区分，我们也可以区分三种批判，即反思型、治疗型和描述型，在其中，内与外以有效的方式交织。媒体上批判一种现代性落后于其幸福和自由的承诺，这主要是描述型批判。

朱迪斯·巴特勒(Judith Butler)在她讨论福柯联系批判和德性的论文中强调了内与外的脆弱平衡。要批判性远离标准认识方式，只能扎根于，同时又超出这些认识方式。批判试图追问其在这种行为中必须回溯至的有效确定性。这种对自身认识论确定性的怀疑因而需要准备面对风险、危害和损害安全性。这种自身转型并不是作为一种认识论态度或认识行为，而是作为一种忍受不确定性的生活实践发生的。对不安全平衡的实践承受能力是福柯称为“存在的技艺”并用以辩护批判与德性，与伦理实践同化的主要标志。

马丁·萨尔(Martin Saar)展示了，在何种程度上谱系学批判内外星群的重心以独特的方式被转移了。这种由尼采和福柯发展起来的批判形式的特有的(sui generis)基本元素是主体理论、权力分析和描述形式。谱系学的批判性效果在于自身历史的分解式反思，这一历史也总是一种权力进程的变换历史。固有的自身理解被动摇，其他可能性借助特殊文本策略和论证修辞手段被提出。通过对价值、实践和体制的历史化，谱系学以一种社会批判的名义通达了残缺的自由、与统治的纠葛及难以觉察的依赖等现象。

若无对其基本假设的合适检查，社会统治的意识形态批判是很难被重新激活的。正如拉埃尔·耶吉 (Rahel Jaeggi)解释的那样，对意识形态批判进行当下化和重新界定的前提展现了两个悖论的解决。通过对内在批判是什么的正确理解，意识形态批判同时既真又假，既是规范性的又是非规范性的悖论可以被解决。内在批判展示了一种双重改造。它的目的是改造那种在实存中作为真正矛盾发挥作用的规范，并且自身也作为一个发展的学习过程而受到改造。在这样一种学习和经验进程理性的基础上，可以重新赢得一个意识形态批判的纲领，从而消除这样的批评，即认为意识形态批判涉及相对于被批判者权威的不对称性。

批判诠释学的规划由这一假设出发，即要领会相关者以前不能领会其意义的行为和特征，仍然必须要通过其自身解释才能够实现。对精神分析诊疗的运用对批判诠释学确有示范性地位，如约阿希姆·屈兴霍夫(Joachim Küchenhoff)所解释的，内在和外在批判的相互作用从一开始就是关键。在精神分析疗法中，分析者扮演了参与者和批判者的双重角色。在从分析对象视角对体验世界进行的重构中，分析者准备探索一种传播关系而交织于感知扭曲中。另外，只要对拒斥、挤压和固化的消除依赖于健康政治的框架条件，治疗技术以及心理健康的规范性标准的分析者也会从外部进行干预。经由被分析者，承担批判分析能力的道路就要独自经历两种角色的相互作用。

艾米尔·安戈恩(Emil Angehrn)提出的问题是，批判诠释学是否以及在何种程度上能被视为超出示范性地位的一种世界和自身解释的普遍结构。诠释学的批判潜能是这一想法最精密的衍生物，即一种文化的、历史的或社会的理解处在与非理解的一种紧张关系中。意义总是伴随着无意义和反意义与我们遭遇，这使得对我们放弃理解的理解得以实现。人的相互理解本质上经历了三个层次，即对理解不可通达的批判、对感知错误的批判、对实在否定性的拒斥。诠释学和批判的交织尤其表现在否定的推动力上，而否定恰恰点燃了理解的希望。

君特·菲加尔(Günter Figal)认为，成功打破诠释学和批判表面的概念对立，既是对怀疑诠释学，也是对伽达默尔诠释学的转化。利科的怀疑诠释学和所有意识形态批判一样是外在批判。但伽达默尔的诠释学也不能提供替代选项，根据这种诠释学，我们的理解排除了相对历史语境的批判性距离。毋宁说，理解的努力包含了批判的导向。根据这样一种融合型的诠释学，批判是理解的内在和必要元素，因为理解只有在和其他解释可能性的比较中得以保留。批判标准就在理解自身中，并且在于，一种解释必须达到相对于其他解释的区分性与简明性。

批判在静态的同一与对立中无法展开，也体现在其与科学的关系中。米歇尔·汉普(Michael Hampe)通过区分科学与知识的三种历史联系解释了批判的动态特征。尽管批判并非科学的本质特征，但在现代的开端，科学是以批判为名建立起来的，这种批判直指宗教教条及其在常识中的具体体现。科学的批判功能首先涉及对自身与世界理解的文化与社会框架条件。随着现代科学的出现，科学的批判功能转向了内部批判。自达尔文、爱因斯坦和普朗克以来，一种对科学已有世界图景的超出批判就被视为科学研究动力的来源，这些图景被新理论修正。最后，涉及当代科学时，批判最终越来越扮演一个修正的角色，从常识的非科学领域出发并与对生活世界的科学化相对立。

本书的一部分文章可以追溯到 2006 年 9 月 7 日至 10 日在巴塞尔大学进行的“内在与超越——哲学批判的

星群”研讨会。我们感谢瑞士国家基金会和巴塞尔志愿学术协会对会议的大力支持。诺拉·西维尔丁(Nora Sieverding)以值得感谢的方式承担了最终的编辑的艰巨任务。最后，我们衷心感谢伊娃·吉尔默(Eva Grilmer)在本书设计上的有益支持和建议。

拉埃尔·耶吉　蒂洛·韦舍

美因河畔法兰克福和巴塞尔

2008年12月

第一部分
作为实践的批判

时间关系批判

——加速与异化作为社会批评的关键概念[①]

哈特穆特·罗萨(Hartmut Rosa)

施林青　译

一、批判性社会哲学的基础和尺度

1. 社会学与社会批评

社会学思想本身来源于一种批评的冲动。社会学始于一种感觉，觉得社会状况中有某种东西不对劲，事情的发展偏离了应然的方向，或者事情看上去尚且正常，但却有可能受到一些病状的威胁。正是这种感觉引起了人们对社会状况的反思进程，这既发生在观念的发展

① 我要感谢安德列·斯蒂格勒(André Stiegler)对这篇文章所做的编辑工作，以及在内容上的提议，它们是富有价值和帮助性的。

中，也发生在一名社会学家的个体发展中。“人可以在不具备腿的解剖学知识的情况下走路。只有当出现问题时，解剖学才会被实际地注意到”，关于科学性反思的根本原因，马克斯·韦伯已经做出了完善的说明。① 但迈克尔·沃尔泽以及法国社会学理论家，如布尔当斯基、泰弗诺和希亚佩洛等人却正确地指出了一种相反的情况，社会批评这一科目似乎来源于一种对现有社会状况进行控诉的、人类学上的原始冲动，以及随之而来的、为社会行动的正当性进行辩护的紧迫性要求。② 由

---

① Max Weber, *Gesammelte Aufsätze zur Wissenschaftslehre*, hg. von J. Winckelmann, Tübingen 1922, S. 139.

② “社会批评必然与社会本身一样古老。……控诉是自我主张的一种基本形式，对控诉的回应是互相承认的一种基本形式。当我们考虑的不是存在本身而是社会性存在时(也就是对他人存在)，控诉这一行为就足够证明：我控诉，因此我存在。我们讨论这一控诉，因此我们存在。……就社会性存在而言，控诉这一实践行为被精心修饰，通过讽刺、争论、劝诫、起诉、预言，以及数不胜数的其他常见或特殊的方式。”(Michael Walzer, *The Company of Critics. Social Criticism and Political Commitment in the Twentieth Century*, London 1989, S. 3 [dt. *Zweifel und Einmischung. Gesellschaftskritik im 20. Jahrhundert*, Frankfurt/M. 1991, S. 13; da die englische Ausgabe den Gedanken, auf den es hier ankommt, klarer auszudrücken scheint, wurde an dieser Stelle auf das Zitieren der deutschen Textpassage verzichtet, H. R.]; vgl. Luc Boltanski und Ève Chiapello, *Der neue Geist des Kapitalismus*, Konstanz 2003, und Luc Boltanksi und Laurent Thévenot, »The Sociology of Critical Capacity«, in: *The European Journal of Social Theory*, Jg. 2, 1999, S. 359-377).

此看来，社会批评在人类社会化的各种形式中都发挥着直接的、构成性的功能。

社会学和社会批评是不可分割的，因为它们共同的根源或“泥”(humus)[1]在于对美好生活的追问。更确切的表述是，追问使人类生活成功或挫败的那些社会性条件。因此，社会学关注劳动世界的问题、家庭的发展、教育的形式或者政治情况。不管是明确的还是直观的，社会学总是假定，家庭关系、教育过程、工作和政治形态与人类生活的成功与否是相关的，其形式或操作上的变化会对人们的生活方式产生影响。与这一根本问题没有任何本质关联的现象，则不会成为社会学的研究对象。[2] 韦伯思想的深刻之处也体现在这里，使一个现象成为研究对象的是它的“文化意义”。而所谓文化意义取决于对象在生活方式的视域内对行动主体的显现，显现为正面或负面相关。

当然，在当下的研究中，我们经常不能看到上述这种关联。一些研究者关注着单身户数量的增长、劳动关系持续时间的变化、选票反复性和教育流动性的分布。这类

---

① humus 本义为带有有机腐质和养料的泥土，与 urgrund 中的根系并列，指向社会学生成的环境。海德格尔在《存在与时间》中引用了相关的古罗马神话，泥(humus)是大地女神的身体，而人(homo)是由泥(humus)做成的。——译者注

② 参见：Charles Taylor, *Philosophical Papers*, 2 Bände, Cambridge/MA 1985, Band 2, und Hartmut Rosa, *Identität und kulturelle Praxis. Politische Philosophie nach Charles Taylor*, Frankfurt/M., New York 1998, S. 240-303.

研究者可能会否认他的研究与对美好生活的追问有任何关系。但实际上这些研究最终都是被那个追问所推动和合法化的，唯有这样它们才是有意义的、有资格的。而诸如一条林间道路平均被多少数量的鹅卵石包围这样的问题，如果不加以进一步的理据说明是无法获得研究经费的。

我们在一开始大致提到了那种对社会进行理论性反思的社会性冲动，现在我们能更确切地将它表述为这样一种感觉，即主体的"世界情景"以及成功的生活方式的可能性由于社会状况的改变被触动，甚至被威胁。作为一门科学的社会学产生的时机不是偶然的，现代化的进程显而易见地支配了人们直接的生活条件。在19世纪向20世纪的过渡中，伴随着工业化和城市化的进程，趋向于理性化、分化、民主化和个体化的基本现代倾向(简单说来就是社会加速的倾向)已经超出了话语的层面，并且整体性地改变了现代的生活形式。①

从马克思到涂尔干、从韦伯到西美尔或者滕尼斯，他们的经典研究的一个共同点在于，它们都始于对生活条件的剧烈改变进行观察，并导向"古代"社会与"现代"社会之间的对立。我们可以在所有社会学学科的奠基者那里发现这种对立。此外，关于这些改变倾向对人们的生活方式带来的后果，经典研究都表达了一种深深的忧虑。在马克思和韦伯那里分别体现为异化和祛魅，在涂

---

① Hartmut Rosa, David Strecker und Andrea Kottmann, *Soziologische Theorien*, Konstanz 2007, Kapitel 1.

尔干、滕尼斯和西美尔那里分别体现为失范、社会解体和真正的个体性的消失。在经典著作的社会批评维度中始终存在着对几乎“不可见的”自由丧失状态的畏惧，这种状态掩藏在现代人冠冕堂皇的自由主义及其“坚硬的外壳”之下；他们的畏惧也指向一种掩人耳目的意义丧失状态，这是个体得以进行自我规定的同时收获的另一面。

显而易见的是，社会学经典的研究方案从一开始就不仅仅指向社会批评，但我们必须看到，它们始终包含着批判性的维度，恰恰是对生活状态的变化所抱有的忧虑催生了这些方案。这些经典之所以具有取之不尽的现实意义，可能也有赖于此。每一代社会学家似乎总是一再回到这些经典，将它们视为自己工作的灵感和动力源泉。而后来产生的很多社会学成果则总是很快被人们所遗忘。① 实际上我们必须注意到，当社会学的诊断(无论是暗示性地还是明确地)处理生活的成败问题时，它往往会赢得比学术范围更广的影响力和感召力：无论是阿多诺追寻的“在错误之中正确地生活”，马尔库塞对晚期资本主义生活的单向度感到无力的愤怒，还是舒尔茨对“体验社会”的研究以及霍耐特所讨论的“为承认而斗争”，其中都清楚地表明了这一“终极背景”，而且通常

① Heinz-Jürgen Dahme und Otthein Rammstedt, » Die zeitlose Modernität der soziologischen Klassiker. Überlegungen zur Theoriekonstruktion von Émile Durkheim, Ferdinand Tönnies, Max Weber und besonders Georg Simmel «, in: dies. (Hg.), *Georg Simmel und die Moderne*, Frankfurt/M. 1984, S. 449-478.

是在作品标题中就已经表明了。批判理论之所以对社会学的新生力量持续保有吸引力，原因显然在于：就像它的计划和名称所标明的那样，它承诺为社会学的根本冲动保留地位。而与此同时，其他竞争中的学派试图拒绝社会学的原初动力和合法支柱，因为它似乎与他们所要求的"科学性"和"中立性"在价值取向上相冲突。

基于上述所言，我在这里直接提出以下论点，只有当社会学的问题意识至少间接地与成功的生活这一出发点相关联时，社会学才会是有吸引力的、有合法性的。更进一步来说，只有当它能够就研究中所暗含的"文化意义"给出明确的解释时，它才能领会社会学的基础。

布迪厄、卢曼或理性选择理论这样的理论构想曾经可以被描述为一种社会学解释的任务。如果说这类社会学解释并不是明确的社会批评，只能意味着这类研究的目的是去认识那些阻碍或提升人类生活方式的情况和进程，即便这种影响方式往往是间接的。

2. 批评的内在尺度和超越尺度

但我们在这里直接面对着一个重大的问题：社会学从何而知成功生活的尺度和标准呢？社会学如何测出社会状况中的潜在"病征"？这些状况无可避免地导致了人的痛苦。一个简短的回答是：过去 150 年的规范性理论的历史(如果人们愿意的话，或许可以说是从古代以降的全部历史)已经指出，社会学并不知道这些。社会学不利用任何非历史性的、普遍的或跨文化的尺度作为其工作的简单基础。在批判性的社会学理论中，所有试图将“真正的”需求与“虚假的”需求区分开来、从“正确的”意识中识别出客观上“错误的”意识的尝试，最终都失败了。如果某些异化理论或意识形态批判在理论上依赖于对人类“本性”或“理想的存在方式”的定义，那么所谓本性的可塑性(也就是历史-文化的可变性)会取消这类理论的合法性，除此之外，人们对所谓本质和理想的设想也不可避免地具有偶然性，这也会导致理论的不合法。正如社会学的权力批判以及后结构主义影响下的语言批判所言，任何一种表述所谓“人类核心内容”的社会学，都会迅速地落入意识形态嫌疑和同感谬误嫌疑中。当社会学误以为行动中的主体拥有关于“真正本性”或者“真实需求”的知识时，它就倾向于具有家长式色彩。

因为上述情况，主流的社会哲学家(包括那些经典理论传统内部的社会学家①)得出了这样的结论：社会批评的指导性尺度不应当是美好生活，而应当是(分配)正义。我认为这样的应对是误导性的，出于以下两个理由。第一，只关切正义和分配的社会学研究系统性地缺失了社会病理学的重要部分，而后者已经潜藏在经典著作的视野之中。一个社会可以在保证分配完全正义的同时，仍然显示出意义资源的枯竭，并遭受压倒性、结构性的异化经验。在这种条件下，得到一种使人类生活系

① 这里指的是尤尔根·哈贝马斯(Jürgen Habermas)、莱纳·佛罗斯特(Rainer Forst)和南希·弗雷泽(Nancy Fraser)。

统性成功的社会状况就不可能或者很难达成，但我们却很难从中诊断出不公。再多提一句，后现代阶段内新近出现的加速体系所导致的正是这类病征(这并不意味着它没有同时造成大量不公)。第二，所谓的正义尺度在我看来也不具有跨历史的有效性，因为正义的尺度总是奠基于个别物，无论这里的个别物是实质性的还是程序性的。它最终的落脚点在个体，仅这一点在文化上就是偶然的。来自社群主义批评家和后结构主义作者的论证在我看来都是有效的。①

围绕着个别正义尺度的普遍性问题发生了诸多讨论，这些我就不再复述了。因为对社会批评而言，存在着一条远为近便的道路，它同时有助于我们解决那个最开始的问题：适用于社会学解释和社会批评的尺度来源于我们所研究的社会本身。被损害的主体的痛苦经验本身——这些经验是由社会状况系统性地产生的——提供了社会学诊断的标准。除此之外，这一方法其实一直存在于经典理论的传统中，从马克思到霍耐特，经典理论始终在强调社会科学知识是具有历史局限性的。②

---

① 详见：Hartmut Rosa，*Identität und kulturelle Praxis. Politische Philosophie nach Charles Taylor*，Frankfurt/M.，New York 1998，S. 284 ff.

② 现在有：Lars Gertenbach und Hartmut Rosa，»Kritische Theorie«，in：N. Degele und C. Dries (Hg.)，*Gesellschaftstheorie. Basiswissen Soziologie. Eine Einführungsreihe in die Soziologie und verwandte Fächer*，München (im Erscheinen).

社会学中可靠的社会批评具有以下基本形态：社会学通过“观念的-逻辑的”研究重构了成功生活的概念，主体在日常行动中、在(特殊或日常的)决定中、在按部就班的实践中，直接或暗中追随着这些成功生活的概念(更常见的是后者那种不言明的追随)。同时，社会学解释也揭示了那些“构成性的价值观念”，这些基础性的价值观念被社会的核心制度所暗含(也直接出现在很多合法文件中)。例如，市场经济、教育机构或民主制，建立在特殊的价值观、(暗含的)成功生活的构想、对善好的理解之上，一旦离开这些，制度就不能施展其合法的约束力。① 因此，真正的社会批评应当是对结构性原因的研究，社会强化了一种引导主体行动的成功生活构想，但这些结构性的原因使得集体(或者特定群体)不能按照这种构想过上相应的美好生活。②

社会学解释当然也可以去说明，社会中具有强势地位的各种理想和构想之间是互不兼容的。不兼容一方面意味着，制度性的“指导原则”(如效率和公平，自由和团结)彼此是不能结合的，因此会在发生摩擦时引起痛苦的经

① Charles Taylor, *Philosophical Papers*, 2 Bände, Cambridge/MA 1985, Band 2, oder Hartmut Rosa, »Four Levels of Interpretation. A Paradigm for Social Philosophy and Political Criticism«, in: *Philosophy and Social Criticism*, Jg. 30, 2004, S. 691-720.

② 很显然，这很大程度上再次符合一种“交流性的”社会批评，迈克尔·沃尔泽(Michael Walzer)多次论述了这种社会批评。

验。但在另一方面，通过一种解构性的或谱系学式的操作，那些成问题的历史性理想得到了澄清，主体意识到这些理想施加在他身上的压迫或暴力，这也揭示出所谓的不兼容性。在主体追求美好生活的过程中，主体感受到不自由、异化或者别的无能为力，现在，主体可能将那些理想指认为这些感受的罪魁祸首。①

我希望在这篇文章的第二部分展示，令今天的社会批评能够发挥说服性论证力量的观点是，“现代性的承

---

① 泰勒重构了一个“本真性”的理想以作为驱动现代的主导观念，如果把这一理想与福柯所说的“真实性压迫”对举来看就非常有意思。泰勒的“白色”谱系学与福柯的“黑色”谱系学虽然都是对同一理想的(叙述性)重构，但两者截然不同：泰勒的重构将本真性的历史讲述为人类对善好的追寻的一部分，而福柯将这一历史呈现为权力斗争的产物。因此，“白色谱系学”正如泰勒所期待的那样发挥着作用，它推动着对本真性的追求作为美好生活的条件或组成部分，并且使这种追求合理化。与此同时，福柯意义上的“黑色谱系学”挫败这种追求，并使其去合法化，将其视为对成功生活的显著阻碍。这二者是社会批评的两种后果：一是以理想的名义对社会状况进行批评，二是将理想视为社会状况成问题的因和果，并对理想本身进行批评。在我看来，二者是同等合理和必需的。对我来说，挑战在于找到一种能将“白色”和“黑色”在自身之中扬弃或结合的社会批评，而且不会变成一种相对化的、被拉平的“灰色中的灰色”。参考：Charles Taylor，*The Ethics of Authenticity*，Cambridge/MA，London 1991，und Michel Foucault，»Nietzsche，die Genealogie，die Historie«，in：ders.，*Von der Subversion des Wissens*，hg. von W. Seitter，Frankfurt/M. 1987. S. 69-90.

诺”、文化上和政治上的自主性计划，[①] 与现代化的独立性进程是相抵牾的。需要明确指出，后现代的社会条件使得按照那种持续有效的现代性文化尺度追求成功的生活乃至这个社会本身，都变得更加困难，以至于不可能了。因此社会学的社会批评最终陷入一种“如果—那么”的模式。这里有待展开的核心论证是：如果我们继续坚持那些自主性（和本真性）的尺度，它们是现代的自我理解和现代的民主制度的基石，那么后现代的上升和加速制度会导致更大范围内的极其严重的病理。

3. 异化和对世界关系的批评

接下来要指出的是，加速和异化是对当代进行诊断性社会批评的关键范畴。简单来说，这个论证要说的是，现代化进程具有一种将自身孤立起来的加速力量，这种力量不断加剧，将现代性的基本承诺埋葬。这种力量按照自身的尺度来规定生活，脱离了自然的约束、物质性的短缺、习俗与传统，也超然于经济层面的生存斗争。现代的规范性计划与现代化的后现代阶段之间发生

---

① 自主性思想是现代性的规范、文化核心，约翰·阿纳松(Johann Arnason)紧接着卡斯托里亚迪斯(Castoriades)提出了这一观点：» Autonomy and Axiality «, in: ders. und P. Murphy (Hg.), *Agon, Logos, Polis: The Greek Achievement and its Aftermath*, Stuttgart 2001, S. 155-206; vgl. ferner auch Peter Wagner, *Soziologie der Moderne. Freiheit und Disziplin*, Frankfurt/M., New York 1995.

了失衡，这导致了不断加剧的异化经验。无论是个体层面还是集体层面，行动者都体验到，他们既不能主动塑造也不能被动吸纳自己的生活和社会状况，他们对自己造就的上升压力感到无能为力。与此同时，他们感到很多东西都变得陌生了，他们待着的地方、他们交往的人、他们手边的事物、他们使用的工具，乃至他们自己的需求、感情和服务于人格同一性的个人历史。在我描述的纯粹“内在的”社会批评中，加速和异化构成了范畴的基础。

在我展开实质性的时代批评之前，我想先评估一下另一种社会批评形式的可能性。这种批评的尺度不是内在于文化(现代的自主性思想)的，而是仍然预设了一个有跨文化倾向的基础形象，这种批评并不在意我们之前描述的那些困难和反对的声音。

要进行这一困难重重又毫无希望的尝试(我似乎是在违背自己的判断力)，其原因有三。

第一，正如我在自己那本关于加速的书(《加速：现代时间结构的改变》)中已经提到过的，近代的自主性理想和现代的加速原则之间存在固有的关联。自主性思想起源于动态化原则(Dynamisierungsprinzip)，或者两者至少是内在关联着的。某种自主性甚至有可能是社会情境动态化的一个功能性要求。脱离加速讨论自主性，或者脱离自主性批评来展开对加速的批评都被证明在概念上是有误导性的。如果真要这样来追问对加速的社会批评，就会阻碍我们追寻一种独立于自主性理想的成功生活。

第二，继续追寻一种衡量生活质量的尺度对我而言仍然是重要的。一方面，这一尺度不能完全取决于物质的富裕和社会的多元性①，因为我一直坚持，当富裕程度和多元性提升时，社会状况仍然有可能挫败人们的生活。另一方面，这一尺度也不能是对普遍的、“本质性”的人类需求的罗列，这种方案中最著名的例子来自玛莎·努斯鲍姆。②

第三，我感到有必要去追问，在现代的加速制度之外还有什么别的可能性。在我过去五年所进行的时代批评中，有一个核心的问题浮现在几乎所有讨论中。当我试图用我的诊断说服我的听众和对话者时，这个核心问题迟早都会出现。③ 然而这使我经常陷入疑惑。因为如果我的这一诊断是正确的，也就是说加速（以及自主性）

---

① 值得注意的是，在那些自由主义政治理论中，大家可以想一想约翰·罗尔斯主张的两条正义原则或者阿马蒂亚·森提出的能力方法（capability-approach），理论最终往往都要回溯到成功生活的这两条指征。

② Beispiel Martha Nussbaum, »Menschliches Tun und soziale Gerechtigkeit. Zur Verteidigung des aristotelischen Essentialismus«, in: M. Brumlik und H. Brunkhorst (Hg.), *Gemeinschaft und Gerechtigkeit*, Frankfurt/M. 1993, S. 323-361.

③ 参考托马斯·阿思霍伊尔（Thomas Assheuer）对我的著作所作书评的关键段落，这篇发表在《时代》（*ZEIT*）2006年1月26日第55页的书评具有广泛的影响力。

确实刻画了现代性的本质，并且比自主性在更大程度上符合整体的现代化进程，那么任何政治或经济的改革都无法解决问题。追问加速制度之外的可能性，就是在追问现代性之外的可能性。谁又胆敢声称自己能给出答案呢?！任何一个答案都必然来自现代这个背景，也无疑是傲慢的。因此，在《加速：现代时间结构的改变》这本书的关键性段落中，我认为本雅明式的“握紧刹车”仍然是一条可行的出路。

在这里我并不寻求一种经济上、政治上或者(更好的说法是“以及”)文化上的另一种社会形式，而是试图在尽可能基础的层面上追问，如何改变我们与世界的关系所遭受的社会性加速，以及究竟可以设想哪些主体与世界关系的基本形式。我的目的是对主体与世界之间成功的、病理性的种种关系给出具有时代特殊性的定义。同时也要发展出一种与文化无涉的社会批评，在我们不对跨文化的正义标准或本质性需求做出定义的情况下依然能够发挥作用。

当然，我无法立刻呈现给大家这样一种对社会性、主体性的“世界关系”所作的批评。我只是想要勾画出这一批评有可能展开的方向。

我的初步设想受现象学的启发，我认为主体始终感到自己被置于世界之中(in-die-Welt-gestellt)。这里所说的“世界”包含哈贝马斯意义上的物的客体世界(包括时间和空间)，包含与其他人类(具体的或者普遍意义上的)之间的社会世界，以及由个人身体、情感、欲望和需求组成的主体世界。对主体而言，这些世界显现为偶然的、纯粹被给定的，主体可以将世界感受为根本性的肯定或否定，主体也可以体验到自己是与世界相对立的(被动承受的)受害者或者(主动行动的)行为人。我相信自己在多大程度上、以何种方式能够对外产生影响，这首要地体现了世界关系的差别。与之相关联的是，我在多大范围内体验到世界对我是有回应的。世界时不时地对我们有所回应，这时世界似乎与我们是“有机”相连的；这时世界似乎在回应我们的思想和情感；这是“我”和“世界”处于一种积极的交流关系中。与之相反，我们也可能体验到“冷漠的”甚至“拒斥的”世界。世界向我们显现为冰凉的、僵滞的、坚硬的平面，它对主体漠不关心，或者拒绝着主体。在“有所回应的”世界中，主体往往感到自己是“被承托的”，然而在冷漠、拒斥的世界中，主体感到自己是“被抛的”。

现代主义的文学(尤其是受浪漫主义影响的抒情诗)为研究这两种基本的世界关系形式之间的联系和差异提供了大量素材，我们甚至可以怀疑，现代文学的主题就是世界经验在主动与被动之间的摇摆。一边是尼采式的冬日漫游者，感到自己是被诅咒的，世界对他而言是

"通往无垠的荒寒废墟的门"[①]；另一边是艾兴多夫式的冬日漫游者，他在同样沉默、寒冷、孤独的冬日景象中经验到了有所回应的世界关系，从"雪的寂寥中"突然有"悠扬的吟唱"升起。[②] 世界关系就在这两个形象中徘徊。浪漫派也同样寻找着能使漠然的世界"歌唱"起来的"魔杖"。[③]

令我感兴趣的是，这么多大相径庭的社会学病理诊断恰巧有一个共同点：现代人对世界的"沉默"、回应关系的缺失、对物的态度转向漠然，社会学诊断都表达了对这些情况的忧虑。这种忧虑导致了韦伯对祛魅的诊

---

① Friedrich Nietzsche, »Vereinsamt« (1884), in: ders., *Sämtliche Gedichte*, hg. v. R.-R. Wuthenow, Zürich 1999, S. 133. 在莱纳·玛利亚·里尔克的《时刻之书》中也可以找到一种相似的异化经验，"每当日落我总是讶异而零余，我是苍白的一个，从万物抽离，受一切群集的鄙夷。在那些峙立着的物之中，我是被困着的一个。"(Rainer Maria Rilke, »Das Buch von der Pilgerschaft«, in: ders., *Sämtliche Werke*, Band 1, hg. vom Rilke-Archiv in Verbindung mit R. Sieber-Rilke, besorgt von E. Zinn, Wiesbaden, Frankfurt/M. 1962, S. 305-341, hier: S. 309.)

② Joseph Freiherr v. Eichendorff, »Weihnachten« (1837), in: ders., *Werke*, Band 1, nach den Ausgaben letzter Hand unter Hinzuziehung der Erstdrucke hg. von A. Hillach, München 1981, S. 284.

③ 很有趣的是，神经科学中新近建立起来的关于"镜像神经元"的学说可以给我们一些提示，主体对共鸣的需要很可能植根于神经的层面。(对这一思想的通俗阐发可以参考：Joachim Bauer, *Warum ich fühle, was Du fühlst: Intuitive Kommunikation und das Geheimnis der Spiegelneurone*, München 2005.)

断、马克思主义传统中的异化和物化学说、齐美尔关注的世界性和社会性的“厌倦”。这种忧虑使得《启蒙辩证法》中对工具理性的主导地位的批判具有可信度，阿多诺对一种模仿性的自然关系的追寻也变得合理了。正如查尔斯·泰勒近来一再强调的那样，加缪的“荒谬”概念的产生并不是一个偶然，它产生自世界的沉默，面临着人类的“呼唤”、对共鸣的人类学需要。① 一个众所周知的事情是，无论在电梯里、超市里还是在电话的呼叫等待中，人们都不再能忍受片刻的无声，全球性的社会“音乐化”尝试在任何地方生产出人为的共鸣空间，与共鸣性社会情境的缺失分庭抗礼。社会学还没能对这一现象进行足够的反思，有待进一步的分析。主体仍然只能用耳机或耳塞将自己与当下及外部世界隔离开，在一定程度上陷入自我共鸣，这种情况需要一种相应的病理学诊断。②

如果说上述这种概念化的尝试被证明是不充分的或者是误解性的，我会认为，有可能的主流的世界关系的

---

① Charles Taylor, *A Secular Age*, Cambridge/MA 2007, S. 582 ff.

② 有趣的是，尽管如此，音乐学家们还是在抱怨，在全世界的音乐化背后持续发生着一种戏剧性的“力度丢失”。尤其是在流行音乐的录音媒介上，接收电平中的各种力度变化都被放弃了，因为每一次降低音量都面临着注意力丢失和张力削弱的危险。这种情况显然也可以被解释为一种象征，指向自我与世界之间一种成问题的共鸣关系。

形式在很大程度上是被社会情境所规定的。社会加速的进程极大地改变了我们置身于世界中的方式。显而易见的是，社会的加速改变了人们经验并置身于时空之中的方式，它触及了我们与他人相处时关系的本质；它改变了物的世界向我们显现的方式，以及我们与之打交道的方式；它转变了我们的自我关系以及身份模式的本质。① 关于以上这些内容，我已经在那本关于社会加速的书(《加速：现代时间结构的改变》)中给出了充分的证明。为社会批评指明方向的问题必须这样提出：社会究竟是增加了还是减少了我们拥有成功的世界关系的可能性(也包括成功的生活方式)？相较于"传统的"、现行的社会批评而言，这种提问方式有很大的优势：它揭示出，那类关涉分配正义、物质财富和多元性的尺度是不够的。实际上，这些尺度最多也只能是辅助性的。但仅仅凭借这个提问方式并不能克服上述困境，也就是说，我们并不处于一种成功的世界关系中。

正因如此，我意识到，长久以来被社会批评所关注的异化概念是关键性的。虽然理查德·沙赫特已经令人信服地指出了，在社学哲学和社会学中异化概念是完全没有希望的、自身矛盾的，异化批评可以被套用到几乎

---

① 我们可以猜想，主体与世界之间互动关系的加速减少或损害了经验到回应和共鸣的机会：人与人之间，或人与物之间"共鸣"的产生要求视为己有或彼此"振荡"的过程，这种过程几乎不会被任意地加速，但工具性的相互作用过程却可以近乎无限地被加速。

所有社会对象和条件上。[①] 但是他没有看到，异化概念坚固、统一的核心在于，它指示了主体与(部分)世界之间的关系出现的紊乱。[②] 当主体与他人之间关系“受阻”时，这意味着不再有“回应性的”联系，这时主体就与社会世界相异化了。当主体与他日常劳作和打交道的物品之间的关系“受阻”时，就不会再发生两者的融合，这时主体就与物的世界相异化了。当主体经验到自己的身体、需求、欲望或信念是陌生的、不真实的、漠然的或者“拒斥”的，那么主体就会感到自身异化。我们可以通过下述方式真切地辨别出真正的异化状态，即在各种维度上的、总体的世界关系变得脆弱、失败。如果没有根本成功的“世界关系”，一个主体的自身关系也是不可能成功的，他不能发展出一个自我，更不要说“美好生活”了。[③] 这是西方社会哲学从亚里士多德开始，直至黑格

---

① Richard Schacht, *Alienation*, Garden City 1971；与之有关的还有 Rahel Jaeggi, *Entfremdung. Zur Aktualität eines sozialphilosophischen Phänomens*, Frankfurt/M., New York 2005，试图重新在批判理论中赢回这一概念。

② 拉埃尔·耶吉同样在她划时代的计划中建议恢复异化概念，异化的核心是“无关系的关系”，也可以理解为受阻的(漠然)关系、有缺陷的融合。(Rahel Jaeggi, *Entfremdung*, *Zur Aktualität eines sozial philosophischen Phänomens*, Frankfurt/M., New York 2005.)

③ 参见：Rahel Jaeggi, *Entfremdung*, *Zur Aktualität eines sozial philosophischen Phänomens*, Frankfurt/M., New York 2005, S. 243 ff.

尔、马克思，乃至齐美尔、普莱斯纳、哈贝马斯、泰勒、桑内特等人所共享的基本立场[①]。因此“异化”这个概念实际上很可能被建立为社会批评的一个关键概念，它并不需要追溯到自主性的思想，也不需要限制在现代的视野之内。异化表达了主体和世界之间关系的受阻，这种受阻是病理性的、导致了人的痛苦。社会批评的功能就是找出这种受阻的社会性原因。世界关系的成功与否并不先天地取决于个别的正义尺度、富裕水平、对需求的定义或者文化性的价值观。当我们试图定义历史上某种具体的糟糕状况时，它们才会扮演决定性的角色。

一旦能够证明后现代的加速动力学使得三重世界对主体显现为坚硬的、漠然的、拒斥的，并且在各种层面导致异化经验(也就是失败的世界联系)，我们就会发现，加速和异化是社会批评的关键概念，这类社会批评的操作是“跨文化”的，并且不再依靠现代性内部的自主

---

① (德国)教育小说和发展小说的传统也显示出这一基本立场：它奠基了一种观点，即主体是通过在世界之中，与世界之间的积极互动来发展和塑造自己的。从《弗朗茨·斯滕巴漫游记》(*Franz Stembalds Wanderungen*)到《绿衣亨利》(*Grünen Heinrich*)，从威廉·迈斯特到安东·赖绥，教育、发展小说的多种变体都证明了，成功或失败的自我同化(Selbstaneignung)和世界同化(Weltaneignung)彼此紧密交织、不可拆解。实际上，自我同化就是世界同化，反之亦然。

性尺度。[①] 在对加速力量和异化经验的分析中，内在于社会或超越社会的两种社会批评形式汇合到一起，我在这里尝试对这两种可行的社会批评做出略述。

二、一份实质性的当代社会批评

1. 自主性的丧失：伦理自由和全面控制

现代性的基本承诺和合法性的动力核心在于自主性的理念，也就是(在个体和集体层面上的)人类的自我规定。在这一点上，哲学或社会学中那些伟大的现代性诊断不谋而合，无论它们在其他方面有多么不同。[②] 如果存在着一个现代性的规范性“计划”，它就会呈现并承诺某种特定形式的自由，这种自由在于我们应当并且能够自行规定我们是谁以及我们想要怎样的生活。现代的社

① 此处我的观点与耶吉的观点可能有显著的区别，因为耶吉认为非异化的关系或行动必须是“自我规定的”(Rahel Jaeggi, *Entfremdung, Zur Aktualität eines sozial philosophischen Phänomens*, Frankfurt/M., New York 2005, S. 244)，仍然维持着对无条件的自主性的要求。

② 参考：Charles Taylor, *Quellen des Selbst. Die Entstehung der neuzeitlichen Identität*, Frankfurt/M. 1994; Jürgen Habermas, *Der philosophische Diskurs der Moderne. Zwölf Vorlesungen*, Frankfurt/M. 1985; Arnason, »Autonomy and Axiality«, in: derS. und P. Murphy (Hg.), *Agon, Logos, Polis: The Greek Achievement and its Aftermath*, Stuttgart 2001; Peter Wagner, *Soziologie der Moderne. Freiheit und Disziplin*, Frankfurt/M., New York 1995.

会构造承诺，主体可以尽可能自由地定义什么是美好生活以及相关的生活方式，不受传统和习俗、(不正义的)政治或宗教统治的强迫，不受物质短缺、知识限制、经济上的生存斗争乃至自然限制的约束。我们应当能够自行决定，我们活动于其中的空间是亮的还是暗的，是热的还是冷的。在我们争取对自然具有自主性的当下，我们倾向于自行决定我们究竟愿意生活在一个女人还是一个男人的身体里。将美好生活等同于自我规定的生活这种理念似乎有两个“自然而然”的相关项。其一，作为一个整体的生活形式、我们活动空间和生活空间的结构都不可能服从某一个个体的意志，而是必须按照集体的意志被建构起来。因此个体的自主性必然需要集体的、政治的自主性概念作为辅助。只有当我们共同建立起那些引导我们生活方式的结构性条件时，我们才能认为这些条件是我们自己的。其二，现代性中的自主性观念会很自然地对应本真性观念。按照这种对应关系，自主性不仅仅意味着我们自行决定我们想要如何生活和行动，而且我们要成为“正当的”，也就是说在我们的生活中，我们的资质、愿望、需求、能力、倾向和边界都是“合适的”。对此很重要的是去认识，人“究竟”是什么、意愿什么。一个很基础、很有特征性的现代性表述是，我们是“具有内在深度的存在”，我们必须“倾听自己”，以寻找到对我们而言正确的东西。[1] 一旦我们缺失了这个面向，我们就会误解自己，也就必然会过上一种(自我)异化的生活。

无论是对政治自由、法律自由和社会自由的渴望，还是现代对(经济、科技)效率的追求(最终导致人们不断地追寻更多选择)，显然都以自主性承诺为根基。从法律、政治或社会的压制中解放出来，这几乎直接显现为自主性的提升。物质的富裕增加了我们(个体和政治)行为的选择以及我们自我规定的可能性，也减少了物质对我们的约束。在所有行动领域内，我们的可选项(在技术和社会层面)都增多了，因此留给我们进行自我规定的空间也变大了。经济上的富裕、政治的自由和社会文化的多元性首先显现为对现代自主性承诺的兑现，也保证了其他客体真的能与我们一起谱写生活。

实际上，西方的现代社会以高度的个体道德自主性、“限制最小化”的道德准则、史无前例的多元性和富裕程度闻名：我们为自己的居住地、关系、活动、工具、服装、营养方式、信仰内容、价值观负责，也就是为自己的生活方式负责。对此几乎没有法律上的惩罚，也越来越鲜有公开的、有约束力的道德惩罚(惩罚来自

---

① 参考：Charles Taylor，*The Ethics of Authenticity*，*Cambridge/MA*，London 1991；Hartmut Rosa，*Identität und kulturelle Praxis. Politische Philosophienach Charles Taylor*，Frankfurt/M.，New York 1998，S. 195-211.

某种裁决）。因此西方社会的个体在道德层面上获得了史无前例的“自由”。但是按照上文中社会批评的“内在”尺度，这是否意味着社会批评家已经没什么可做的了？因为主体能够按照自己的尺度来过上美好生活，似乎不存在结构性的阻碍原因横亘在成功的生活面前。在我看来情况恰好相反，社会批评家之所以被需要，首先是因为主体虽然感受到了这些造成阻碍的原因，但几乎不能表述它们。它们阻碍主体过上自我规定的生活，阻碍主体发展并奉行自己选择的生活方式，但它们不是道德、政治上的压迫或物质上的短缺，而是“不可见的”时间规范和上升规范。有一种观点认为自由资本主义的社会已经实现了个体的自主，但我们首先要对这种观点表达社会学的怀疑以及“现象学式”的诊断。

社会学层面上首先引人注意的是，与现代的限制最小化的道德准则相伴随的，是史无前例的对协调、治理、同步的需求。当大量杂多的行动交缠在一起，社会面临在协调性上前所未有的高要求，与此同时，现代社会如何还能赋予公民完全的自由，让他们不受制约地生活？在这样复杂的一种社会秩序中，种种行动和程序的链条是如此细密，它在空间上的广延又是如此巨大。它显现为一套极端的装置，要求对其成员进行约束，而不是放任他们摆脱所有道德上应然的规章。

现象学层面上继而引人注意的是，尽管主体能够在一个巨大的空间中经验到自由，但实际上，以“必须”二字来表述自身的语义学和修辞术在这个社会中对个体和集体占据着统治地位。同样几乎史无前例的情况是，后现代主体用来为自己的行动提供根据的，不是他们自身，也不是任何别的东西，而往往是“他们‘必须’这么做”。他们必须尽快清空邮箱，更新硬件和软件，查看新闻，锻炼身体，打理衣物，提高英语能力，致电朋友，照顾病中双亲，处理养老保险。是的，他们还必须尽快度一次假，休息一下，上一节纾压课程，等等。经验性的社会研究显示，那些不可避免的责任清单总是逐年变长，[①] 主体感到自己永远打着一场无望的战争，每一年都必须跑得更快，目的仅仅是保住原有的位置。其结果是“有罪的”主体构成了这个社会：我们所有人都感到自己绝对是“有罪的”。我们本应当更好地了解养老保险的相关信息；衣物并没有被打理得足够好；我们疏忽了自己的朋友和亲属；我们早就应当阅读使用说明书了；我们没有为我们的健康、退休金和英语多做些什么；我们总是在使用错误的话费套餐；我们甚至缩减了睡眠、度假和纾压练习的时间；更别提那些未能完成或者草草了事的工作任务了。[②] 这种挥之不去的罪感

---

① 参考：John Robinson und Geoffrey Godbey, *Time of Life. The Surprising Ways Americans Use Their Time*, 2. aktualisierte Aufl., University Park 1999, S. 305.

② 关于这点可以参考我的同事史蒂芬·莱森尼希(Stephan Lessenich)关于后现代社会不间断的“激励话语及其压力”所写的富有启发性的著作：*Die Neuerfindung des Sozialen. Der Sozialstaat im flexiblen Kapitalismus*, Bielefeld 2008.

在两方面最值得引起注意。其一，后现代不断生产着有罪的主体，却不为他们提供最低限度的赎罪措施。马克斯·韦伯给我们的启发是，有罪的天主教徒可以通过忏悔来赎罪。但是，我们却不可能从持续的失败中解放出来。罪的性质也同时发生了根本的转变：我们遵从或违背的不再是实质性的道德规范，一方面压制我们，另一方面又激励着我们的不再是所谓"善好"的合法性，而是那种抽象的、无目的的、非实质性的竞争压力和上升压力，它们不需要任何道德上的辩护，但正因为如此，它们同时也是道德上不可批评和修正的。它们对来自其他成功生活观的竞争是"免疫的"，在我们尝试决定自己的生活方式时，它们往往是先在的。我们成为有罪的不是因为我们追随了一种错误的生活观念，而是因为我们没有那些开启一段自主生活所需要的条件。其二，由此而来的压迫，比任何一种以往的政治-道德制度都要更加"极权"。人们可以违背、违反道德和政治的规则：人们并非必须接受它们，那些可以在内心之中摆脱它们的人至少赢得了能在(私人和集体)实践中进行反抗的操作空间，因为它们是需要物理性的压迫手段的。但卫道士不可能随时随地存在着。极权体制下的臣民夜半醒来时浑身是汗、脉搏剧烈跳动、伴随着大口呼吸的欲望，也就是一种生存性的恐惧，这种情况可以用来指示，人们生活在一个极权的上升型体制下。后现代自由资本主义公民可能很熟悉这种感觉，甚至远甚于那些生活在独裁政治下的臣民。他们的恐惧不同于对特工和对强盗般的暴君的恐惧。他们醒来时忧虑着自己跟不上了、不在路上了、不再能胜任职业的要求、将要依赖别人，或者非常清晰地认识到自己已经在依赖他人(如失业和中断学业时)。这种情境构成了对现代性的自主性承诺的一种嘲讽。按照自我规定的标准，如此生活的人肯定没有过上美好生活。

从上文来看很显然的是，社会学层面的疑虑(针对现代社会的管理要求)和现象学层面的疑虑(针对日益增长的无力感和对主体的"远距离操控")指向了后现代社会的同一种自主能力：指向了一种沉默的(也就是不被反思也不被讨论的)，也因此并不合法的现代社会的"规范性暴力"。尽管它能够"在人们的背后"进行有效的操控，但却不断葬送着现代性的自主性承诺，并且按照自身的尺度挫败着"成功的生活"。道德的私人化、富裕程度的提升和多元性的增强一直以来被我们视为自主性得以增长的保证，但现在却不再能提供答案，而是更多地成为病征的协同病因。

2. 加速：时间规范作为一种沉默的暴力

"现代性计划"使得个体在伦理层面获得了自主性，这也导致个体感到自己真的能够在伦理事务和生活目标上获得自由。在诸如宗教信仰和性取向的问题上，多元论在很大程度上被接受为一个事实。但主体仍然感到自己处于持续的压力之下，压在他们身上的不是在政治上和道德上能够被讨论和评判的伦理标准，而是不可追问的、“自然而然的”、“沉默的”时间规范。几乎没有一个孩子的父母不会担心他在发展能力和确保竞争机会的赛跑中落于人后。儿科医生们报告了在忧心忡忡的父母中间传染着的恐慌，他们担心孩子在视觉固定、爬行、坐或者说话方面比别人慢了。政客们劝说道，我们“不能继续承受”孩子直到三周岁才开始进行早教，到六岁才把孩子送去学校，让孩子在学校里学十三年，上十个学期或者花三年读博士学位。政客们还将这些付诸行动：入学年龄大幅降低、用 G8 学制高考取代 G9 学制高考[①]、六学期制的本科学位制等。中学和大学这样的教育机构不再聚焦于道德规范和目的性的使命，而是致力于将不可撼动的时间规范常规化。现代社会是由时限、日程和最后期限组成的。在现代社会中，“时间”不再显现为一种社会性的建构，而是一个简单的自然事实：时间就在那儿，时间很紧。因此，最严重的公共惩罚就是剥夺在现代社会中最有价值的东西：监禁一个人意味着夺走他可以自行支配的时间。除了金钱处罚之外这绝对是现代社会最有效的处罚方式，并且远胜于金钱处罚，它夺走的不是犯罪者的实体(也就是生命)，而是自行规定的时间。

---

① 由于教育改革，德国的文理高中学制分为 G8、G9 两种。两者区别在于，G8 将原先 6 年的文理高中初级阶段，即 5～10 年级，缩短至 5 年。——译者注

在职场中，加速的逻辑直接与提高生产力的压力挂钩。提高生产力意味着提高单位时间内的产出，从劳动力的角度出发，这意味着在更少的时间内完成更多的工作。[①] 在西方工业国家的几乎所有行业中都发生着员工人数的减少和产出的提升，这意味着在职员工的工作量在提高，同时他们也更加害怕自己在保存职位和提升竞争力的战争中落后于人，而无业的人则必须承认自己已经被“抛弃”了。

现代的加速逻辑已经以各种文化和结构的方式被书写过了[②]，但在竞争的逻辑之中还有一个核心的，可能是最核心的驱动力。现代社会的特征在于，各种善好、地位、特权和生存机会的分配不是通过（等级的）划分，也不是凭借共识、战争或等级计划来进行的，而是通过“自由竞争”来进行的。党派之间的竞争决定了谁来执政，市场决定了谁能成为富人、教授或专业的艺术家，市场要么是“自由的”，要么是受到专业规范的，地位和承认也是这样被分配的，同样被决定的还有生存的机会。现代社会的市民还围绕着伴侣、朋友、学历、权力、外貌、健康等展开其精神。

从现代向后现代的过渡在社会学意义上仍然是有争

① 在更少的时间内完成更多的工作也可以被翻译为更快的生产、流通和消费。

② 关于限制自身的种种原因，社会加速的种种表现形式及其文化性的、结构性的后果，参考：Hartmut Rosa，*Beschleunigung. Die Veränderung der Zeitstrukturen in der Moderne*，Frankfurt/M. 2005.

议的，但它或多或少是由两个彼此关联的转换所确立的。第一个转换涉及竞争与自主性之间的关系；第二个转换涉及分配竞争的形式。

以竞争为基础的“自由市场”有一个基本承诺，那就是无可辩驳的效率。分配机制从等级分配向竞争转变，我们有充分的理由相信这不仅能带来经济上的成果和富裕，而且能带来科学、政治和艺术上可能性的爆炸，甚至有可能对市民的教育和文明化做出贡献，胜于每种标准化的教育模式。[①] 几乎所有自由市场的鼓吹者——从亚当·斯密到路德维希·艾哈德、米尔顿·弗里德曼和吉多·韦斯特韦勒——都曾经并且将继续用以下论点使得自由市场合法化，他们声称自由市场提高了个体和政治的自主程度。经济上的成果和科学技术的进步第一次使得人们能够克服紧缺限制、生存斗争以及自然的、社会的限制，并且能够“自由地”决定他们想要这样生活，不受压迫，也第一次为政治提供了可供组织和分配的资源。竞争为自我规定的生活方式以及社会关系的政治组织提供了手段和基础。然而竞争的逻辑还包括，对竞争而言限制是不存在的，甚至在俗语中也有这样的表述：“竞争不眠不休。”无论对个体而言还是对集体而言，一

① 关于几乎所有社会领域中的竞争型组织方式的作用和后果，参考：Hartmut Rosa，» Wettbewerb als Interaktionismus. Kulturelle und sozialstrukturelle Konsequenzen der Konkurrenzgesellschaft «，in：*Leviathan. Zeitschrift für Sozialwissenschaft*，Jg. 34，2006，S. 82-104.

个将竞争确立为主导性分配机制的社会迫使其社会成员保持他们的竞争力。但在一个竞争的系统内部，保持竞争力就必然意味着提升能力、加大投入。马克思和韦伯都已经指出，停滞和休息就意味着持续倒退和下沉。而这导致的后果是，规范性目的与功能性手段之间的关系逐渐发生了颠倒：在(资本全球化的)后现代，政治组织沦为保持竞争力的手段，而生活方式变成了人们在角逐个体竞争机会时使用的主要工具。“工作的主体化”仅仅意味着，将生活方式的诸要素——健康、健身、择偶、业余活动、文化活动，以及时间安排(最重要的要素)——把握为在竞争体系中提升选择权和结交机会的手段。①

从社会成员的角度来看，竞争不再是为了达到(实质性)目标所采取的手段，而是自身就呈现为一个目的，生活方式服从于这一目的。此时，现代就进入了后现代，现代性所承诺的自主性逐渐褪去。与这一过渡紧密相连的事情是，竞争从一种位置的竞争变成了绩效的竞争。现代社会的特征是人们围绕位置和地位水平所展开的竞争。这在职业领域表现得最明显：上流社会的人们争夺诸如主编、教授和集团经理的位置，下层则争夺着公司门卫或清洁工的职位。一旦他们获得了这些位置或

① 从这一变化中我们可以觉察到一个普遍规律，学生们不再依照一个实质性的生活目标来做出战略性决定(例如实习、出国、选修课程)，而是期望通过这些决定结交更多人，获得更多可能性。

职位，他们就能稳定地收获一定程度的承认、地位和收入。为了在社会上获得一定地位，他们作为教授、主编或看门人就足够了。但在后现代的分配中，斗争不再取决于位置，而是取决于绩效。主编会以一年、半年甚至一周为期被考察收视率或售刊量。一个教授的出版情况，吸引的第三方资金和博士生毕业数量会以五年或三年(如果不是十二个月的话①)为周期被考察。经理人则会以年终结算、半年结算和季度结算的方式被考察。此外，清洁工、门卫或安保人员也不能一劳永逸，在有限期的合同内，分包商会根据他们的绩效表现(以及最重要的因素——他们的价格)来对他们进行考察。职位、承认和收入会一再根据"绩效"被协商和约定。对职场底部、高层和中间地带的侵蚀都因此数倍地加速着，没有人能在这场多维度的绩效之争中获胜，就像仓鼠只能在它的轮子上越跑越快。

有趣的是，这种从位置向绩效的转变不仅仅涉及职场：人们对报纸、投资、手机套餐和医疗保险的选择也不再是一个一旦做出就终身不再变动的选择，这曾经是不言自明的。现在，人们总是不断按照"绩效评价"来做出新的选择。除此之外，从"位置"向"绩效"的转变还有一个不可忽略的观念性部分：人们不再在一个社会的文化景观中站定"位置"，而是始终动态运动

① 作者在嘲讽这些三年或五年的考核，被考核者往往都是在最后十二个月完成考核任务的。——译者注

着。在经典的“现代性”中，对主体的教育包括为他获取一个宗教和政治上的位置，这大致意味着，一个主体决定加入某一宗教派别或择定一个政治立场(作为保守派、自由派或左派)。后现代的主体同样回避了这件事：他们可能在上一次选举中选择了左派或保守派，他们暂时参加这个或那个教会组织，但在这种接纳背后，他们始终关注着表现(绩效)。他们在下一次选举中可能会选择一个完全不同的党派(选民一直在变得更加反复无常)。如果一位牧师离开了，他们也会离开这个教堂。观念的、宗教的、文化的和政治上的“位置”经历着这种持续的修正和对表现的观察，这是世界和分配标准不断变动的逻辑后果，也是为了保持绩效上的竞争力所必需的。

有趣的是，由于竞争逻辑而出现的目标与手段的颠转出现在选择权增加的逻辑中。在现代性的自我认识和(新)自由主义的修辞术中，可能性的增加至今仍被理解为人们得以决定自己生活的前提。只有当我能够选择成为面包师还是哲学家、天主教教徒还是新教教徒、同性恋者还是异性恋者，我才能按照自己的天赋、能力、计划和目标来生活。选择权的增加为自我规定的生活方式以及社会关系的政治组织提供了手段和基础。由于社会变化的剧烈加速，分配性竞争加剧了，可预测的范围也已随之减小了，但与此同时，后现代的定言命令——所有行动都要使你的选择和结交机会增加，或者至少不使其减少[1]——则以下述方式被激进地贯彻，开发并确保选择权成为个体生活和政治决定中的主导目的。人们购买电脑、获得学位、参加实习、习得技巧、获取能力、建立联系，是因为这些事情为他们开启了可能性，但这些事情本身没有实质的意义。政客们通过法律的首要目的是确保他们在未来仍然有做政治决策的可能性。[2] 对实质性价值的共识；个体在生活中支持或反对某一伦理目标，这些现在是既不可能也不必要的。设定一个目标曾经是可被批评、可被论述的，即使在面临阻碍时，这个目标仍然被追随，在时间中具有稳定性。这个意义上的自主性在后现代的加速情况下已经不再是主导性的价值。由此显而易见的是，在现代性的基本承诺和规范性计划的意义上，也就是在自主性理想的意义上过一种成功的生活，这在后现代已经不可能了。

3. 异化作为后现代的基本经验

在以现代的、规范性的、伦理的自主性为理想的社会中，异化意味着自主性的缺席甚至丢失。当主体的自我效能信念被削弱时，当主体(个体的或集体的)面对实际困难感到“无力”时，主体就会体验到“异化的”情境。

社会学诊断正是在这个意义上将所谓的从现代向

---

① Heinz von Förster, *Sicht und Einsicht*, Wiesbaden 1985.

② 参见：Hartmut Rosa, *Beschleunigung. Die Veränderung der Zeitstrukturen in der Moderne*, Frankfurt/M. 2005, S. 402 ff., und ders., »The Speed of Global Flows and the Pace of Democratic Politics«, in: *New Social Science*, Jg. 27, 2005, S. 445-459.

“后现代”的过渡视为一种倒退，退回到“宿命论”，退回到放弃主动塑造的视角，退回到主体逐渐增强的无力体验。[①] “政治恶感”的症状，即对民主政治系统种种操作的不满，与集体性的自我效能期待的显著倒退之间的关联并不是偶然的。政治环境的异化在感知中表现出来，政客要么不再关注民众的利益并且不再能获知他们的忧虑，要么不再有能力抵挡(经济上的)实际困难。

失去掌控、失去主动塑造的体验不仅发生在集体层面，也体现在后现代的个体生活现实中。一个人不再能计划自己的生活，不再能像执行一个“项目”那样执行自己的生活，这不仅是社会哲学家们的预设，也被经验主义社会学研究者所证实。在高度动态化的社会中，选择范围不断向着不可预见的方向推延着，在这种条件下，要想卓有成效地应对生存问题，就要求一种“冲浪”者的能力，在随时随地出现有利机会的情况下，要能够把握新的选择，给生活制定一个新的方向。一个人如果坚持自主地塑造生活的理想，并且执行自己的“生活项目”，那么他就要冒失败的风险。在对加速状况的分析中，我已经指出，适应后现代时间结构的那种“漂流”“游戏”“冲浪”的生活形式不仅迫使人们放弃近现代的自主性理

---

① 参见：Wolfgang Welsch (Hg.), *Wege aus der Moderne. Schlüsseltexte der Postmoderne-Diskussion*, 2 Aufl., Berlin 1994, Einleitung, oder Peter Sloterdijk, *Eurotaoismus. Zur Kritik der politischen Kinetik*, Frankfurt/M. 1989, S. 112 und 126.

想，而且加强了被或然性所统治的异化经验。“冲浪者”冒着与他生活的地点、共同生活的人们、围绕着他并被他使用的事物、他曾经追寻过的那些目标相异化的危险，因为种种境况都只持续很短时间、彼此有太大差别，他根本不能“吸收”这些境况。① 异化的一个核心标识就是构成条件的缺失，这指向“世界关系”的深层次受阻。世界观的受阻在基础性的漠然经验中尤为明显，在这种经验中，主体不再能获得真实的、深层的、构成性的意义。社会学对现代性的诊断从一开始就伴随着对这类“趋向冷漠”、世界“褪色”状况的忧虑。这样的忧虑最令人印象深刻的表述出现在格奥尔格·齐美尔那里，也呈现在韦伯的祛魅理论和滕尼斯对选择意志和本质意志的划分中。流行文化式的社会的资深观察也捕捉到了对“扁平”世界的恐惧，如道格拉斯·柯普兰的小说，雷纳尔德·葛雷贝那本受到惊人欢迎的文学性时代诊断《环球鱼》，其中才华横溢的年轻叙述者因为无法确定一个对他来说无足轻重的旅行目的地(!)而崩溃了：“当我绝望时我推开窗户，向着联排别墅大喊大叫：‘是谁将这个球形的世界压扁了，为什么不再有山谷和深海，是谁将阿尔卑斯的褶皱撑开，抚成一片平滑，为什么没有任何东西显露在地表之外?’没有回答。全世界的旅行目的

---

① Hartmut Rosa，*Beschleunigung. Die Veränderung der Zeitstrukturen in der Moderne*，Frankfurt/M. 2005，S. 362-390.

地对我而言无足轻重。”[①]此处决定性的因素是，伴随着自主性承诺的丧失，现代性中的本真性理念也褪色了：人们不再设想拥有一个“内核”[②]，整个生活可能从这个核心中生长出来，因为对灵活变通的要求提升了。这里我不再讨论个体的异化症状和异化经验。我们已经能够证明，社会生活的持续加速以不断加剧的异化经验的形式隐藏了大量潜在病理。

因此这篇论文中想要表达的核心诊断是，现代性中已经被触发的加速力量是不可控制的，它在后现代阶段导向异化的诸形式。按照社会构成的内在尺度，异化被证明是值得批判的，它标志着对社会起着构成性作用的自主性承诺被打断了。从一门有待发展的“世界关系社会学”角度出发，异化也是值得批判的：异化意味着世界的“沉默”，意味着主体倾向于遭受“丧失共鸣”，以至于主体在这个世界中更容易感到“被抛”而不是“被支撑”，尽管我们更加富裕了，选择权也更多了。

4. 结论：对时间关系的批评

在本文的第一部分，我尝试辩护社会批评是一项合法的、不可放弃的社会学任务，然后阐发了在社会学层

---

① Rainald Grebe, *Global Fish*, Frankfurt/M. 2006, S. 13.

② 按照舒尔茨的看法，生活的成功在于主体将他的“内核”发挥了出来，尤其是“自我实现的场域”(参考 *Die Erlebnisgesellschaft. Kultursoziologie der Gegenwart*, 7. Aufl., Frankfurt/M., New York 1997)。可以猜想，这种看法对于现代文化而言是建构性的。

面恰当的社会批评的基本特征。对此我的建议是，社会批评首先必须鉴别文化上占据主导地位的、对成功生活的设想，并且从中得出内在的、可持续的标准。接下来就可以去研究，主导性的社会情境是如何允许或阻碍主体按照上述设想过上成功生活的。批判性的分析揭示出这样一种可能性，即那种规范性的设想可能是自相矛盾的。在第二部分我尝试为当代西方社会提出一种合适的社会批评的形式：自主性作为一种个体和集体生活的自我规定，是现在这个社会上主导性的规范理想，它主导了所谓的成功生活，但这一理想的实现过程却在后现代的时间关系中受挫；这就是这份诊断的核心所在。与自我规定同时出现的是不断增强的异在规定(异化)体验。但自主性和加速显现出固有的关联，因此一份完整的、对加速现象的批评也要求对自主性理想的批评。在此之外，我还尝试探索另一种社会批评的可能性，指向"世界关系的社会学"这一未被尝试过的理念：异化可能并不仅仅能够通过现代的自主性理念来评判，异化也可能独立于自主性理念，被描述为一种失败的世界关系。这是丧失"共鸣体验"，丧失世界的"回应"的核心所在：当主体感到自己面对的世界是"沉默的""冰冷的""僵硬的""漠不关心的"，简单说来，是没有回应或者排斥性的，他就感到自己被异化了。这是种种高度差异化的社会学异化诊断中几乎保持不变的核心内容。异化是对无法与世界(无论是在主观的、客观的还是社会的维度上)发展出建构性关联的体验。因此，异化意味着加速过程中丧失了(世界的)回应，这也构成一种危机诊断，因为它不再从现代性本身中获取规范性标准，即使没有一种跨文化的、对美好生活的本质性规定也能成立。这两种社会批评的形式在加速和异化这两个概念上是一致的，加速被视为分析性-时间诊断的核心范畴，异化被视为规范性-诊断的核心范畴。

在我看来，要对现代西方社会做出一种在规范性上富于内容的、在经验上充分的、在政治上有效用的批评，最能胜任这一任务的是一种对时间关系进行的批判：加速极权主义的压迫不仅是直接可见的、主观可感的，也体现在承认关系[①]的改变和理解关系[②]的扭曲上。就前者而言，上文已经勾勒出，围绕承认展开的斗争从立场性的转变为表演性的。就后者而言，同样重要的是以下观察，那些论证，或者更准确地说，那些在后现代加速条件下，对绩效的追求做出的民主自由的解释，可能都太过费时、太慢了。以至于，在高速的技术发展、经济交易和文化变革之下，民主的自我调节能力愈发失去了说服力。[③] 提高利润的压力，即资本的发展逻辑，即便不是加速状态的唯一动力源泉，也是主要源泉之

---

① 承认关系构成阿克塞尔·霍耐特的社会批评的核心。

② 后者是哈贝马斯的社会批评的重点。

③ 关于这种忧虑的更详细的说法，参考：Hartmut Rosa, *Beschleunigung. Die Veränderung der Zeitstrukturen in der Moderne*, Frankfurt/M. 2005, S. 391-426.

一。因此，这里所提倡的对时间关系的批评必然也包含过往批评理论中对生产关系的批评：它能够在这个意义上包含并融合其他种种社会学批评的意图。

(意识形态)批判如何被规训

——在哲学、社会学和艺术之间

露丝·桑德雷格(Ruth Sonderegger)

刘万瑚　译

一、现状描述

目前，批判被抛弃的方式首先是通过琐碎化(Trivialisierung)或过分拔高(Überhöhung)，但也有通过人道主义指责的。特别是，后人道主义者和当代前批判存在论的捍卫者①把从康德到马克思到哈贝马斯的批判性启

① 参见关于前康德的存在论，尤其是基于巴迪欧思想的存在论。比如，格雷厄姆·哈曼的《游击队形而上学，现象学与事物的木工》一书(Graham Harman, *Guerilla Metaphysics. Phenomenology and the Carpentry of Things*, Chicago, La Salle 2005)，尤其是其中的"不是批判"(Not Critique)一章(第 237 页以后)。布鲁诺·拉图尔(Bruno Latour)在《批判已经失去动力了吗》(*Has Critique Run Out of Steam*)中也做了类似的论证(*Critical Inquiry* 30, 2004, S. 225-248)。

蒙计划视为过分拔高的人道主义的表现。

当有人声称——通常是指向该概念希腊语词根中的"区分"(Unterscheiden)——所有的说话和感知都是批判性的，因为它做出了区分和判断，批判就被琐碎化了。由此，哲学像所有的理论(以及最终所有的判断)一样都将是批判性的，并且是对批判态度的一种要求，理论或哲学成为赘语式概念混乱的表现。

在另一个层面上，人们在展开批判时带着如此之高的批判要求(Kritikansprüchen)，据说恰恰在今日没有什么能满足这些要求。从这个角度来看，批判理论似乎已经走到了其主观和客观的尽头。根据这种对批判的批判，后结构主义(Poststrukturalismus)和话语分析(Diskursanalyse)特别强调了主体及其批判能力的结束。批判不再有一个可识别的，即可划定的对象，不再知道它应该指什么，这一事实通常与所有关系的全球化状态(globalisierten Zustand aller Verhältnisse)有关：所以结论是，一切东西现在都以一种不透明的方式与一切东西如此紧密联系，以至于批判不再有一个明确的对应物，因此看起来批判也没有一个着力面。①

---

① 但是，在阿多诺和霍克海默1944年完成的《启蒙辩证法：哲学片断》(*Dialektik der Aufklärung. Philosophische Fragmente*, Frankfurt/M. 1986)中，已经可以在"蒙蔽关联"(Verblendungszusammenhang)这个关键词下找到关于这种不可穿透的总体性的论题。

二、批判之基础

针对开头提到的贬值的和其中的敌视批判的批判概念，人们可以诉诸“批判”的口语化使用，它强调的是否定的判断。但众所周知，恰恰是这种概念理解自康德之后对哲学的批判性是不够的。因为它已经预设了批判的能力和标准。因此，康德把那种自我指涉的理性突出为批判性的，理性对自己的前提、边界和能力作出了说明，但它并不关心与对象相关的批判(如对宗教或权力的批判)，至少这不是主要的批判。当哲学成为“边界警察”[1][2]，并在理性的范围内重建那些毫无争论的东西时，哲学是批判性的。否定和反对在这里是不可能的。这正是先验的-批判的基础的试金石，其反面是不可想象的。这不是在谈论“否定”，而是涉及人们一直在肯定的事情。

在涉及康德时，人们已经怀疑，严格分离一个基础和它所支持的东西是否是我们想要的，或者是否是可行的。例如，人们分析了“第一批判”(《纯粹理性批判》)中的先验批判概念和康德政治文本中的特定对象领域的批

① Immanuel Kant, *Kritik der reinen Vernunft*, Frankfurt/M. 1974, S. B XXV.

② 引文翻译参照《纯粹理性批判》的李秋零中译本。——译者注

评的张力和重叠。因此，在康德的宣言“什么是启蒙?”中，政府和宗教批判是核心，有趣的是，这些批判在“第一批判”导言的“批判脚注”中也发挥了主要作用。[①]此外，在《何谓在思维中确定方向?》中，康德强调，理性判断意义上的批判，也就是先验批判的对象，取决于某些政治条件，即取决于“公开交流思想”的自由。[②] 先验的理性批判涉及的是批判的不可改变的条件，因此它不能与对可改变的政治条件的批判分开，因为这些条件有害于理性的公开使用。

在这个意义上，福柯[③](直接参照福柯对康德的解读)和巴特勒[④]后来明确地提出，对自己的思维基础的反思不应该过分着眼于不可改变的东西；相反，所有的注意力应该指向：哪些以及多少看似必然的东西只在特定语境下是不可避免的。换句话说，福柯和巴特勒想在理性得以可能的基础和界限那里，展示出它的脆弱和不可能。如果人们遵循对先验反思的这种理解，那么就能瓦

---

① “我们的时代是真正的批判时代。一切都必须经受这种批判。通常，宗教凭借其神圣，立法凭借其威严，想要逃脱批判。”(Immanuel Kant, *Kritik der reinen Vernunft*, Frankfurt/M. 1974, S. A XII.)

② Immanuel Kant, »Was heißt: sich im Denken orientieren?«, in: ders., *Was ist Aufklärung? Ausgewählte kleine Schriften*, Hamburg 1999, S. 45-61, hier: S. 58.

③ Michel Foucault, *Was ist Kritik?*, Berlin 1992.

④ Judith Butler, »Was ist Kritik? Ein Essay über Foucaults Tugend«, in diesem Band, S. 223-248.

解不可替代之基础和它在可替代选项之领域的应用之间的分离。已被实现之必然者与必然首先要实现者之间有着最紧密的关联。

三、以哈贝马斯为例

恰恰是这种相对主义化的洞见看起来是那些持续不断的奠基论述（Begründungsdiskursen）的基础，在这些论述中，感觉到自身与批判理论及其意识形态批判项目紧密相关的批判性哲学经常停滞。[①] 这方面的一个例子是哈贝马斯的《交往行为理论》（*Theorie des kommunikativen Handelns*）[②]，该理论从一开始就面临着为每一种意识形态批判进行奠基的问题：一个人越是从根本上以意识形态批判的方式指责他人遵循结构上错误的信念和实践，这种批判的规范性基础就越重要，以避免自己被怀疑为意识形态的批判。

鉴于这种有问题的情况，下述做法就是一种巧妙的策略，从对自然语言的使用的分析中获得一般批判的规范性基础，以及特定的社会批判的规范性基础，像哈贝马斯在他的言语行为分析中，即《交往行为理论》的规范

① 雷蒙·盖斯（Raymond Geuss）也将一般的批判理论特别是哈贝马斯哲学的核心定位在意识形态批判。（*Die Idee einer Kritischen Theorie*, Bodenheim 1988.）

② Jürgen Habermas, *Theorie des kommunikativen Handelns*, 2 Bände, Frankfurt/M. 1981.

性重心中所做的那样。[1] 我们知道，这种分析的对象不是说话者的实际交往行为（Kommunikationsverhalten），而是作为其基础的规则，正如哈贝马斯稍后所论证的那样，[2] 这些规则在话语中得到了最好的表达，说话者通过话语试图主题化呈现失败或无望的交往行动的情况，并在理想情况下提供有共识的解决。正如哈贝马斯关于话语伦理的著作中特别明确指出的那样，这些规则在范围和原则上各不相同。

在《交往行为理论》中，主要问题是真诚性（Aufrichtigkeit）的规则，根据这一规则，如果说话者不想使语言行为的目的、行为的配合无法实现，从而最终使自身无法实现，那么，他们相互之间就不能系统性地在信念和意图上进行欺骗。目前还不清楚，不真诚的表达问题在多大程度上既涉及逻辑理性理论的层面，也涉及更广泛的道德层面。哈贝马斯在他的道德哲学思考中明确区分了下述方面："最好[……]区分三个层次的论证前提。产物的逻辑层面、程序的辩证层面和过程的修辞层面的

---

① Jürgen Habermas, *Theorie des kommunikativen Handelns*, 2 Bände, Frankfurt/M. 1981, insbesondere die »Erste Zwischenbetrachtung«, S. 369-452.

② Jürgen Habermas, »Diskursethik-Notizen zu einem Begrün-dungsprogramm«, in: ders., *Moralbewusstsein und kommunikatives Handeln*, Frankfurt/M. 1983, S. 53-125, insbesondere S. 97 ff.

前提。”[①]这种区别很重要，因为第一层面的逻辑规则以及第二层面的理性理论前提似乎是不可替代的，而第三层次的规则是有待解释的，可以说是永远无法完全满足的，即对所有“有能力说话和行动的主体”的平等对待的要求(Gleichbehandlungsforderung)，以及“不得以话语内部或外部的强制手段阻止说话者行使其[……]权利”[②]的戒律。

下述问题不能一劳永逸地解决：不仅是在某些问题上，即专家的论点是否必须与门外汉的论点相比具有不同的地位；而且还有平等对待的目标以及随之而来的谁属于有能力说话和行动的人的圈子的问题。此外，还有一个令人不安的问题，即那些没有(或不能)发出声音的人在多大程度上需要特别的支持，也就是说，(恰好)参与话语的人是否必须直接去寻找未被听到或未被倾听的论点。虽然逻辑-语义的以及理性-理论的规则或多或少是无法绕开的，但哈贝马斯所说的过程规则具有充满规范性的内容，它们在主体交流时并非总是、到处和自动已经得到满足。这第三个层面理所当然地也会涉及“理想化”，而在逻辑-语义规则和合理性要求的层面上不会谈及这一点。

---

① Jürgen Habermas, »Diskursethik – Notizen zu einem Begründungsprogramm«, in: ders., *Moralbewusstsein und kommunikatives Handeln*, Frankfurt/M. 1983, S. 53-125, insbesondere, S. 97.

② Jürgen Habermas, »Diskursethik-Notizen zu einem Begründungsprogramm«, in: ders., *Moralbewusstsein und kommunikatives Handeln*, Frankfurt/M. 1983, S. 53-125, insbesondere S. 99 ff.

对那些限制交往行动甚至使之不可能的系统性社会倾向进行意识形态批判时，哈贝马斯在《交往行为理论》中最终只信任话语行为的逻辑和理性理论基础，而这些基础总是已经存在的，恰恰不是信任那些不确定的道德基础。[①] 在此系统性地涉及那些对现代社会不可或缺的市场和官僚机构，它们分别遵循金钱和权力的法则，并不需要遵守适用于交往行为的义务。哈贝马斯将这些机构命名为“系统”，从而和生活世界进行对比，[②] 生活世界是他对所有交往行为领域的统称。

在他的结论——言语行为分析得出真理的语言行为必须优先于谎言和欺骗——之后，哈贝马斯在其社会理论中声称，系统最终必须承认生活世界的优先地位。只有生活世界才能为个性的形成、社会融合和文化的再生产或创新提供条件，没有这些，系统就不可能成为系

---

① 对哈贝马斯从理性理论的话语前提到充满道德内容的话语行为前提的过渡的批评，参见：Albrecht Wellmer, *Ethik und Dialog*, Frankfurt/M. 1986.

② 我不能在这里讨论哈贝马斯提出的问题，也就是说，这些概念要从存在论上去理解，即指两个不可还原的不同世界，还是指两种到处发生的行动类型，即使以不同的混合形式发生。我认为，只有后者是可以辩护的。因为不考虑所有公认的系统的固有动力，语言的本质也存在于市场和官僚机构的控制层面中，他们（不得不）在某些时候互相信任，谈论天气或疾病，甚至彼此相爱。相反，交往通信（Kommunikation）可能是目前最受欢迎的商品之一，无论是涉及其技术基础还是涉及其对所有的上升机会具有决定性意义的社交的网络附加值。

统。这的确是一种抵制过分蔓延的系统的击倒论证(Knockout-Argument)，但对于社会批判理论来说，这一结果既令人惊讶，也是灾难性的。

由于哈贝马斯把自己限制在言说行为之先验-最小前提上，这些前提总已实现，因此他未讨论下述疑问，即系统的侵犯在哪里会成为问题。① 我这样说不仅是指话语行为不能抵抗实在暴力的使用(这是陈腐琐碎的，在个别情况下是残酷的)。毋宁说，我还指对真理的兴趣和对他人最起码的尊重在最有策略的谈话中也是被预设为前提的。换句话说，这也是以批判理论为名的所有的先验奠基论述的悖论：那些把自己限制在任何人都不能基于概念化之理由提出争议的地方的人，由此避免讨论任何社会冲突，充其量是对其他的(反对论证计划或)论证计划构成了挑战。确定什么东西存在和什么东西(不)应该存在之间的区别显然比重建那些没有人可以有意义地争论的准人类学基础更难。② 这不仅对于从康德到哈贝马斯的更为理性主义的事业来说是如此(它将认知的或说话的人置于中心)，而且对于替代的社会存在论和

---

① 参见霍耐特对哈贝马斯的批评。(*Verdinglichung*, Frankfurt/M. 2005, S. 67.)

② 那么，当霍耐特写到卢卡奇时，也许与其说是批评，不如说是揭示，卢卡奇在社会批判的基础方面是失败的，但对于让人们看到物化的痛苦和由此被预设前提的强大价值，卢卡奇是一个不可或缺的光源。(*Die zerrissene Welt des Sozialen*, Frankfurt/M. 1999, S. 21 f.)

人类学来说也是如此，从海德格尔到霍耐特，它们都基于一个在情感和身体上有需要的存在。①

哈贝马斯的策略是一种极端防御性的策略，是一种关注绝对安全的策略。因为他满足于交往理性的微小残余。最后，出现了一个几乎是贝克特(Beckett)式的情况。我指的是贝克特《终局》(*Endgare*)中的一幕，垃圾箱中的人只得到一块面包干，恰恰是这面包干太多，足以致命。《交往行为理论》的最后两句话，顺便也是题为“批判社会理论的任务”一章的最后两句话，听起来同样可怕，在这一点上，它们丝毫不逊于《启蒙辩证法》的悲观主义，该书对社会批判性的关切是为了在《交往行为理论》中获得更好的基础：在《交往行为理论》中，可以说是在自己的终局中，又退回去解释生活世界的逐步殖民化是如何产生的。

> 同时，独立子系统的命令渗透到生活世界中，并通过货币化和官僚化的方式迫使交往行为与正式组织的行为领域保持一致，即使在那些理解的行动协调机制在功能上是必要的地方，也是这样。也许这种挑衅性的威胁，作为一种挑战，它对整个生活世界的符号结构提出质疑，可以说明，为什么它们

---

① 社会存在论传统一元化地基于一个单一的规范中心，因此也以它的完全实现和废除所有异化为目标，而哈贝马斯的理论，以及福柯等的理论，都是不可逆转的二元论：没有生活世界是无系统的，没有自由是无权力的。由此，系统和权力也具有积极的属性。

对我们来说是可通达的。[①]

按照上述说法，下面的情况属于同一种理性化：一方面系统变得越来越强大与专制；另一方面，我们用以主题化和解决行为问题的生活世界话语可以越来越好地理解它们自己受到的系统性暴力（systemische Zwänge）的威胁。因此，哈贝马斯以《启蒙辩证法》序言中已经提到的内容作为结尾："我们本来的计划，实际上是要揭示人类没有进入真正的人性状态，反而深深地陷入了野蛮状态，其原因究竟何在。"[②③]像阿多诺和霍克海默一样，哈贝马斯还是坚持了意识形态批判的计划。

四、意识形态批判

意识形态批判不是关注个人和局部的错误，而是关注结构上必然的，也就是集体的错误。[④] 它是这样一种批判，它以必要之物对抗看起来是必要之物的错误，从

---

① Jürgen Habermas, *Theorie des kommunikativen Handelns*, 2 Bände, Frankfurt/M. 1981, S. 593.

② Adorno/Horkheimer, *Dialektik der Aufklärung. Philosophische Fragmente*, Frankfurt/M. 1986, S. 1.

③ 译文参照渠敬东、曹卫东译《启蒙辩证法》（上海人民出版社 2006 年版）。

④ 盖斯区分了三种类型的意识形态谬误：认识论的、功能论的和发生学的。（*Die Idee einer Kritischen Theorie*, Bodenheim 1988.）

而使必要之物也相对化，就像它使错误被阐明，甚至使它可以被理解一样，因此它绝不仅仅是否定性的。[①] 似乎有两种截然相反的方式来做这件事。第一种可以被称为对普遍性的分解(Zersetzung von Allgemeinheit)，第二种则在于对更多普遍性的控诉(Einklagen von mehr Allgemeinheit)。第一种更具破坏性的意识形态批判关注的是证明，思想模式和行为模式的普遍性(更好的说法是"优势性")不是基于良好的理由，而是基于偶然性或对特定利益的实施。这种意识形态批判的明显策略是跨文化比较或意识形态起源历史的谱系学重建。第二种更具建设性的意识形态批判形式意味着，在批判者眼中，实践行为的臆想的普遍性根本不像它所假装的或应该的那样普遍，而是暗含着可避免的排他性，甚至基于可避免的排他性。

这意味着，从意识形态批判的角度来看，哈贝马斯意义上的不可避免的东西并不是在每一个方面都是琐碎的，或者说，在他那里，被合理化的道德最低要求从根本上说是错误的，甚至是属于意识形态的。相反，意识形态批判想找出，有多少最高之物可以在不可替代的基础上得到辩护，以及这种合理化辩护在哪里导致了霸权或矛盾；在哪里(正是无可替代性的印象或有时也在无可替代性的借口下)可替代选择被忽略或掩盖了。因此，

---

① 迈克尔·弗里登(Michael Freeden)也强调了意识形态批判的这种肯定性特征。(*Ideologies and Political Theory. A Conceptual Approach*, Oxford 1996.)

意识形态批判不必从根本上怀疑普遍主义的最低要求，这些最低要求在人权中得到了典型的阐述。然而，它也不应该局限于这样的现象，即个人或集体生活中本质上不可普遍化的美好事物的现象。法律理解可以像接受美好生活的表象一样接受意识形态的形式。

如前所述，哈贝马斯并没有完全放弃对意识形态的批判。这种批判的主导者是在《交往行为理论》中的“病理学”、(生活世界的)“殖民化”甚至“意识形态”等概念。通过这些概念，哈贝马斯充分了解意识形态批判的专制家长制的问题，他将自己置于这一传统之中。因此，在《交往行为理论》中，一方面，哈贝马斯关注证明，语言的存在(无论它们被破坏的程度如何)原则上都能充分地批判自己和对方，而且他们做这件事不需要科学的、哲学的或其他领域的专家。[①] 在每一个语言表达中都有一个与可能的批判有关的行动，与之相伴的是这样一个要求，即要求人们可以抵御批判。另一方面，哈贝马斯考虑到来自外部的意识形态批判的干预，在那里他合理地要求

---

① 在这一点上，哈贝马斯遭遇了文化的和后殖民的研究的代表们，后者不仅指责批判理论否定了被批判者的任何行动的可能性(Gayatri Chakravorty Spivak，»Can the Subaltern Speak?«，in: C. Nelson und L. Grossberg [Hg.]，*Marxism and the Interpretation of Culture*，Basingstroke 1988，S. 271-313)，而且也会遭遇批判社会学(参见注释[24])以及朗西埃的歧义理论(Jacques Rancière，*Das Unvernehmen. Politik und Philosophie*，Frankfurt/M. 2002)。

将其以社会科学的方式对象化。最糟糕的莫过于文化批评家的号叫，如阅读的消失或互联网对儿童的危险，他们基本上只想用这种方式使自己的文化实践成为普遍的戒律。

根据哈贝马斯在《交往行为理论》中的论述，只有在发生普遍扭曲的情况下，在结构上给出了错误的理由，或者整个领域的对象被大规模地错误识别(如被看作货物而不是文化物品)，人们才会开始问，来自外部的(专家的)干预是否必要。只有在外部专家那里才可能有适当的批判，而相关的行动者没有(不能)自己表达这个批判，因为他们太认同或依赖争论中涉及的关系。而恰恰是在这一点上，系统和生活世界之间的关系理论是致命的。根据哈贝马斯的观点，系统的固有动力对现代社会来说既是必要的，有时又是灾难性的，这一固有动力提供了这样的条件，在这些条件下——不是从根本上，而是在某些时候——人们必须谈论意识形态，谈论那些必要的还有虚假的信念和行动。但这也意味着，只有在这种必要之物和不可能化之物的悖论领域，意识形态批判才能成为一种合法的选择。

有一个问题伴随着这种限制，但最终伴随着基于家长制指责的对意识形态批判的恢复，这个问题的严重性不亚于上述对家长制的异议。毕竟，哈贝马斯不仅想一劳永逸地确立生活世界对系统的优先地位，而且——这大概是由于他对轻率的意识形态批判的家长制的警惕——还想先验地界定意识形态批判的可能领域。这带来的后果是：一方面，他必须给市场和官僚机构赋予一个负面性的特殊地位，由此也要从它们那里出发去解释像种族主义这样的意识形态；另一方面，这暗示着哈贝马斯必须像这个系统的倡导者一样，几乎决定性地相信资本主义的无情扩张。

然而，在我看来，最大的问题是这样的：尽管意识形态批判及其系统对象是先验的奠基，在关于(哲学的)意识形态批判的具体可能性上，哈贝马斯得出了一个不自洽的谨慎的以至于值得怀疑的结论，并且他把意识形态的剩余问题主要留给了经验社会科学。这种限制本身就难以被辩护。虽然社会学家肯定更熟悉于获得某些可能必然被误导的信念或行为模式的量化维度，但当不仅要确定、预测或解释它们，而且要批判它们时，社会学也必须求助于与哲学没有根本区别的理由根据。

因此，哈贝马斯在许多地方提出，在意识形态批判的问题上个体行动者也必须而且能够自行决定，这一点并不令人惊讶。这不仅使人不清楚，重构人[①]之最小条件的哲学和考察集体思想和行为模式之数据的社会科学如何与这些个人的批判行为相联系，也就是说，日常批判的主体如何参与这种专家知识，这些知识对他们是否有用，以及专家(必须)如何使他们的知识可以用于日常批判。这样，哈贝马斯就从根本上告别了意识形态的批判，他曾想把《交往行为理论》作为一个哲学和社会学项

① 原文为Menschein，疑似Menschen误写。——译者注

目为意识形态批评服务。[1] 最明显的莫过于试图以意识形态批判的名义，将无论是自主或者不自主进行判断的个别行动者的视角与远距离观察的形式结合起来。正如我已经试图表明的那样，这两种方法当然可以结合起来形成一幅社会图景，由此一个看似自然和合法的普遍性就呈现为要么太过分，要么太有限的普遍性。

五、在意识形态方面的工作——最近的两个例子

为了对意识形态的批判作辩护[2]，并且为了说明，

---

① 关于个体的具有批判能力的行动者名义下的意识形态批判的批判，参见：Luc Boltanski und Laurent Thévenot，»The Sociology of Critical Capacity«，in：*European Journal of Social Theory* 2，1999，S. 359-377；dies.，*Über die Rechtfertigung. Eine Soziologie der kritischen Urteilskraft*，Hamburg 2007；Robin Celikates，»From Critical Social Theory to a Social Theory of Critique. On the Critique of Ideology after the Pragmatic Turn«，in：*Constellations* 13，2006，S. 21-40.

② 依据其声称的目标为意识形态批判辩护，参见：James Bohman，»›When Water Chokes‹：Ideology，Communication，and Practical Rationality«，in：*Constellations* 7，2000，S. 382-392；Maeve Cooke，»Resurrecting the Rationality of Ideology Critique：Reflections on Laclau on Ideology«，in：*Constellations* 13，2006，S. 4-20；Michael Freeden，*Ideologies and Political Theory. A Conceptual Approach*，Oxford 1996；Aletta J. Norval，»The Things We Do with Words-Contemporary Approaches to the Analysis of Ideology«，in：*British Journal of Political Science* 30，2000，S. 313-346.

上述意义上的意识形态批判的“构造”可能是什么样子的，我将提到皮埃尔·布迪厄的社会学，它似乎与哈贝马斯的社会学截然相反，最后也会提到意识形态批判的电影形式。通过提及这样两种不同形式的意识形态批判，我们应该也会清楚地看到，这里不可能只有一条道路，因此也不可能有“主星座”，这也为哲学打开了一个新的视角。

1. 布迪厄

人们经常声称，早期布迪厄的实践理论和哈贝马斯相比犯了镜像错误。诚然，他分析了具体的(当代)社会实践以及它们所表达的具体规范。但是却没有和这些规范保持批判性距离，也就是批判，无论是在被分析者的层面还是在未参与的观察者的层面。在哈贝马斯陷入规范性的不可避免的原因时，布迪厄的实践社会学仍然被困在对现状的肯定性描述中，这充其量只是让被分析者明白为什么反抗是徒劳的。[1] 这解释了布迪厄对批判哲学的敌意，批判哲学要么退回到对先验的和臆想的无内容的前提条件的重建，要么以糟糕的意识形态批判方式向被异化者给出规范。而后期的、能动主义的和规范主义的布迪厄，试图使实践理论——特别是在《世界的苦难》[2]中——对社会批判有用，他仍被指责为精英主义的

---

① 比如，雅克·朗西埃在这本书中的批评：*Le philosophe et ses pauvres*, Paris 2007 (1983).

② Pierre Bourdieu u. a., *Das Elend der Welt. Zeugnisse und Diagnosen alltäglichen Leidens an der Gesellschaft*, Konstanz 1997 (frz. 1993).

意识形态批评。他为那些能够很好地为自己说话的人代言，并暗中为完全过时的家长式社会福利国家概念辩护。

综合来看，这些指责似乎只能证实哈贝马斯对意识形态批判的克制。然而，将布迪厄的哲学社会学，尤其是他后期的《世界的苦难》的研究解读为对哈贝马斯悖论性的否定主义批评理论的回应，而不是解读为这一理论无希望的证据，我认为这更令人鼓舞。布迪厄（早期）围绕"场域"和"习惯"概念的实践理论也是如此。它与哈贝马斯的生活世界理论有许多一致之处，该理论以维特根斯坦为指向。然而，哈贝马斯明显走得更远，因此也提供了走出前述的《交往行为理论》中的大多数死胡同的方法。

布迪厄《实践感》(*Le Sens Pratique*)的理论——略带误导性地——在德语讨论中被称为"社会感"(sozialer Stnn)①，解释了我们如何能够在那里参与其中，以及批判性地处理那些不可能阐释更不用说捍卫实践规则的处境。布迪厄在概念层面上反对行为(Handeln)和行动者(Akteur)的范畴，他使用"行为者"(agent)一词而不是"行动者"(Akteur)或"主体"(Subjekt)。这涉及的是这样的行为者，他们总是代表他人名义的被派遣的行为者。根据布迪厄的观点，对个人选择的质疑并不意味着一切

① Pierre Bourdieu, *Le sens pratique*, Paris 1980; dt. *Sozialer Sinn*, Frankfurt/M. 1987.

都要听天由命，也不意味着徒劳的时代已经爆发。其实践理论的中心概念“场域”和“习惯”①提供了一个巧妙的概念工具箱，由此把握到，人类行为绝不是偶然的，但也不是绝对被决定的，在这些概念中行动者既不能选择各方面的规则，也不能证明它们是合理的。

作为对哈贝马斯的回应，布迪厄的实践理论首先明确了生活世界的矛盾性，即这个概念在哈贝马斯那里，一方面奠基于不能被客观化或难以客观化的无问题的实践行为〔知道如何(know how)〕，交往和战略意图行动〔知道如此(know that)〕都基于此；另一方面则奠基于交往行为的领域。此外，与哈贝马斯相比，布迪厄毫无疑问地认为，战略行动和交往行为的领域不能从存在论上理解为两个不同的世界，而是指所有行动的很难被分割开来的两个方面。与此相关的是，和哈贝马斯相比，布迪厄的权力概念要宽泛得多。布迪厄将资本的概念扩展到符号和文化结构，这也清楚地表明，权力不能局限于

① “习惯”不应该被理解为封闭的规则系统，而应该被理解为使某些可能性在无限的、不可预期的多样性中可用的图式。关于习惯和场域之间的关系，也可参考：Pierre Bourdieu und Loïq J. D. Wacquant，*An Invitation to Reflexive Sociology*，Chicago 1992，S. 126 ff.，sowie Beate Krais und Gunter Gebauer，*Habitus*，Bielefeld 2002。奥马尔·利扎多(Omar Lizardo)表明，下述反对意见在什么意义上不正确，即布迪厄的“习惯”概念只允许在行为者的背后改变实践，见：» The Cognitive Origins of Bourdieu's Habitus«，in：*Journal for the Theory of Social Behaviour* 34，2004，S. 375-401.

资本主义市场及其官僚机构，如果赋予这些结构以哈贝马斯式的最高地位，就会赋予这些狭义上的资本主义结构过多的东西。此外，根据布迪厄的观点，交往和战略这两种意向行动也与自明的、生活世界的实践中的非意向行动密切相关，以至于哈贝马斯的批判方案显得不足。哈贝马斯假设行为者可以在市场和官僚结构的不稳定范围之外批判自己，而布迪厄则强调习惯性实践行为面对批判的讳莫如深，尤其是在生活世界中。一方面因为它们很难被辨析；另一方面因为它们与我们的身份如此相关，以至于批判往往甚至不是一个可以想象的选择。来自外部的干预——即使还不清楚这个外部在哪里——比哈贝马斯的建议更有意义，也更有必要。

此外，应该指出，布迪厄与哈贝马斯不同，他并不从根本上关注“知道如此”与“知道如何”之间的区别，也就是说，一方面是明确的、可批判的知识，另一方面是作为该知识基础的集体实践。对布迪厄来说，这种普遍性的琐事只是探索群体的和特定类别的规范化规则的起点。[①] 在此，布迪厄所考察的特定实践领域的事实是一个意识形态批判性的、时间诊断性的判断，这一判断只能由经验，即由行为人自身来证实，即在这些地方解释

① 布迪厄——没有其他实践理论家像他那样自我反思——也曾思考过以特定类别的方式处理“知道如何”和“知道如此”的差别。(Pierre Bourdieu, *Meditationen. Zur Kritik der scholastischen Vernunft*, Frankfurt/M. 2001.)

游戏规则是特别必要的，因为自然的假象已经顽固地、以结构性的暴力在这里占据了位置。人们在《交往行为理论》中寻找这样一个实质性的主张，是徒劳的。

但布迪厄的实践理论并非没有问题。半自觉控制的规则理论蕴含着下述危险，即维特根斯坦式的寂静主义(Quietismus)以及精英式结构主义的意识形态批判。布迪厄也知道这一点。他有充分的理由放弃他最初的结构主义，而选择这样一种实践学，它关注参与者的视角与观察者的视角之间的调解。布迪厄得出这个结论并不是出于心地善良，而是因为他有足够的自我批判精神，看到实践的哪些方面是他无法用一个过于狭隘的结构主义方案来解释的。①

能够解开神秘之行动规则的社会学魔术师应该被自我反思的社会学家所取代。他说明了自身在日常的，但也是理论性的分析实践行为中的嵌入性。而且，他努力带着他不可避免的参与者身份的限制来调解与社会世界的断裂，也就是说，把自己与被分析的行为人放在一个水平上。然而，问题是，布迪厄是否找到了一个令人满意的解决方案，来调和参与者的视角和观察者的视角、距离和参与，另外，这在多大程度上也是通向一个可信的意识形态批判形式的路径，从而超越哈贝马斯最终的

---

① 布迪厄认为，结构主义社会学尤其误解了所观察到的实践的时间结构，因为它过度专注于实践的产品——opus operatum(完工的作品)，而不是关注其过程。

异化要求。似乎是，社会学家要么必须成为一个超然的参与者，要么对观察者的视角的反思只会使其加倍。两者都会抹去对方的视角。①

在我看来，布迪厄已经进入了参与性的意识形态批判性的分析实践的领域，尤其是在《世界的苦难》里。布迪厄与众多合作者一起进行了这项关于日常苦难和小困难的研究，除了关于美国的一篇短文之外，它还专门讨论了法国中下层社会的社会状况。它不仅仅围绕受访者生活中“缺少什么”的问题出版了大量的采访材料②(就像布迪厄早期研究所做的那样)，并可以获得出版。由于以不寻常的规模在显要位置发表，特别是由于其没有结论的连续编排(这使我想到了意识形态批判结构的审美修辞维度)，这份采访材料具有意识形态批判的附加价值。它使日常的痛苦可以被社会和政治批判所触及，这痛苦通常被相关的人和公共话语淡化为“普遍的苦难”。

对受访者来说，访谈的关键附加价值在于对话给了他们非同寻常的关注，以这样一种方式在那里绝不是不存在的希望、欲望和替代方案被揭示出来，也就是在受

---

① 这也是大卫·斯特雷克(David Streckers)对布迪厄的批评，他顺便也把布迪厄定位为对哈贝马斯的意识形态批评的修正。(*Logik der Macht. Zum Ort der Kritik zwischen Theorie und Praxis*, Dissertation, Freie Universität Berlin 2006, S. 125 ff.)

② Pierre Bourdieu u. a., *Das Elend der Welt. Zeugnisse und Diagnosen alltäglichen Leidens an der Gesellschaft*, Konstanz1997(frz. 1993), S. 788.

访者自己也倾向于只看到更多不可改变的、可忽略的小苦难的地方，这些苦难通常只有当它们呈现出可观的规模时才会被发现。在许多情况下，采访显然对被采访者来说具有自我解释和自我陈述的特点。特别是当对话变得对称，受访者采用(学会采用)与问题有距离的社会学眼光时，这不乏会导致对所经历的问题进行新的评估，认为这些问题不是那么独特。

不同于给受访者带来的批判性益处——这首先来源于布迪厄对现有采访方法的反思和批判——采访的读者则从该书的准审美建构中获益。虽然对受访者来说，他们所处的社会网络，以及他们的愿望和需求的普遍性，只是零星地被主题化——这并不符合意识形态批判的要求——但对该书的读者来说，这种开放的整体性具有重要意义。它既不能沦为统计学上的平均数，也不能理解为对单一经验的诉求。答案的系列化使人们看到了困难的结构性质。对在一个共同的社会空间中占据不同位置的人的采访的组合，突出了日常痛苦的易变性和可变性。

与布迪厄的其他研究相比，这意味着：除了关于在某个社会场所有哪些欲望和利益的可能性的(无疑是启发性的)陈述和预言之外，在《世界的苦难》中，还增加了对仍然是热门的意识形态批评问题的处理。这不仅是社会学家的方法论问题，而且是对所有被采访者的挑战：什么时候欲望才是真正属于自己的，以及(如何)将它们与强迫区分开来？一方面是事实性的规则和规律性，另一方面是有意识的和半意识的偏离，这两者之间的空间在访谈集《世界的苦难》中比布迪厄关于实践理论和符号资本的书中要大，这不是没有道理的。

我并不想以此美化布迪厄及其合作者的采访项目的问题。人们可以合理地从同情的立场出发对《世界的苦难》进行批评。人们的指责尤其涉及被采访者的选择（往往是采访者的熟人）和关于被采访者的社会背景的信息的缺乏，这有时会导致对个人的奇怪的倾听。[①] 尽管有各种批评，但对这个访谈汇编来说重要的和支持它的，也使它对意识形态批判的问题具有重要意义的是：简单地相信社会结构上的弱势群体可以自己批判他们的情况，只要他们愿意，这是一种可疑的态度，就像给他们开处方或量化他们的不适（Unbehagen）一样。与所有这

---

① 参见安吉拉·默克罗比（Angela McRobbie）的建设性批评——《不幸的混合？布迪厄的〈世界的苦难〉》（*A Mixed Bag of Misfortune? Bourdieu's Weight of the World*）（*The Uses of Cultural Studies*，London，Thousand Oaks，New Delhi 2005，S. 175-184）。然而，布迪厄在后记中披露了选择采访者所认识的被采访者的原因，在那里他也捍卫采访的自主性，反对采访学者的评论和背景化（Pierre Bourdieu，»Verstehen«，in：ders. u. a.，*Das Elend der Welt. Zeugnisse und Diagnosen alltäglichen Leidens an der Gesellschaft*，Konstanz1997（frz. 1993），S. 779-822）。关于辩护后期布迪厄的参与，参见：Lothar Peter，»Das Ärgernis Bourdieu：Anmerkungen zu einer Kontroverse«，in：*Das Argument* 231，1999，S. 545-560.

些(理论上的)行为模式相比,《世界的苦难》引起了人们对社会中那些被边缘化的群体的关注,他们的苦难太不引人注目,无法被相关者自身或公共话语所接受。这是一种停留在个人不适领域的痛苦,没有构造和公开,而且——布迪厄的访谈集也充分说明了这一点——经常以一种类似于桌上空谈的方式和相关的陈词滥调来阐述。因此,布迪厄和他的合作者所追求的意识形态批判主要是使广泛的、日常的不适感作为集体的、可由受害者自己倾诉的问题而显现出来,从而可以被批判。

这显然需要其他形式的研究,最重要的是不同于布迪厄早期工作所依据的表述形式。布迪厄同时从事他关于福楼拜的著作[①]和《世界的苦难》的采访工作,这可能不是巧合。在这一时期,他越来越多地提到法国社会小说的社会学分析能力,也提到卡尔·克劳斯、托马斯·伯恩哈德和埃尔弗里德·耶利内克[②],这当然也不是巧合。他一再强调福楼拜的箴言对社会科学特别重要,即在艺术中,日常的、平庸的、平凡的和微不足道的东西必须和那些处于高位和尊贵中被认可的东西一样被认真

---

① Pierre Bourdieu, *Die Regeln der Kunst*, Frankfurt/M. 1999.

② 例如,在采访中,"去宿命化的世界",参见:J. Jurt (Hg.), *absoulte. Pierre Bourdieu*, Freiburg 2003, S. 7-20, hier: S. 13;以及以下书的开头和结尾处:*Elend der Welt. Zeugnisse und Diagnosen alltäglichen Leidens an der Gesellschaft*, Konstanz1997(frz. 1993), zum Beispiel S. 17, 791, 799.

对待。[①] 恰恰是在这种文学策略中，它不仅要求与参与者的视角决裂，而且至少是相反的，距离和参与以一种在通常的社会学研究出版模式中没有或几乎不可能的方式走到了一起：福楼拜的策略给每个个案以平等的空间并且消除它的独特性，特别是与《世界的苦难》中也使用的系列化技术相结合。然而，只有当一个社会领域的运作用准文学的方式可以比熟悉的社会科学方法更融贯地解释，而且这种运作也被证明是一种意识形态的运作时，这样的参与才会成为一种意识形态的批判：正如在《世界的苦难》中，普遍的痛苦被证明并不像那些相关者在访谈开始时经常认为的那样必要。

2. 电影中的意识形态批判——让-皮埃尔·达内和吕克·达内的《罗塞塔》

比利时电影人让-皮埃尔·达内和吕克·达内的几乎所有电影都以他们的比利时家乡列日附近的瑟兰为背景，那里在1960年左右一直是重工业的重镇。自20世纪70年代末以来，达内兄弟一直在记录钢铁生产衰退和结束的影响。他们先为纪录片导演和戏剧导演阿曼德·加蒂(Armand Gatti)进行了录音，然后拍摄了采访，这可以说是一种社会研究的纪录片形式。后来，达内兄弟自己制作了纪录片概念的电影，其中采访再次发

---

① *Elend der Welt*, *Zeugnisse und Diagnosen alltäglichen Leidens an der Gesellschaft*, Konstanz1997 (frz. 1993), zum Beispiel, S. 801.

挥了主要作用，在形式上让人想起早期的戈达尔(J.-L. Godard)。这些采访影片的特点是，它们不是问答游戏(Frage-Antwort-Spiele)，而是对与之对话的人的行动和几乎无意的行动的描画。因此，电影集中在主人公说话时的行为，而说话的内容往往具有配乐的功能。自20世纪90年代初以来，达内兄弟一直在尝试拍摄半纪录片式的故事片，这些影片仍然基于广泛的采访研究。他们的出发点是，现实只能以故事片的形式来传达。

电影《罗塞塔》(1999年)讲述了——乍一看是线性的——一个年轻的失业妇女罗塞塔和她顽强地寻找工作和安稳的“平均生活”的故事。她在影片开始时就失去了一份工作，然后不断寻找工作，并在她与母亲居住的拖车停车场之外寻找正常的生活。为了实现这一目标，她愿意背叛唯一对她感兴趣的人——华夫饼店的推销员，以便短暂地得到他的工作。罗塞塔以雇佣劳动的形式对乌托邦的(失败)追求是这部影片中唯一的线性事物。在其他方面，她的生活就是一连串的重复，是在极度喧嚣的模式下永远的原地踏步。从形式上看这通过以下方式得以实现：一台不安分的手持摄像机挂在忙碌的女人的脖子上。因此，影片否定了向前甚至向前进的更大视角，同时也破坏了与主角的虚假亲近感。只存在着一些同样的问题，即她是否能在这里或那里工作，它们的答案几乎总是否定的，每天重复着从城郊的拖车停车场到城市的旅程，同样的手部动作和生存所迫的动作，每件小事都要花费太多时间，至少对于观众和他们的电影观看或生活习惯来说是这样。这些行动只是被持续拍摄，直到它们各自结束，以这样的方式，最具叙事特征的事纪(Allernarrativste)变成了一个中断性的干扰因素。

这部电影是一个沉重的(schwerfällig)、重复的，而且——如果不是因为不可避免的纪录片内容——几乎是形式主义的操作。当观众体验到罗塞塔的现实是夸张和恼人的，而不是真实的，就会发现通常的现实主义故事片漏过了哪些现实：日常事件的长时间持续的沉重，人们可能不会称这样的事件为行动。通过给这种物质主义的沉重留出空间，认真对待主人公认为重要的小事，并处处留心跟踪他们，摄影机也使反抗、自主和尊严变得明显。此外，因为身体，或者更准确地说，女演员的背部，常常挡住了观众的视线，这与画面不相称。在其特异性的存在中，背部干扰了对电影的无障碍访问。人们无法从罗塞塔的肩膀上看过去，因此也无法对她熟视无睹。

这位主人公和其他几个出现在外围的拖车停车场的居民一样，被排除在工作生活之外，因此也被排除在她所设想的乌托邦式的常态性(Normalität)之外。她为克服这两种排斥而进行的斗争付出了高昂的代价——至少从观众的角度来看是如此。除了几乎是主旋律的胃痛之外，强加的节奏是一种永不停息的冲动，罗塞塔试图以这样的毅力克服工作道路上的所有障碍，到最后你不知道是发现它们极其强大还是极度有缺陷。通过这种方式，影片显示了罗塞塔所寻求的工作和她与之结合的常态性都是双刃剑。对工作和常态性的渴望的必要性和合理性与这些目标对主人公施加的暴力形成了平衡。

由于这种自相矛盾的心理，电影《罗塞塔》聚焦于两个问题。第一个问题，常态性的合法性，包括与之相伴的所有问题的常态化；也就是说，在作为一个有社会保险的工资劳动者的意义上的常态性，也就是在这样一个时代，在其中以连续性为基础的烦琐的工作形式和生活形式将被视为过时的、不现实的和不可取的。罗塞塔在华夫饼店的唯一朋友和敌人是相反的模式：他试图通过做小买卖和欺骗老板来使自己成为一个精明灵活的企业家。另外，罗塞塔最大的愿望是："我想要一个正常的生活(Je veux une vie normale)。"只有一个时刻，她实现了这样的生活，但却需要费劲获取，也就是晚上在床上独白："你的名字是罗塞塔；我的名字是罗塞塔。你已经找到了工作；我也找到了工作。你有一个朋友；我有一个朋友。你不会崩溃，我也不会崩溃。晚上好；晚上好。"

《罗塞塔》作为时代诊断之重要性提出的第二个问题是，由于一种自相矛盾的夸张，生活在多大程度上被或应该被工作所定义：影片中的失业妇女像战士一样为工作而战；如此激进，她生活中的其他一切都没有意义，罗塞塔根本就没有社会交往。通过这种方式，她展示了一种非社会压力的逻辑，这种压力只赋予劳动者，但不赋予失业者。在这方面，被排除在工作过程之外的人比那些在公认的背景下遵循这种逻辑的人更尖锐和纯粹地表达了工作条件的压力逻辑。一直到最后一幕，罗塞塔并没有真正看向一个人，也没有看镜头，而是根本上保持着自己的状态。她没有与他人共享的世界，因为她没有工作。她唯一的对应物是缺席的工作。这就是为什么引用的对话独白如此坚定一致。罗塞塔不得不对自己说晚安，即使这是她与一个试图爱她的熟人度过的唯一一夜。

达内兄弟的个人电影所展示的东西，与其说是跌出社会的古怪或壮观的个案，不如说是可怕的普通个体以身体-实践对抗社会条件下的排他性。对其电影的概览使这一点更加清晰。不仅在环境方面——总是在列日——而且在描写和被描写的总是同样匆忙的节奏方面，这些故事片相互融合。与地点限制在比利时的拍摄地瑟兰一样重要的是时间。因为通过这种方式，电影可以保护自己不受糟糕的人类学论调和宿命论建议的影响。这并不是说工作是人类的一部分，而是说在中欧社会中，在过去十五年左右的时间里，几乎整个生活都取决于融入劳动力市场，而这个市场使许多人丧失了能力。这也回答了为什么以及在何种意义上达内兄弟的电影是意识形态批判，也就是说，它们不仅仅是对那些偏离了所谓的正确道路或仅仅是运气不佳的个体的报道。

他们电影中的主人公，用布迪厄的术语"行为者"来形容会更合适，他们有两方面的痛苦：一是他们没有社会关系，或者只有扭曲的社会关系；二是处在时间的摆布中，并且是以无情的残酷的喧嚣的形式。在《我想你》(1992年)中，闲逛和无聊仍然被描绘成失业的时间模式，而在所有后来的电影中，一颗日益成瘾的心是无处不在的时间体验。在意识形态批判的模式中，达内兄弟的电影因此诊断出，今天被排斥在劳动力市场之外的社会后果基本上封闭在孤独和时间结构中。在那里，排除控制的问题可以被还原为个人和自然的东西，没有人对此负责。因为时间似乎只是存在，并不是谁的错。

六、带给哲学的结论

这并没有说出多少新的东西。归根结底，这里提出的建议相当于马克思的定义，他在给卢格(Ruge)的那封著名的信(1843年9月)中写道："批判的哲学是对当代的斗争和愿望作出当代的自我阐明。"①正是在这个意义

---

① Karl Marx, *Briefe aus den Deutsch-Fanzösischen Jahrbüchern*, in: *Marx Engels Werke* (MEW), Band 1, Berlin 1974, S. 346.（译文出自：《马克思恩格斯文集》第10卷，10页，北京，人民出版社，2009。）南希·弗雷泽在她对哈贝马斯的批评中也提到了这一点：» What's Critical about Critical Theory? «, in: J. Meehan (Hg.), *Feminists Read Habermas: Gendering the Subject of Discourse*, New York, London 1995, S. 21-55.

上，我要求意识形态批判把自己理解为总是已经在发生的社会自我理解的一部分，其中一些甚至对“行为者”来说是无法察觉的，特别是当他们以身体和实践的方式表达自己时。这里基于电影材料以及布迪厄的访谈将我们当前的社会问题揭示为一个经济问题，这与马克思的指导方针关系不大，而与我们时代的斗争和愿望有关。如果情况重复，正如罗本·卡斯特尔在他关于《雇佣劳动的形变》①的研究中所建议的那样——而《罗塞塔》在许多方面是这项研究的视觉浓缩——那么批判哲学的使用也必须重复。始终牢记，它涉及的是一种重复。

然而，现在人们会反驳下面的说法：即使有一些貌似合理的意识形态批判形式可以避免哈贝马斯所分析的失能(Entmündigungen)的情况，但如果这种批判已经逃避到艺术或社会学的相关形式中，那么至少对于哲学来说，就什么都没有了。正是我关于批判的美学建构的题外话证实了人们可能认为的哈贝马斯的假设，即哲学只剩下先验的批判，它不做价值评价而是重构价值评价中预设的东西。

然而，我对达内兄弟的电影和《世界的苦难》的重建和辩护，把它们视为意识形态批判的权威审级(In-

① Robert Castel, *Die Metamorphosen der sozialen Frage. Eine Chronik der Lohnarbeit*, Konstanz 2000; ders., *Die Stärkung des Sozialen. Leben im neuen Wohlfahrtsstaat*, Hamburg 2005.

stanz)，绝不意味着它们是唯一的。[①] 更不意味着所有的艺术或只有艺术是意识形态批判。相反，它是关于对意识形态批判具有重要性的有问题的普遍性的特定美学建构，这一建构将参与性和观察性的视角结合起来。然而，这意味着寻求最终奠基的哲学冲动也不能简单地被意识形态批判所忽视。因为归根结底，意识形态批判的对象总是那些看似终极的、自然的和普遍认可的东西。它的主题是不可改变的无可争议的东西和那些绝不是一劳永逸的东西之间的张力空间。显然，意识形态批判所致力于的不是公然的、公开的不公正，而是那些我们还不知道它们是多么公然的、必要的和不公正的东西。这就是为什么恰恰是批判的先验任务将意识形态批判与最具体的事物联系在一起。

最后，应该指出的是，有一些哲学家以及艺术家和社会学家以这里提出的意识形态批判的方式推进，优先考虑具体的对象而不是先验的问题。布迪厄关于文学和定性访谈之间的切近性的论述绝非偶然地切近阿多诺。这同样适用于布迪厄的这样一个观点，即批判不能赋予自己权力，而必须进入一个领域，在这个领域中要构建的批判已经(零星地)存在；只有从这个领域中固有的紧张关系出发人们才能问出，哪些声称的必要性实际上是

---

① 我对《世界的苦难》和《罗塞塔》的选择也需要通过与意识形态、社会研究或电影的其他可替代项目进行比较来证明，对此我在这里肯定是有所欠缺的。

必要的。阿多诺在他的方法论上的核心随笔-文章[1]中，称这种思维为随笔主义。“它（随笔——本文作者注）是——就它刚开始所是的样子而言——卓越的批判形式。也就是，作为精神构造物的内在批判，[……]是意识形态批判。”[2]在这段文字中，阿多诺还明确指出，在意识形态批判的可能的具体对象中，艺术作品只是由此——但也正是由此——具有特殊的作用，即因为意识形态批判构建和论述的张力已经在它们身上预先阐明了。[3]

---

① Theodor W. Adorno，»Der Essay als Form«，in：ders.，*Noten zur Literatur*，Frankfurt/M. 1981，S. 9-33.

② Theodor W. Adorno，»Der Essay als Form«，in：ders.，*Noten zur Literatur*，Frankfurt/M. 1981，S. 27.

③ 如果接受阿多诺的建议，那么很明显要区分或多或少的意识形态批判的话语形式。当最具话语性的形式在有倾向的无漏洞的论证中给接受者留下的空间很小，而更具审美性的形式给读者更多的自由时，会有模糊性的优势和劣势。

批判社会学还是批判理论

——与罗宾·切利凯特的对话

吕克·博尔坦斯基(Luc Boltanski)
阿克塞尔·霍耐特(Axel Honneth)
孙铁根　译

吕克·博尔坦斯基从事的批判社会学是为了与皮埃尔·布迪厄相区分，并在与“政治和道德社会学小组”的其他成员密切合作下发起。阿克塞尔·霍耐特所从事的批判理论继承法兰克福学派的传统并通过承认(*Anerkennung*)理论而将之进一步发展。二者从不同的角度都对批判这一现象作出了研究。批判首要是由“平常”的行动者完成还是一种理论的任务？理论与实践处于什么样的关系中？理论如何既是批判的，又同时与行动者的经验和自我理解相结合？这些问题以及对这些问题或者相互补充、或者具有替代性的回答，是当前社会哲学讨论的核心点，因此在下列对谈[1]中占据中心。

一

罗宾·切利凯特(后文简称“罗宾”)：让我们从这两种理论的缘起这个问题开始吧。批判社会学和承认理论是如何发展成两种典范性理论的呢？在这两种理论中都有哪些不同的思想传统、经验上的问题意识还有特别的知识坐标(Konstellationen)在起作用？其中一个理论(承认理论)的背景肯定是，批判理论的传统尤其是经由哈贝马斯发展的新方向，以及对于形式-实用的路径及其所决定的去实体化和去社会化的某种不满。另一个理论的背景则是皮埃尔·布迪厄的批判社会学及其对经验问题的抵制，继而发展出一套新的理论语汇，从而使得对某种一般意义上的社会现象的描述首次成为可能。

吕克·博尔坦斯基(后文简称“吕克”)：我那时对宏大的理论发展线索的建构感到很困难，因为我那时为了与阿尔伯特·赫希曼(Albert Hirschman)对话，处于自我颠覆的阶段。尽管我的工作为理论的视野提供了某项规划，但是我没能将之实现。在这项理论框架的发展中，由于我做过布迪厄的长期助教，法国的批判社会学曾经对我有很大的影响，由此我和我的一些同事从二十

---

① 这次谈话发生于2008年7月3日，地点为美茵河畔法兰克福。

世纪八十年代就一起合作发展出了这种所谓的实用主义的批判社会学。但是任何一种社会科学的理论都应该避免教条化，而这一点我在布迪厄的圈子里面就感受到了。布迪厄自己想要呈现出一个完整的理论体系，但这并不是个好的想法，因为一种理论必须总是开放的、不封闭的和有待进一步确定的。

布迪厄的作品成为我们需要承负的重担，就像法兰克福学派那样。我们并不是沿着已经规划好的道路继续走下去，也不是简单地将这种思想传统抛弃。我们应该不要忘记，在社会学中处理的并不纯粹是理论，它还一直处理政治(这对于两种传统都很适合)。尽管如此，我对布迪厄的批评还是一种理论上的，而非政治上的批评。尤其是批判社会学并不是要拒绝批判，像布鲁诺·拉图尔(Bruno Latour)要求与后马克思主义的规划完全断绝关系那样。① 我更坚持一种迂回(Umweg)的方式，为了理解批判的实践，为了理解批判为何如此困难，我们必须走上批判的道路。

罗宾：您对布迪厄的批判的开端在哪里呢?

吕克：布迪厄的进路可以通过他对知识的实证主义的信仰和对社会不正义的天然愤慨(Empörung)之间的张力加以刻画。就像在马克思主义那里一样，我们在布迪厄这里也能发现十九世纪的实证主义和十八世纪的争

---

① Bruno Latour, *Das Elend der Kritik*, Berlin 2007 (engl. 2004).

取解放之间的冲突。在布迪厄这里并没有意识转变和革命的可能性问题。相反，他强调行动者的无意识的作用。像二十世纪六十年代许多其他理论家那样，布迪厄这一观点(行动者从未意识到他的行为)是混合马克思主义和涂尔干主义的代表。按照这种观点，人们可以利用一种内置计算机的方法，这种方法进行策略性的计算并给出具体的行为选择的建议。这两个假设导致了一种分裂的行动者的理论：一方面是完全无意识的行动者，他们的动机，尤其是出自道德本性的动机，与现实没有任何关系；另一方面是内在人类(像亚当·斯密所说的那样)的方式，它像计算机那样运转并且可以进行确定的估算。就像先锋队理论(in der Theorie der Avantgarde)那样，这一观点制造了一种巨大的鸿沟；一方面是无意识的、受到蛊惑的行动者；另一方面是社会学家，他们由于各自的知识和方法处于揭示真理和向行动者澄清的地位。与这一观点相适应，布迪厄圈里还流行类似僧侣那样相互劝告和修正的实践。在聚会之后会发生这样的一幕，一位同事过来说："你说到阿多诺，但实际上你对他一无所知；你说的东西是你工人阶级惯习的产物，我作为社会科学家，帮助你检查这一点。"这位社会科学家掌握着真理，因此保证他处于先锋的位置。

还有一个进一步的问题，提出这一问题是由于我们在布迪厄的作品中发现了对马克思和马克斯·韦伯的混合。从尼采式的、悲观主义的韦伯那里，布迪厄学习到，整个社会处于某种支配之下。这样的诊断将批判理论的规划置于巨大的困难之前。当然人们能够发现某种支配结构隐藏的地点，并且向行动者加以澄清，但是很快就会出现另外一种他们看不到的支配结构。社会学家的描述与批判之间的关系是非常成问题的，特别是因为布迪厄早就不再考虑一般意义上的道德的角色了。与马克思主义者不同，布迪厄也没有利用历史哲学，这种历史哲学能够将描述置于内在矛盾（Widersprüche）的基础上，在布迪厄那里这样的矛盾根本就没有。他描述了一个正在受支配的世界，而这一世界是以一种无意识的，但具有策略性的方式产生的。但是为什么要进行批判呢？既然世界是如此自然地发生的，关于革命和道德最好的观点也是错误意识的结果，因此注定是失败的吗？

罗宾：除了这一张力之外，您对布迪厄的批判主要在于他低估了行动者及其反思能力。

吕克：在涂尔干传统中，有一个行动者和社会科学家之间的严格区分。前者是社会结构中的纯粹能动者，它们就像在一个陌生岛屿上的荒野之物那样被研究。社会科学家就像是夏洛克·霍尔姆斯（Sherlock Holmes）：人们给他一个提示或一类信息，他就会准确地知道，到底发生了什么，他还能够运用他的阶级理论的分析。这绝对不是好的研究！好的研究应该预设对某种不确定性的接受，人们本来就不知道到底发生了什么。

人们在二十世纪七八十年代就感到似乎必须要放弃

对行动者和社会科学家之间严格区分的信仰。在那个时代，社会现实被各种社会思想图式(Denkschemata)淹没，社会在这个意义上是反思的。当我在《研究能力》[1]中开始自己的研究的时候，我走入各种不同的社团并且追问它们关于研究能力的不同定义。得到的回答是“什么，您还没读过布迪厄和图海纳(Touraine)？您先去读他们然后再问！”社会学家的工作被行动者自身用作建构他们自己群体的资源。

罗宾：这样的“发现”对您的理论形成和经验研究有什么影响？

吕克：“平常的”行动者与某种社会学思想图式——被视为应用于日常情境的认识“工具”——之间的交互作用成为我同劳伦特·特维诺(Laurent Thevenot)所从事的社会学的研究对象。我们发现行动者有比较显著的社会能力，这些能力使得他们也具有批判，即参与争论和交换论点的能力。我尤其感兴趣的是那些涉及不正义控诉的争端的社会形式。妄想(Paranoia)在其中扮演着关键性的角色。当我请我的女儿去邮箱取邮件时，我没有像平时那样跟着她，从而检查她有没有截取信件。但是为什么没有跟着她呢？“跟着她”是一种合理的不信任还是一种病态，这个问题很难回答。这同样适用于对不正义的控诉。为了能够取得成效，我研究了数千封写给

---

① Luc Boltanski, *Die Führungskräfte. Die Entstehung einer sozialen Gruppe*, Frankfurt/M. 1990(frz. 1982).

《世界报》(*Le Monde*)的信件，其中写着人们千奇百怪的申诉。① 我按照人群分成了组，并按照从“正常”到“疯狂”的标准为这些信件排了序。我想特别指出，在涉及不正义的情况中，有一种常态的语法，这种语法是进行判断的人和写信的作者都在使用的。在日常社会生活中，尤其是涉及诸如承认、正义的要求时，常态(Normalität)问题起着核心的作用。人们很难设想，它在某种场所的行为控制方面所起到的作用是多么强大，比如像大学这样的场所对自由讨论的作用。拒绝一项诉求最有效的方式并不是通过论证来反对它，而是把它驱逐到不正常的领域。更加极端的诉求总是处于被看作疯狂的危险之中，因为它们并不适用于现有的社会现实，而仅仅与个人的某种经验有关。当某人的经验不能与其他人分享，他就很快被视为疯狂的、反常的或者妄想的。社会不正义及其批判的问题再次与精神病学的问题相联系，像我们在第一代法兰克福学派那里看到的那样。这一点就今天的认识和知识来讲，更加紧迫。

我们的理论不仅寻找常态的意义，而且也塑造正义的意义。在《关于正当性辩护》中我们指出，行动者不像布迪厄所说的那样被蛊惑，刚好与社会学论证的情况相反，他们能够参与正当性辩护和批判的实践并形成关于

---

① Luc Boltanski, *L'Amour et la justice comme compétences. Trois essais de sociologie de l'action*, Paris 1990, Teil I.

社会现实的意识。[①]

二

罗宾：批判理论所面临的问题与吕克所刻画的布迪厄的社会学的问题相似。社会整体处于支配关系下的诊断与解放的目标，二者之间存在着某种张力。这种张力很快就被称为父权制的危险。这一问题在批判理论的进一步发展中——特别是经过哈贝马斯的发展——起了什么样的作用呢？

阿克塞尔·霍耐特(后文简称“霍耐特”)：对我就更加清楚了，吕克所刻画的他与布迪厄的关系非常类似于哈贝马斯与早期的批判理论以及我与哈贝马斯的关系。哈贝马斯脱离阿多诺和霍克海默路径的一个理由在于他们对普通行为者的能力的低估。他们的支配和工具理性的概念使得他们不得不忽略行动者的日常知识。其结果是，理论所实施的批判不再能被加以正当性的辩护。如果人们不涉及行为者的认识和视角的话，人们就不能以一种内在的方式为他们自己的批判提供理由，而只能勉强采取一个外在的视角。哈贝马斯总有这样的一个观点，认为早期的批判理论并不是证明其批判是一种内在的批判，因为它是从外在的视角开展的。按照总体的批

---

① Luc Boltanski und Laurent Thévenot, *Über die Rechtfertigung*, Hamburg 2007 (frz. 1991).

判，一切都是支配，行动者屈服于无意识的力量，而这就会提出批判的正当性辩护的问题，因此就有必要寻找另一个起点。这就是哈贝马斯范式转型(Paradigmenwechsel)的动机之一，由此他开始着手寻求另外的理论资源，它们使得关于社会生活和社会再生产的结构的其他视角得以可能。与实用主义，尤其是与约翰·杜威(John Dewey)，还有与汉娜·阿伦特(Hannah Arendt)的争论，让他有可能除了分析工具性策略性的理性及支配关系的无意识再生产之外，还发现行动交往的形式以及另外一种理性类型，后者在以语言为中介的实践中确定下来。语言首要的功能不再是支配工具(像在赫伯特·马尔库塞《单向度的人》书中所写的那样)[①]，而是作为交往的媒介，特别是作为非强制性的行为协调(Handlungskoordinierung)方式。

罗宾：这样的坐标(Konfiguration)是如何影响您开始您的理论构型的？

霍耐特：对我来说哈贝马斯的开端在我的研究生涯中起到的作用如此之大，以至于早期法兰克福学派在我看来已经在理论上陷入了僵局。在交往转向之后就没有了回路。这条朝向独立的开端之路在我事后看来是对哈贝马斯开端的深化，而非决裂。很多人可能会说，我与

---

① Herbert Marcuse, *Der eindimensionale Mensch. Studien zur Ideologie der fortgeschrittenen Industriegesellschaft*, 4. Aufl., München 2004 (engl. 1964).

哈贝马斯的关系可以对应左翼黑格尔主义与黑格尔之间的关系。它跟吕克与布迪厄的关系有一个很重要的区别：我的理论发展并不局限在经验研究上。我试图通过理论的思考来克服哈贝马斯路径的薄弱之处。

我一开始意识到我对哈贝马斯不满意是在我自己尝试去定义早期批判理论的时候。从某种角度哈贝马斯诊断出一个社会学的缺陷并将之看作早期法兰克福学派的一个重大问题：由于阿多诺和霍克海默并不理解行动者行动的交往性以及对正当性辩护的实践性参与，他们勾画了一幅完全歪曲的社会图景。对我越来越清楚的是，这一批评对哈贝马斯自己来讲也是适用的。集中于交往的语言结构以及参与其中的理性会导致对错综复杂的社会经验的遮蔽(Ausblendung)。社会生活中行动者的日常经验在哈贝马斯的理论中并没有位置。我的《权力的批判》一书所处理的内容恰恰就是要证明早期法兰克福学派、福柯以及哈贝马斯的这一理论缺陷。[①]

罗宾：您是如何尝试在您对批判理论的重构中赋予行动者的经验以中心地位的？当用普遍语用学去研究它们的时候，如何能够避免将交往和日常经验孤立？

霍耐特：在公式化的过程中，交往过程的道德维度就会丧失。而道德经验对于适当地理解交往行动以及整体的社会生活来说是核心性的。除了黑格尔之外，对我

---

① Axel Honneth, *Kritik der Macht. Reflexionsstufen einer kritischen Gesellschaftstheorie*, Frankfurt/M. 1985.

的理论发展起到核心作用的是社会学和历史学分析，如巴林顿·摩尔(Barrington Moore)的《不正义》和理查德·桑尼茨(Richard Sennett)与乔纳森·科布(Jonathan Cobb)的《隐藏的阶级伤害》。[①] 当时我还在象征交往的精神指导下从事一项很小的经验研究，它涉及的是在柏林的年青一代工作者，我们问他们如何在社会结构中确定他们的身份。它强调的是，年青一代的社会羞耻感是最重要的动机。坦率讨论自己在社会中的地位，似乎对于他们不再可能。这表明，社会等级和承认关系被限定在了最亲密的关系之中，这样社会理论必须对不正义的经验和对承认的争取感兴趣。

因此就不应当再回溯到语言转向中，而是要寻找其他的路径。对我来讲，理解交往行动的关键在于黑格尔关于承认的斗争这一理念，这一点是我在早期哈贝马斯那里发现的。[②] 这一理念被哈贝马斯本人放弃，而我用它来彻底化他的理论。我追随黑格尔不仅要证明“承认”在道德经验的中心地位，此外我还要表明，交往行动本质性的标志并不是和谐，而是冲突。交往是一种道德冲突的形式。承认逐渐代替了交往的位置并且开启了另外

---

① Barrington Moore, *Ungerechtigkeit. Die sozialen Ursachen von Unterordnung und Widerstand*, Frankfurt/M. 1982 (engl. 1978); Richard Sennett und Jonathan Cobb, *Hidden Injuries of Class*, New York 1972.

② Axel Honneth, *Kampf um Anerkennung. Zur moralischen Grammatik sozialer Konflikte*, Frankfurt/M. 1992 (Neuaufl. 2003).

一条丰富的联系领域：其中涉及的是某种规范性的地位的相互肯认，涉及的是如果我承认他，就意味着我将赋予他某种规范性的权威。承认还是一个过程，除了交往过程之外，它事先包括某种道德经验。

罗宾：在这样的理论图景中，冲突起到什么样的作用呢？人们可能会想，将冲突置于中心与将道德经验置于中心这两种视角之间存在着张力。

霍耐特：与承认的斗争这一理念联系在一起的是对经典冲突概念的修正，因为这里的冲突概念融合了冲突性和和谐性。处于社会生活中间的是关于社会性的冲突。这种冲突所涉及的并不是疏离他者或者支配他者，而是要成为相互共属的、权利平等的成员的愿望。因此这里的冲突就获得了一个完全不同的含义，它不同于在冲突理论中常见的那种情况。由于这种冲突将关注兴趣置于变得尊重和成为共同体的一分子基础之上，它所涉及的就是包容的冲突，而不是排斥的冲突。

除了黑格尔之外，这里还能看到与布迪厄的联系，对于布迪厄而言，象征秩序的冲突也是核心性的，尽管他预设了某种遮蔽性的关联。在他那里我们也能发现一种额外的直觉，即围绕经济利益的冲突与规范性状况有关，即使他仍然用经济学来分析这种冲突并且对之加以功利主义的范围缩减。这样的范围缩减遮蔽了这一点：它涉及的是道德冲突，在其中起到驱动力作用的是羞耻心、承认等。

承认理论既应当克服哈贝马斯理论中的某些抽象化，同时也应该使得理解社会生活交往的基础结构成为可能。但是这样的修正完全是在哈贝马斯的范式之内发生的，它采取的是一种内在彻底化的方式。

罗宾：这样的彻底化对社会批判这项工作以及追问批判的规范性基础这一问题有何影响？

霍耐特：对哈贝马斯而言，批判只有作为内在的批判才是可能的。作为批判对象的社会必须已经包含了某种理性，从而能够作为对现存社会行为的批判标准。交往理性以某种历史的或正在发展的形式实现自身，我们这些理论家能够汲取这样的形式来作为批判的尺度。在这种意义上，《交往行为理论》[①]将交往的理性形式重构为批判现存社会病理的标准。但这也只是内在批判的某种变体，但这种内在并不意味着这种批判涉及行动者的实际经验，它涉及的是建制化的规则。内在不再是法兰克福学派曾经所意谓的那样：为了能够证明这种批判，人们必须要将其建立在实际经验的基础上。如果不将内在理解为那么抽象和形式的话，它就要求联系行动者的能力和经验。社会批判不能奠基在行为和谐的交往装置之中，而必须奠基在经验之中。这种经验与某种确定的交往形式，即承认有关。

罗宾：如果从《交往行为理论》之后哈贝马斯的理论

---

① Jürgen Habermas, *Theorie des kommunikativen Handelns*, 2 Bände, Frankfurt/M. 1981.

发展来看，他将兴趣集中在像意识形态、社会病理、悖论和冲突这样的现象中，其背后有一种越来越明显的康德主义的立场。如果我的看法是对的，您的理论伴随对哈贝马斯彻底化的同时还与一种向着早期哈贝马斯和早期法兰克福学派的某些理念和直觉的回归有关。这些理念和直觉不仅仅涉及上面所说的那些现象，而且还很明显地将理论与关于承认的社会斗争相结合，将从理论的角度来实施的批判定位在具体的社会运动中。直到今天，您与哈贝马斯走的路都是非常不一样的。

霍耐特：的确，你说得非常对。准确地列出承认斗争的样态需要涉及其他的学科，尤其是精神分析、道德心理学和道德社会学，这一点被证明是格外重要的。这样就出现了下面的倾向：顺着对哈贝马斯早期的黑格尔主义的辩护而反对他晚期的康德主义，还有重新对早期法兰克福学派产生兴趣。应该区分两种早期批判理论：功能主义的诸种变体(尤其是霍克海默在二十世纪三十年代所发展的那种)，以及反功能主义的、规范主义的诸种变体(像边缘化理论，尤其以埃里希·弗洛姆和沃尔特·本雅明为代表)。根据第二种变体，现存的社会并不被理解为总体的遮盖整体，而是有很多分子。行动者并不完全处于被支配状态，相反，其体验处于并不能被整合成一体的状态之中。在弗洛姆那里是交互性的经验，而在本雅明那里是革命性的经验。在阿多诺那里就已经发现了这种主体经验的抵抗性形式。人们必须继承阿多诺的这一直觉。

在这一点上，哈贝马斯和我从对立的方向上对之加以发展。在哈贝马斯那里，真正的批判理论越来越遗忘了它的本源，康德和约翰·罗尔斯占据了中心。这样，这一理论就越来越是规范性的，而越来越缺少社会学，而我则开始从事一种坚定的黑格尔式的批判理论，这意味着：不仅要刻画规范性，而且还要彻底地由社会理论来加以刻画。

三

罗宾：批判社会学和承认理论之间的共同之处以及最重要的区别是什么？

吕克：可以拿《关于正当性辩护》中制度的理念或辩护的秩序与承认的不同层次之间的区别来做比较。不过对我们来讲首先感兴趣的是秩序和等级以及对其辩护的问题。在面对多种多样的关于承认的诉求时，我们就会提出人们应该如何获得承认这一问题。人们可以被承认为重要的或不重要的、崇高的或渺小的。如果被看作是渺小的人，他会在社会中有一个他不满意的位置。因此这里涉及的就不只是在某个确定的世界中承认的问题，而是关于身份、等级、秩序的问题，人们凭借它们在这个世界获得定位。而且承认也不是冲突的终结，而是导向新的不确定性，导向争论和争吵。如果人们严肃对待行动者的诉求和论证，在争论中就会出现不确定性。这里争论的是这样的一个问题，是否被解雇的雇员实际上疯了或者将要被雇佣的工人是否真有能力。我们并不知道，所以就需要一种社会的制度性的检查：它应该为行动者降低不确定性并且在最佳的状况中结束争端。

罗宾：对于将行动者的反思能力置于中心的理论来说，常识所起的作用是什么呢？

吕克：维特根斯坦、实用主义和民族志方法给予常识一个非常重要的地位，我深受其影响。但是最后我成了一名涂尔干主义者：我越来越不相信常识了。在像社会化理论、文化理论以及游戏理论这样的社会科学中，集中于行动者的自发性的能力，行动者自发性的能力能够自身理解并且构成常识，但这赋予常识太多意义了。哈贝马斯也在语言以及与之相关的和谐的可能性上寄予了过多的希望。

在我们的《关于正当性辩护》中所分析的正当性秩序以某种方式对常识作出了限制：在某些正当性框架内，某些关于常识的论证是合法的和重要的，另外的框架内就不是。因此这就要涉及历史性的建构，在其中会发现语言可以以非常不同的方式被使用，像“正义”这样的词语可以有非常多的意义。在这一点上我们的路径还是结构主义的，而不仅仅是实用主义的。正当性程序并不纯粹是认识的产物，而是已经被锚定在与其相联系的客体中。这样就会重新提出这一微观-宏观的问题：行动者是被抛到一个已经完成的世界之中，他们行动的可能性完全被限制(像结构主义那样)，还是说我们必须从行动者及其境遇性的构造世界的实践之中出发(像实用主义和民族志方法那样)？这两种描述都是对的。当然行动者在具体的情境中不能仅仅受已经完成世界的力量的支配，同时也改变着这个世界。不过对这两种描述的结合工作还没有出现。

罗宾：人们可能会获得某种印象，批判社会学在这方面是实证主义的，因此自觉地放弃了批判的要求。

吕克：与布迪厄保持距离的确导致了一种越来越实证主义的立场：我们想要提供对某种社会情境类型尽可能好的描述。对此我们借鉴了诺姆·乔姆斯基(Noam Chomsky)的语言学模型：是行动者，而不是社会学家，能够利用真正的社会学知识以及在社会世界中的能力。但是这种知识是隐含性的。就像我们不能在说话的同时认真思考语法规则，这一点也同样适用于社会行为。按照这种图景，像语法学家那样，社会学家的任务的某些部分是认知性的，而某些部分则是将日常生活中所形成的能力加以模型化和形式化。这样的模型必须从日常生活的范围中发展出来而且必须得经受它的检验。由这种批判得来的政治和实践上的理解，与理论没什么关系。

我们的模型很快就被其他人在实践中加以运用，有些用于取消批判的资格或者为民主增殖。出于上述理由，还有道德和政治的理由，后者与新自由主义占据支配地位以及法国出现社会危机有关，我不再满意于这种将理论加以自我限制的实证主义。这一工作与我和夏娃·希亚佩洛(Eve Chiapello)写的《资本主义的新精神》一书有很大的共通之处。除了将理论模型由数据型扩展到历史、动态的模型之外(后者考虑的也是支配活动的角色)，这一理论工作还服务于某种实践上的目标，即更新对资本主义的批判。① 因此我放弃了纯粹实证主义-描述性的立场，又开始从事社会学和批判的结合性的工作，没有它的话就不会有《关于正当性辩护》这样的理论框架。

罗宾：在多大程度上这样的修正可以被描述为批判社会学的转向？

吕克：为了从事社会学，人们必须采取一个外部视角；人们如果处于某个社会世界的内部视角的话，他就是专家(可以向医院就它们应该如何更好地对待患者提供建议)。社会学是很困难的一项冒险：人们必须能够将所处的社会世界看成是完全偶然的，完全可以是另外一个样子，而且从这样的角度出发来重建其构成所处社会世界的内在融贯性和稳固性的内容。社会学理论家实施的批判——更准确地说是元批判——预设了人们有一种关于社会的描述，否则的话就没有什么可批判的。这就预设了某种外部视角，某种第一秩序的治外法权

① Luc Boltanski und Eve Chiapello, *Der neue Geist des Kapitalismus*, Konstanz 2003 (frz. 1999).

(Exteriorität)。描述和批判的重叠要求一种复杂的治外法权，从而使得对某种事态进行判断并采取规范性的立场得以可能。

真正的社会学必须总是批判性的。一种纯粹描述性的理论有何用处？人们对社会学的期待是，它能够批判并且有助于社会的改善。这种批判的规范性基础并不能处于某种地方性的文化、宗教抑或道德的视角（就像日常的批判经常发生的那样），因为社会学恰恰要将批判的诉求提升到普遍的层面。这种基础必须足够准确，从而使批判得以可能；同时也必须足够普遍，从而不会变成对某种特殊道德的抨击。

从这种由行动者所表达的批判社会学及其批判模型中难道不会产生出某种规范性和批判性的立场吗？至少人们能够支持对实际的程序正当性辩护和检查的批判，像在农村的选举中所有被选举人都来自同一家族。但这是一种改良主义的批判，这样的批判并没那么吸引人，社会学应该是吸引人的！

在日常生活中，人们是现实主义者，有很现实的期望。咖啡馆里的一名服务员，当他的同事比他更空闲的时候，他可能会很委屈，但是，当他看到他是一名服务员，而不是大学教授的时候，这点委屈又算得了什么——这就是生活。社会现实可以或强或弱、或稳定或开放。1968 年具有至关重要的经验就是人们感受到社会现实的软弱和漏洞。那时人们怀揣的并不是期望，而是梦想，他们的梦想改变了他们的期望。今天的情况已经不是那样了，似乎必须开启批判社会学，从而用来反对支配性的现实。

四

罗宾：承认理论一开始也是关注批判性诉求的。它是如何回答批判的规范性标准这一问题的？它能超越行动者过于现实主义的期望吗？

霍耐特：通过承认来取代交往，应该能够开启通向社会批判的内在标准。因为在社会现实中有不正义和受忽视这样的经验在，而批判理论就是要结合这样的经验。这里就涉及一个双重性的问题：其中一个是关于承认斗争的设想与社会理论缺陷的关系。这样就不再能像我之前所认为的，仅仅着眼于某种人类学关于人们及其需求的设想而形成一个内在的一致性，从而对承认的不同的期望和形式进行区分了。这样的进路是过于心理学的而不是社会学的。另外一个就是欠缺某种规范性的问题：尤其是在与南希·弗雷泽(Nancy Fraser)的争论中她向我指明的那样，将批判的标准锚定在受忽视的体验中伴随着一种危险，即将任何期待都当成正义的并加以接受。① 这样的结果当然是很荒谬的，有相当多奇怪、

---

① Nancy Fraser und Axel Honneth, *Umverteilung oder Anerkennung?*, Frankfurt/M. 2003.

疯狂和另类的期望并不能看作是正当的。所以我们需要某种理论资源，借此来区分期望和承认需求的正当性与否。因此我曾经所区分的承认的三重维度——正当的平等、爱、个人成就——是不够的，尽管按照这些维度只有某些期望是能通过回溯到与之相联系的原则而加以正当性辩护的。在法国对我路径的接受中，这一点被误解了。有不正义的感受本身并不是批判的基础。

过于心理学和欠缺规范性的倾向在我与弗雷泽的争论中得到了内在的修正和完善。因此在社会理论的转向中承认的制度化秩序就成了焦点：我所作出的承认的不同维度在历史中被给出并且在发达的承认秩序而不是在非历史的个人接受中加以定位。秩序必须是制度化的，这样人们就能合法地期望获得承认。处于核心的并不是认同的规范性地位，而是不同的秩序对人们规范性地位的规定。只有置于这样的背景下[当其所涉及的是对个人参与其中的秩序的表达(Aritikulationen der Ordnungen)]，承认的期望才能获得正当性辩护。这一图景是黑格尔和涂尔干相结合的某种形式，在其社会化的框架内，个人习得了不同的秩序和承认的词；他们学习说爱、个人权利和成就的语言，并能着眼于这些原则为其规范性诉求进行正当性辩护。个人就在承认的语法和制度化的实现中得到社会化。而只有在现代社会才是这种情况。

罗宾：您认为您刚才所描述的承认秩序与吕克和特

维诺所考察的正当性秩序的主要区别在哪里?

霍耐特:在我看来有两个主要区别。第一个是正当性秩序主要是精英式组织起来的。它似乎表明我们的规范性世界主要面向的是成就,但是我们的社会现实有很多丰富的规范性结构。人们有各种各样社会性价值评价的原则的表达。爱和尊重这样的原则就完全是另外一种建构,因此需要另外一种规范性语言来表达。第二个,规范性秩序的引入也是有区别的:《关于正当性辩护》的出发点是,所有可能的正当性原则都已经在政治哲学的经典作家那里了;它是解释学和社会理论的进路。与之相反,我的情况是某种历史社会学理解的进路:所涉及的是不同的正当性规范秩序的区分的重构。这是一种没有历史哲学的黑格尔主义形式。承认的三种领域是我们现代人的概念要素;它服务于现代社会的规范结构,当然它们也反映在现代社会理论和政治哲学的经典文本之中。

罗宾:在这样的背景下您是如何规定社会批判的任务的?这一理论与行动者的自我理解是何种关系呢?

霍耐特:可以区分社会批判的各种不同的任务。第一,批判理论重构某种确定的关于现代的历史叙事和图景,这一叙事和图景超越了行动者隐含认知的表达。这种重构必须至少能够部分反映行动者的观点,因为这种观点最终是在现代世界中得以社会化的,至少是潜藏在情境之中、在所区分的不同的规范秩序之中的,而后者是我作为理论学家重构出来的。第二，批判理论必须被理解为，着眼于相对应的规范性原则，使得行动者正当性的期望得以再次表达成为可能的事业。正当的承认期望，由于是在承认秩序之中加以形式化的，必须由批判理论来加以呈报。所有这一切还都是在进一步描述的层面上进行的，而不是在明确的批判层面。由于在我们的社会中还需要注意错误和片面的自我描述——由于占支配地位的实证主义还在促进这种技术精英式和功利主义的自我误解——这种由批判理论提出的替代性描述本身就已经是批判性的了，即使它仅仅是对社会现象的隐含意义的明确表达而已。工会的要求现在首先关心的是像提高工资之类有关利益的表达。批判理论必须提供另外一种对工人期望的描述，而在工会的语言中并不能发现这样的表达。我们还必须关注有关社会冲突的规范性的错误表达。我们的社会世界被实证主义和功利主义影响得越深，它就越倾向于以剪裁的方式描述它自身及其冲突和实践。第三，去尽可能清楚地凸显被表达期望的道德特性。这并不意味着，所有这样的期望都是正当的，而是说必须要澄清期望和表达所隐含的道德参照点。在这一方面，批判理论只不过是有助于公共讨论。按照批判理论的这种自我理解，这种自我理解与杜威有关联，这种理论为作为参与者的行动者参与公开讨论提供支持，旨在帮助他们澄清其(常常是隐含的)规范性的期望和诉求。正当性辩护的任务在民主制中总是公众的任务，而非理论的任务，因此理论的批判任务只能在公众的范围内得以正当化。第四，狭义上的批判理论的任务在于坚持，承认原则总是在发展中，并且对彻底的解释保持开放。与现有的秩序相关的原则总是有某种剩余价值(Mehrwert)。称得上制度化秩序的原则之名的总是有不足的，因为爱、正义之类所表达的意义并不能穷尽，总会有新的、没有考虑到的视角进入游戏(Spiel)之中。批判理论必须要留意这种没有穷尽其规范性可能的剩余价值，尽管是以一种想象(visionär)的方式。这自然会导致进一步的问题：批判理论是否仅仅给出承认的不同层面之间的区分，它仅仅在这一范围内才是批判性的，还是说有更进一步的、超越性的批判？

吕克：首先我想坚持的是在《关于正当性辩护》中赞同的那种批判。为了防止将《关于正当性辩护》误解为对社会世界的全部描述[1]，我干脆写了一本关于爱的书。目前我从事一项基本的社会学规划，这项规划与《关于正当性辩护》有关系，同时在其应该展现一种元批判(Metakritik)的形式这一点上又决定性地超越了它。[2]

当其涉及对正当诉求的澄清时——批判理论也有助于这一澄清——我们发现我们处于彻底无知的情境之

① Boltanski, *L'Amour et la justice comme compétences. Trois essais de sociologie de l'action*, Paris 1990.

② 此处详见：*WestEnd. Neue Zeitschrift für Sozialforschung*, Heft 2, 2008, versammelten Beiträge.

中，这种无知显示出与霍布斯的自然状态有某种相似性，至少在其语义学维度上。没人知道情况到底是什么样的。这里发生的是三个朋友的聚会还是一个研讨会？我们总是面临着定性和判断的问题：它涉及的是有关本质或实在的什么内容，它们各自的价值又在哪里？我考察了两种情况：实践交往的情况，用布迪厄的实践理论它可以得到很好的分析。我所刻画的爱的政体的东西就是一种彻底化了的实践政体。在这样的情境中，行动者为了解释这一情境能够相互忍让，为了不用资格认证和没有争端，从而和谐地合作。让我们举一个在朋友家吃完饭后收拾房间的例子，一位男士继续谈论社会学问题，一位女士亲吻了他们的朋友，第三位已经在打扫房间了，所有人都做着自己的事情，似乎一切都处于好的秩序中。这里就将付出和回报的等式放到了一边，计算也搁置了。参与者们并不一定要计算才能劳动。这是朋友之间的一种情况，这种情况在小型的聚会中是主导性的。而问题出现在把这一情境看作是严格的彼此分离，并且(或者)当人们彼此有很大的距离的时候。这样，另一种政体形式就是必要的，我将之称为元实用主义的，因为这里利用了自然语言的元语言的潜能，即关于语言的语言表达的可能性。在这一情况下有两种可能性。一种是批判的可能性："您把这个称为一场对话？"另一个则是确认的可能性："在对话这一词语的原本的意义上，这就是一场对话。"

在这里我的论证是反哈贝马斯主义的：语言并不能将行为者不同的视角进行融合，因为行动者有身体，因此处于时空之中，他们有利益、各种各样的欲求等。因此当一个人能够对另一个人说，这是一个瓶子而不是一堆塑料，没有理由去接受它。这是一个普遍性的问题，尤其是当人们放弃实践政体，处于意见分歧之中并且必须找到关于情况到底是什么的定义的时候。社会成员找到的对这个问题的解决之道就只在于，确定寻找情况是什么的任务（“这是一个瓶子”“这是一个研讨会”），并委托给一个没有身体的存在，我们将这个存在称为建制(Institution)。因此我将下面这一分析性的区分看作是核心的：组织按照规则将协调的问题呈报出来；管理部门关心治安的问题，关心规则是否被执行了；公共机关首先要执行语义学的职能，它告诉我们，情况是什么样子的，并且制定出相关的必要的资格认证（“他是在法兰克福的一位教授。”“她是一个咖啡馆里面的服务员。”“这真是羊奶酪。”）。公共机关的语义学职能还在于，持续性地去证明，在世界中的情况到底是什么样子的，并因此将这个世界稳固下来。这一点是必不可少的，否则的话一切似乎都是不确定的、处于永远的变动之中。

罗宾：批判与建制及建制的固化、保守的职能之间处于何种关系？

吕克：建制总是要准备好对表达出来的批判进行回

答。建制和批判因此处于永恒的辩证法之中。问题是，“无身体的存在”既不能做什么，也不能说什么。所以建制需要有一个身体的代言人，更准确地说是有两个身体。当代言人以机构的名义说话的时候，我们能够观察到代言人是如何改变他们的观点和习惯的。这就开启了这一思考的可能性，是否这个没有身体的存在真的表达和言说了真实的情况，还是说仅仅是代言人私人的观点。基于这个理由，我并不相信哈贝马斯，因为视角转换可能会导致妥协和实践统一，但是这样的方式并不能确定真实的情况。让我们举下面的例子，据我的一个学生研究：一位女士受某个教派的影响，她的教友愿意帮助她，但很快她和她的教友相互指责对方在控制自己。但是没人真的知道，这是一个什么样的教派，到底是谁控制了谁。我把这个称为解释学冲突，这一冲突是批判可能性的条件。假如我们这个世界只有通过建制才能证明真实的情况的话，就不会有批判。

与此相关，我们可以区分三种不同的检验方式。第一种，为了验证真实的情况是什么，有一种从建制中发展而来的真理检验。这里为了与布迪厄的象征秩序相联系，我们确定现实的任务就常常以“上帝是伟大的”这样的同义反复的形式来进行。这种特殊意义上的现实与世界是相区分的。是否公共机构所宣称的现实与世界一致就是一个开放的问题了？第二种，有一种现实检验(Realitätsprüfungen)，在此范围中来检验哪一种诉求以之为基础。当我说我现在在看管计算机时，我们能够马上来验证。社会是被建构的，正如最近十几年所有社会学家所指明的那样，但是现实并不是世界。对于元批判而言，区分现实与世界也是核心的。正如维特根斯坦所说，世界就是一切发生的事态（was die Welt ist，was der Fall ist）。但是我们并不知道，世界是什么，不过它总是在那里，我们能够与之发生关系。第三种检验方式是双重意义上的检验（épreuve）：验证和挑战是同时的，我称之为生存上的检验。在这种检验中有一种反对已有真理的体验。①

修正主义的批判仅仅预设了上面的两种，即制度性的真理检验和现实检验。它能够表明，现实——您可以想想前面提到的那个受支配的选举的例子——并不真正符合所规定的规程。彻底的批判必须要超出这一点，要联系到生存上的检验。这里艺术和文学起了很重要的作用，因为它们跟正当性秩序和融贯性秩序没有关系。它们能够将世界中的东西放到现实中，比如它们会创造出并不符合现实以之为基础的定义。不过还要建立与其他人的联系，因为要是仅仅由一个人提出来，那他就只是精神失常、胡思乱想和妄想的。以世界为名的批判，仅仅当它与共同分享的经验有关系的时候才能发挥作用。

---

① 吕克在这里区分了“现实”和“世界”，“世界”被作为批判性的概念使用，二者的区分是后文的重要线索。——译者注

罗宾：对于制度的批判到底是什么呢？它们不是很必要的吗？

吕克：在二十世纪六七十年代，制度的支配功能被放到了中心位置，它建立和确定了象征秩序；但却没有看到没有制度的话就不会有社会。制度的稳定性功能是不能放弃的。但是对制度的诉求总是被忽视，尤其当它跟作为统治制度（警察、行政部门等）的国家和资本主义相联系的时候。这会导致一个实践-政治上的问题：人们并不想直接废除制度（像布迪厄、福柯还有其他人），而是把它理解为脆弱的建制，这一建制可以被人们改变和批评等。但是这样的情况是如何转变的呢？

罗宾：是不是有更好的和更坏的制度？

吕克：是的，强大的制度是坏的制度。失去与现实关联的制度是最差的。我们只需想想本笃教皇治下的天主教会。只有通过改革性的批判，制度才能学习关于现实性的东西。没有批判它就会失去与现实性的联系。不那么差的，但仍然还是不好的，是那些现实和世界的关联崩塌的制度。我们想想经济学：与社会学相符合的是为我们现实基础负责的知识。它能够决定真实的情况是什么。对于经济制度或受经济影响的制度而言根本就没有超出它能够界定的现实之外的东西。这样的制度是坏的。与之相对，一种好的制度并不是在世界中没有立足之处的制度——似乎没有制度，只是一团乱麻——而是一种知道自己的界限并且对世界及从中产生的新鲜事物保持开放的制度。我们在现实中能否接受从世界中来的东西，这是一个开放的问题，因为从世界中来的东西可能是恐怖主义。不过彻底的批判理论还是要朝向对世界的辩护。新的统治形式——在这种意义上早期法兰克福学派的直觉很对——不再是建立在象征维度上的统治。意识形态和宏大仪式的时代已经过去了。今天我们建立的是一种对现实的统治。因此今天要从事反对现实的斗争，从而使现实变得更加脆弱。

五

霍耐特：我很想更好地理解批判社会学的这一新定向。批判社会学更早的规划的基础就在于怀疑从理论视角对社会批判进行形式化这一可能性，这一批判考虑的是行动者的批判性实践。由此可知，社会学必须首先是描述性的，而不是批判性的。这种自我限定导致了某种失望，因为这里并没有彻底的社会学概念的空间。作为对此的回应，应该有一种新的元批判的概念。不过这里似乎有两个理论选项，它们从根本上是有区别的。第一个选项是行动者使用其批判能力的机会的分配是不平等的并且受社会的限制。根据这种理解，元批判具有分析这种限制的任务。这就使得批判社会学(die Soziologe der Kritik)转变为批判的社会学(kritisch Soziologe)，它从元批判的角度分析社会现实尤其是制度，分析它们是对行动者能力的限制还是促进。在这种情况下它与批判理论的相通之处是很明显的。第二个选项并不十分关注决定个别行动者的限制，而是更加深入地关切社会本体论的条件。在危机这种情况下，批判给出了两种元实用主义的应对的可能性：要么超越实际的社会交往采取一种外部视角（正是哈贝马斯称作商谈的东西：中断正常的实践活动并采取一种反思性的态度），要么授权给一个建制性权威并依靠它所提供的对现实的定义（在哈贝马斯那里这属于被给予的生活世界）。建制总是能够提供关于实践问题的解决，就它能够提供关于现实的定义、描述和资质方面的指令而言。从这一点来看，批判社会学的任务就是去检验，是否这种建制足够灵活，是否它是完整和坚固的。这一元批判的视角关注社会生活的流动和发展，从而转向严格限定的制度性标准。其标准在于，某种制度是对世界的容纳还是对它的排斥？

第二条道路在严格的意义上并没有展示出一种规范性批判，它所涉及的并不是不正义，而是社会病理学。这种社会病理学考察的是制度是否以一种将社会现实与世界隔绝的方式，从而以单一维度和超制度化的方式运行。可以区分两种批判形式：一种是改革主义的批判，在被给予的制度视野之内进行，集中于对现存制度的功能性改善；另一种是彻底的批判，追问这一制度的社会、生存或伦理的质量。这种批判着眼点不在于社会不正义，而在于社会病理，它关涉社会现实与世界的关系。但是这样偏离了第一种选项，后者与批判社会学有关，并且给出了分析批判能力的社会性条件和限制的批判性转向。

吕克：行动者的不平等和不平等的批判能力这一问题当然应该看作一个严肃的问题。但这一点并不是我现在感兴趣的。可能我会暂时这样说明我的问题：在实验室里会产生很多没有意义的东西；只有它经常出现，人们才必须严肃对待和考虑。在这样的情况下，我们并不知道，现实是什么，在世界中存在的是什么，而且只有当二者的鸿沟足够大的时候，才会产生一个真实的问题。这也适合于社会学角度。有一次我的夫人跟我描述了她是如何变成女性主义者的：她曾经是一个小组的成员，在这个小组里女士们必须完成像做饭、贴公告之类让人不愉快的工作。有一次女士们坐在一起讨论这一状况。只有那时她们才能说："作为女士……"，而之前就只有"作为小组成员……"。这样的问题在世界中(in der Welt)是存在的，但是在小组的现实中(in der Realität)并没有。而这一点通过讨论而得到了改变。

霍耐特：这还是人们选择怎么描述的问题。您也可以这样描述，您的夫人在世界中发现了一种新的语言，从而让这个世界出现在社会现实中。人们还可以这样说，她有一种隐含的经验，这种经验自身是规范性的，只有用这样的规范性原则才能得以表达，而这样的规范性原则在那个小组中早就获得了承认。正当性实践的语言是对世界/现实(Welt/Realität)-语言的替代。我自己对批判理论元批判角色的理解更接近于第一种规范性的语言，而不是第二种非规范性、社会本体论的描述。

吕克：马克思可能是唯一一个试图从社会的内在矛盾，而不是某种道德中为批判奠基的人。我不想表达得像他一样那么彻底，但是我的确在寻找某种内在的矛盾，它能够使得通过某种实用主义的和解释学相结合的路径为批判进行奠基成为可能。因此我说的是某种解释学的矛盾：在建制的必然性及其局限之间的某种内在的矛盾。这是一种社会现实的内在矛盾。当然它也具有道德的意涵，但是它首先并不是奠基在道德之中的。因此建立在这种基础上的批判狭义上说并不是规范性的批判。它涉及的是某种总是超出现实的世界。

霍耐特：但是我问的是，人们在这方面能否放弃对道德社会学问题的关注：置于中心的就是建制的语义学成就，而不是它的道德和规范性功能。但是人们还可以通过其他方式来描述建制，将焦点并不集中在现实的建立和稳固这一语义学任务上，而是把目光转向制度的规范性角色：制度确定人的规范性地位并将之与认可相联系。批判也应该发挥这样的功能。

吕克：为什么在我的思想中世界和现实的区别如此重要？在《关于正当性辩护》中我们不再关注人们的期望和诉求，这些期望和诉求已经不再符合社会现实和建立起来的正当性秩序。我已经通过我刚刚写的《堕胎的社会学》了解到这一点。[①] 我并不相信公众所服从的意识形态；只有统治者才需要意识形态，因为统治非常难。但是人们有很多不能用语言表达的体验。我的姥姥生活在极度贫苦的现实中，她无法表达自己非常丰富的世界；她也不能在家庭的范围之内，而只能与孩子们分享她的世界。和我关系很好的一位民族志学家曾经告诉我说，我们所从事的批判社会学只在巴黎的城际高速公路的范围内才有效。我认为，她说得非常对。只是因为我们对某些东西不理解，我们才能不把它当成在规范上不相关的而加以排除。批判必须得强化(stärken)世界——即使很难把握它——以反对现实。

罗宾：您把马克思称为这一新定向的重要参照点。对您的社会分析来讲，阶级概念起了多大的作用呢？

吕克："阶级"这一社会学最重要的概念之一在最近十年完全消失了。对这一概念的批判在部分意义上是很合理的。但是这样的预设是完全错误的，即社会给阶级留出了均质化切割的空间。只有实用主义的进路复兴了阶级分析。阶级总是实践现象。其基本问题仍然是：一小群人如何能够剥削大部分人？对此只有一个回答，即一小群人团结而大多数人分裂。如果大多数人为了变得强大而与分裂作斗争的话，他们必须建立明确的联系，形成纪律，组建党派等。当然统治阶级并不将其自身理

---

① Luc Boltanski, *Soziologie der Abtreibung. Zur Lage des fötalen Lebens*, Frankfurt/M. 2007 (frz. 2004).

解为统治阶级，而是理解为精英——我将之称为“负责的人”——这里的歧义很明显。

这些“负责的人”是如何做到彼此建立相应的团结和确保他们的权力的呢？在他们之中是某种隐秘的许可，或者也能通过与社会规则的关联而得以表达。当人们指控“负责的人”在欺骗的时候，说的是，如果他严格遵循社会规则的时候，他就不能达到他所要想达到的东西；但是“负责的人”自然会认为，他需要规则。这里，在遵循的规则和利用隐秘知识的方式之间隐含着一种非对称，按照这种隐秘知识，不能在所有情况下都遵守社会规则。当然后者也具有与他的行为相应的权力。因此这里以一种非常成问题的方式涉及如何规范性地使用制度性权力的问题。区别于人们用阶级概念去刻画社会现实的这种非对称性，我的规范性视角参考了这样的一种社会，在其中一切都是初创，所有的人都知道规则当然是非常必要的，但是它们也不能无条件地有效。这似乎是一个充满自由而不是差异的社会。

罗宾：上面所说的内在矛盾处于何种地位呢？这里就要提出这样的问题——援引马克思的理论并不能轻易解决——是否这种矛盾被认为是社会结构的客观组成部分，还是说它涉及的是对社会现实的解释，这一解释是由理论家提出的，其本身相比于对社会自我理解的其他尝试并没有优先性。

吕克：我总是对自己没有足够的人类学知识感到很

惭愧。人类学比社会学更加能够意识到这一事实，即社会世界是一大团乱麻，而不是一个有秩序的整体。在这一情况下创造出一个集体是不可能的；它就是一个神迹，如果人们将一幅积极主义的人类图景作为基础的话。这是由大量不可解决的内在矛盾所决定的，社会学也应该朝向对这些矛盾的解决。马克思本人对此并没有充分地进行这种工作；他总是将社会关系看作是某种被给出的，而不是看成是历尽艰辛而建立起来的。但是社会关系重视非常脆弱的建构物。所以马克思低估了大量的象征性成就，后者对于确立生产关系是必要的。

罗宾：从批判理论的视角来看，可以这样表达批判理论和批判社会学二者的相似点：批判理论的元批判任务是挖掘出潜藏在制度之中的内在矛盾，尽管在制度之中看起来好像没有矛盾。社会现实事实上的脆弱性掩盖了某种形式的物化（Verdinglichung）。或者说人们应该将上面所刻画的批判形式的规范性基础以其他方式来澄清？

吕克：其规范基础首先在于道德上的信念，即社会不应该有排斥，不应该有被排斥在外的剩余者，他们在社会秩序中找不到位置。现代自由社会总是排除很多人。可能这一道德需求就已经足够了：不应该有剩余的人，不应该有二等人。与此相反，援引内在矛盾在狭义上而言恰恰就不是规范性的。

罗宾：我们如何能够通过参照更具包容性（inklusivere)的秩序来批判某种排斥形式？这种批判如何与下一论题相符合，即世界总是要比现实意味着更多吗？这难道不意味着，并没有完全的包容性，总是会有剩余者吗？

吕克：理论批判者总是将注意力集中于世界，因为在世界中总有人在敲社会现实的大门，但是却不被允许进去。左翼现在就亲自说，我们的社会不能再接受所有移民了。而恰恰是后者才能形成革命性的、改变现实的力量。

霍耐特：我也想说，社会的规范性直觉非常根本，一个共同体不能排除任何人，所有成员都应该在其中。我称为承认和南希·弗雷泽称为伙伴(Teilhabe)，所说的就是这一点。同时在吕克·博尔坦斯基称作超越性批判的理念中还有另外一种直觉，即着眼于世界的剩余者而超越社会的实在(Existenz)。建立在这一直觉基础上的批判并不关注社会中的人们，而是关注世界是如何在现实中发挥作用的。

罗宾：这两种直觉是矛盾的，一个是规范性或道德性的直觉，另一个大概是在科内利乌斯·卡斯托里亚蒂斯(Cornelius Castoriadis)或布鲁诺·拉图尔意义上的社会本体论的直觉。

吕克：这一问题又回到了社会学和元批判的结合问题。第一种直觉使元批判成为必要和可能，第二种直觉则使社会学成为必要和可能。我们还必须尝试将这二者结合起来。在世界中不仅仅有社会存在，而且还有很多非社会的存在(Wesen)，如诸神、灾难之类的，但这些对我们的社会现实也具有非常根本的意义。为了能够正确地描述社会，我们必须也要参照世界，这个世界并不产生于社会现实中。

霍耐特：我还想谈谈批判的概念，并想建议将批判分为两种形式：社会不正义的批判(总是回溯到道德直觉)与社会病理学批判(与善好生活的直觉相联系)。关于制度的功能方式的直觉与善好生活的可能性，和人们之间关系的正义性有关。本体论上的直觉——制度不应该过于严格和封闭——最终要回溯到关于善好生活的伦理直觉。但这是关于社会的两个非常不同的视角以及两种非常不同的社会批判形式。

罗宾：可是吕克·博尔坦斯基还有第三种批判的形式，因为社会病理的批判，如导致妨碍善好生活、丧失身份认同、没有意义等社会病理，这些内容总是出现在社会病理批判的名下。本体论批判应该以世界为名，这样的世界并不是由人、动物等构成，而是必须保持完全无规定的。所有其他的都已经是分类，是社会现实的部分，受制度的影响，因此就不再是世界。批判的第三种形式与拉图尔有关系，并且听起来几乎是海德格尔式的了：世界应该揭示和展示自身，批判的任务就是使之可能。

霍耐特：但是人们可能还会说，我们作为主体，会受到世界以及其在社会现实中的表达方式和方法的影响，并且对超制度化的本体论批判的形式感兴趣。人们间接地受过于稳固的制度之苦，因为人们没有通向世界的通道，而且并不能够准确地表达他们的本己维度，人们受这个世界的影响。就此而言这里涉及的是社会病理学。但是非常正确的一点是，这样的批判必须着眼于某种符合卡斯托里亚蒂斯的“岩浆”(Magma)的东西：不确定的世界在外面，在构成我们社会的社会建构的彼岸。

我还要清楚地说一次：这种对制度僵化的批判在于，它总是能够不断发挥确定现实的规范性功能，而没有给出这个世界或者在阿多诺非同一性的意义上的某种共振板(Resonanzboden)，这并不是以通过某种不正义的方式被歧视或受排斥的社会群体或阶级之名进行的。要是这么说的话，我们所有的人都“遭受”制度控制我们的欲望、冲动或空想之苦，根据语义学的规定我们对这些内容还没有找到合适的语言来表达。或许完成的批判的情况是这样，它的任务是，让我们关注生活形式、联系方式和自身行为，而它们在对现存制度的现实确定中被排除了。对此人们必须还要区分出一种社会批判的形式，它以某些群体的名义对被视为不正义和不正当的社会实在状况进行批判，因为它们违背了已经确立起来的制度性原则；这里所批判的，是这样的制度性实践或国家活动，我们在其中并没有得到平等的待遇，而是某些群体要比其他群体受到更多的歧视。这样的批判不应该遵循抽象的、纯粹应然性的规范，而是需要建立在已经确立和广为接受的原则之上；因此它必须首先经历重构，它必须在历史的-社会的过程之中揭示这种规范，这种规范是建立在对其制度化的基础上对某种程度上的社会许可的揣测。从这一原则出发，社会批判得在两个方向上进行：其一，为了能够说这些原则并不适用于某些群体，我们需要考虑这些原则已经习以为常的意义；其二，为了能够指出，我们需要的社会正义比在被给出的实践和制度中已经确立的要更多，我们必须得关注更多的规范和这一原则的适用范围。

吕克：对世界的参照必须不是解放式的。所谓的统治阶级改变现实和为这一改变进行辩护的方式是参照世界中的变化而作出的。比如人们不应该再称劳动者为“工人”，因为劳动过程本身已经发生了彻底的变化。从这里人们看到，世界——不幸的是——不仅仅是左翼，而且也是右翼的资源。它还取决于，批判与世界的哪个角度相关，以及这一角度如何通过批判在现实中发挥效用。批判的描述性或本体论与规范性这两种面向也不再能分开。而批判的核心任务就是澄清为统治秩序所掩盖的内在矛盾。

第二部分
批判的规范性基础

朝向社会批判的理性化

梅芙·库克(Maeve Cooke)

孙铁根　译

当我在下面说到“社会批判”的时候，我所指的批判，是在批判的社会理论的语境下使用的。我用“批判的社会理论”这一术语来刻画一种理论形态。它致力于研究成功的人类生活的社会条件，或者说研究“什么是成功的人类生活的社会条件”这一问题。这类理论不仅享有这一主题，即人类生活的成功为社会所决定；而且还享有下一观点，即在每一当下的社会中成功的生活为某些关系、建制以及实践所阻碍。这类理论还有一个共同之处，它们都假定：这些阻碍因素并非由像上帝或自然那样的超人类的力量，而是由人类的行为(Handeln)所导致的，因此它们也应该能够通过人类行为而消除。

这就是社会批判理论的实践成分（Praxiskomponente）。从上述观点可以看出，我是在相当宽泛的意义上使用“社会批判理论”这一概念的。就我对这一概念的使用而言，社会批判理论不仅仅局限在具有经验面向的、左翼黑格尔主义的思想运动，即从费尔巴哈、马克思经由卢卡奇到法兰克福学派及其当下的继承者①，它还包括另外的思想传统，比如像朱迪斯·巴特勒、恩斯特·拉克劳与查特尔·墨菲的后结构主义的社会批判，还有像在查尔斯·泰勒的作品中所看到的关于社会理论的元理论反思。

不考虑它们的具体差异，这些路向的共同之处在于，它们面对的问题都涉及人类生活成功所必需的偶然的、社会性的条件。另外一个重要的特征是，它们都假定，关于事物现有的看法可能是错误的。社会批判理论总是要考虑这种可能性，即这种理论所面向的对象对导致他们遭遇的社会根源上的认知是错误的；这种错误的产生或者是因为他们没有意识到，他们的遭遇是由社会导致的，或者是因为他们对这种起决定作用的社会因素有错误的认知。错误认知这种可能性的存在意味着，这类理论总是要假定，在对人们生活的成功起阻碍作用的

---

① 关于批判理论的左翼黑格尔主义的遗产，参见：Axel Honneth，» Eine soziale Pathologie der Vernunft. Zur intellektuellen Erbschaft der Kritischen Theorie «，in：C. Halbig und M. Quante（Hg.），*Sozialphilosophie zwischen Kritik und Anerkennung*，Münster，Hamburg u. a. 2003，S. 9-31.

建制性或结构性的因素被消除之前，首先需要的似乎是人们认知上的改变(Transformation)。

人们遭遇的动因表明了社会批判理论的另一个特征。一般来说社会批判理论是消极的：它们并不描绘乌托邦，而是关注影响人们生活成功的社会因素。然而，将这种消极的路向与通常意义上的乌托邦理论在范畴上加以分离，这似乎是某种错误的假定。因为即使在其最消极的版本，如阿多诺的版本中，社会批判理论也仍然具有某种乌托邦的成分。它们总是引发某种善好社会的想法(Vorstellung)①。这种善好社会指的是某种可替代性的更好的社会，在这种社会中阻碍人们生活成功的相关因素不再存在。在大多数社会批判理论中都潜藏着这种乌托邦的想法，而且这种想法必须通过对所批判社会形式的缺陷的分析而加以生动的描绘。对少数社会批判理论来讲，这种乌托邦的想法是如此抽象，以致很难形象地去想象它所对应的社会形式(阿多诺就是这种情况)。尽管如此，如果没有或多或少对任何确定的善好社会的想法，社会批判理论就是不可想象的。它们关于社会缺陷的分析就可能会失去其伦理的意涵；由此它们也就不可能出于规范性的理由激发所面向的受众，通过改变社会的实践活动(gesellschaftsverändernde Praxis)

① 文中出现的Vorstellung和Repräsentation两词都可译为“表象”“表征”，本文将前者译为较为宽泛的“想法”而将后者译为“表象”以作区分。

而去争取人类体面的社会形式。

不过这种社会批判理论中的乌托邦成分可以通过不同的方式加以说明。在某些理论中，关于善好社会的主导性的想法与它所面向的受众实际的规范性期待之间存在的距离是如此之大，以至于他们面临着丧失改变社会的动力(Motivationskraft)的危险。霍克海默和阿多诺的《启蒙辩证法》中认可了这一断裂。[①] 在某些情况中出现了“糟糕的乌托邦主义”这样的说法。在另一些理论中，关于善好社会的主导性的想法被揭示为理性的有待实现的计划，这种计划的实现之时就是人类历史的开放性和人类意志的创造性与自由得到否定之时。这就是以赛亚·伯林在反对乌托邦的一般想法时所提出的指责。[②] 在这些情况中会出现“目的论”(Finalismus)这样的说法。为了避免碰到糟糕的乌托邦主义和目的论的危险，一方面，我为某种乌托邦的想法辩护，在这种乌托邦想法中，关于善好社会的任何想法与其受众实际的规范性期待联系在一起；另一方面，对于我所提出的乌托邦的想法而言，这种乌托邦并非被理解为某种具体社会形式有待实施的草图，而是被理解为某种想象的规划。这样一种想象的规划与其说是一份建筑图纸，倒不如说是一种文学的虚构

① Max Horkheimer und Theodor W. Adorno, *Dialektik der Aufklärung. Philosophische Fragmente*, in: Theodor W. Adorno, *Gesammelte Schriften*, Band 3, Frankfurt/M. 1997.

② Isaiah Berlin, »Georges Sorel«, in: ders., *Against the Current*, Oxford 1989, S. 296-332.

(Fiktion)。作为想象的规划，乌托邦并不提供关于成功生活的具体建议，而是承担世界启示(Welterschließung)和伦理定向的功能。① 我稍后还要回到这一方面。

这表明在我对社会批判理论的概念界定中，想象扮演着核心的角色。我的观点是，理论的动力在很大程度上要依赖于关于善好社会的主导性的想法。这种想法应该被理解为某种神话或小说。正如在所有神话和文学虚构那里，这样的想法散发出情感性力量，这种情感性力量同时也是动因性力量。然而，重要的是，这种通过改变社会的行为而起作用的理论的能力伴随着合理性证明的要求。这种要求指的是，关于善好社会的想法应该被置于理性的批判之中。换句话说，我将社会批判理论的动因性力量理解为理性与情感的互动。正是这一点将我的立场与下一立场相区别，后者将理论的动因性力量理解为纯粹理性的。哈贝马斯的社会批判理论似乎可以作为这里的一个例子。② 我的立场也不同于另外一种立场，即将理论的动因性力量理解为纯粹情感性的力量，并且很少关注理性化证明的要求。像杰弗里·亚历山大(Jeffrey Alexander)的文化社会学正在朝向这一方向；③ 因此他就

---

① 我对某种替代性的乌托邦思想的辩护。详见：Maeve Cooke，*Re-Presenting the Good Society*，Cambridge/MA 2006.

② Jürgen Habermas，*Theorie des kommunikativen Handelns*，2 Bände，Frankfurt/M. 1981.

③ Jeffrey Alexander，*The Meanings of Social Life：A Cultural Sociology*，Oxford 2003.

处于乔治·索雷尔(Georges Sorel)的传统之中，下面将会澄清这一点。

由于我对善好社会想法的神话的、虚构的方面的强调，就会出现一种巨大的危险，即将我的立场错误地理解为非理性主义的。这是我在下文将突出社会批判理论的理性化的原因所在。第一步我将澄清，为什么关于善好社会的想法应该被置于理性的批判之中。然而并不是所有关于理性化的解释都适合当前社会批判理论的自我理解。因此我将在第二步揭示一种理性化的概念，这种概念在我看来最适合当前的社会批判理论。

尽管我强调了社会批判理论中的想象成分，但是我也仍然坚持它的理性成分，其主要理由在于，如果没有这种理性成分的话，社会批判理论面临着错失伦理自主性的价值的危险。这种伦理自主的价值属于构成其当今自我理解的价值观的组成部分。① 这种危险可以通过乔治·索雷尔的思想的例子来加以说明。在其关于暴力和革命的作品中，索雷尔坚持想象的建构的必要性。他称其为神话。② 这些神话应该发挥激发性的力量，激励人们投入到反抗现存社会秩序的斗争之中。索雷尔代表这

---

① Maeve Cooke, »Avoiding Authoritarianism: On the Problem of Justification in Contemporary Critical Social Theory«, in: *International Journal of Philosophy*, 13/3, 2005, S. 379-404.

② Georges Sorel, *Über die Gewalt*, übers. von L. Oppenheimer, Frankfurt/M. 1969.

样的一种观点，从社会抗议运动和骚动的历史中可以得出这样一条根本的心理学规则：如果没有令其着迷的直观生动的形象的话，人们就不会获得什么大的成就。他列举了一般性罢工的神话以及无产阶级革命的神话。索雷尔将乌托邦思想刻画为与某种明确社会秩序的理性筹划对立的一方。作为神话，乌托邦思想不能理性地加以分析，而是必须对其全部接受。因此它们也不能理性地加以反驳，因为它们并非科学知识性的规划。正如人们能够看到的那样，索雷尔对神话的情感性特征的强调与他对其理性特征的否定紧密联系在一起。这样一种否定的后果就是：对于当前的社会批判理论来讲它是可疑的。

索雷尔认为，革命行动需要通过某种对可欲的社会状态的直观性的形象而得到激发。然而这些形象的价值不能加以理性的判断，而仅仅能够情感性地把握：革命神话的价值在于它们的魅力(Anziehungskraft)。为何他们觉得当时的形象好，被吸引的人们并不能说明理由。索雷尔没有在形象和所筹划所向的社会状态之间做出区分，这就意味着，被形象的魅力所吸引的人们也不能给出理由来说明为什么他们觉得筹划所向的那个社会状态是好的。因此这就削弱了他们的归责能力(Zurechnungsfähigkeit)。所谓归责能力指的是：他们带有正当的理由来为他们自己的意见和行为辩护的能力和意愿。正如我在其他地方所说的，理性的归责是伦理自主必不可少的组成部分。[①] 这里的"伦理自主"，指的是人们筹划或追求人生规划的自由。人们能够就这种人生规划说明他们真正的理由。就这一点来讲，索雷尔否定神话的理性特征就会导致削弱伦理自主。人类的伦理自主必须得到重视这一思想为当今的社会批判理论所分享，即便经常是隐含性的。而索雷尔的非理性主义的倾向并不与构成其自身理解的这种规范性设定复合(Komplex der normativen Unterstellungen)相适应。[②]

在索雷尔的作品中，这种非理性主义的取向所导致的不愉快的后果显而易见。在他对革命的理解中，行动的意图和结果无关紧要。这一点相当清楚。他认为，革命看起来与它的目标(*Ziele*)是无关的。

我支持这一观点，即当前的社会批判理论要通过某种反权威主义的冲动而加以刻画。[③] 法西斯主义经常被指责为政治权威主义。而这种政治权威主义与某种理论权威主义(einem theoretischen Autoritarismus)是孪生姐妹。从当前的社会批判理论的角度来看，理论权威主义

---

① Maeve Cooke, *Re-Presenting the Good Society*, Cambridge/MA 2006, S. 138-142.

② Maeve Cooke, »Avoiding Authoritarianism: On the Problem of Justification in Contemporary Critical Social Theory«, in: International Journal of Philosophy, 13/3, 2005, S. 379-404.

③ Maeve Cooke, *Re-Presenting the Good Society*, Cambridge/MA 2006; Maeve Cooke, »Avoiding Authoritarianism: On the Problem of Justification in Contemporary Critical Social Theory«, in: International Journal of Philosophy, 13/3, 2005, S. 379-404.

也应该受到谴责。接下来我将会集中在这一理论角度。理论权威主义或反权威主义既具有实践成分也具有认识论成分。当某种理论将观念或行动的伦理价值与被人们视为具有价值的主观视角相分离的话，我就会将其称为实践角度上的理论权威主义。至少在哈特(Hardt)和奈格里(Negri)《帝国》一书中所出现的革命概念就是这种实践意义上的理论权威主义。革命应该产生善好社会，但这种产生却被鼓吹为自发的事件因而从根本上并不依赖于大众(群众)的意愿。[①] 当某种理论将真理的认知限制在人们认识上具有优先性范畴上的时候，我就称其为认识论角度的理论权威主义。此外，这种认识论上的权威主义总是与某种关于认识的最终——非历史的、绝对的——概念联系在一起。所谓的批判哲学的拥护者不仅仅被赋予了对资本主义社会不公平的认识上的优先性；除此之外他们的认识还被赋予了为历史进程所确保的绝对有效性。因此它所关涉的有效性诉求，不仅不能被置于公开的批判之下，而且还应该在任何时候都具有有效性。[②]

实践权威主义和认识论权威主义的共同之处在于对有效性概念的理解。这种有效性概念与有效性诉求所具

---

① Micheal Hardt und Antonio Negri, *Empire. Die neue Weltordnung*, Frankfurt/M. 2003.

② Maeve Cooke, *Re-Presenting the Good Society*, Cambridge/MA 2006, S. 195-196.

有的公共的、包容的以及公开的批判并没有内在的关联。而如果当前的社会批判理论是通过反权威主义的特征而加以规定的话，那么它就需要一种与批判具有内在相关性的有效性概念。换言之，它需要一种非权威的批判概念。而对这种非权威的批判概念的需要并不涉及在这种批判中推论性的(diskursiven)理性的位置。因为这种关于有效性诉求的非权威性的批判并不一定要采取论证程序这种形式。朱迪斯·巴特勒的理论可以作为这一立场的例子。她的理论尽管也是由某种反权威的动力所主导，但它同时被置于推论性批判的对立面。在她的著作中，相比于理由上的交流，展示性的、身体性的批判形式更为优先。[①] 另外，谁如果想要坚持以公共的、包容的和公开的论证的形式展开理由上的交流的话，他不仅必须服从理论反权威主义的义务，而且还必须要支持某种伦理自主的概念。理性的归责能力构成这种伦理自主概念的核心要素。对这种概念的支持当然不排斥身体或其他非论证性的批判形式。这就是我赋予伦理自主这一概念以中心地位的原因。然而有一种错误的观点认为，当前的社会批判理论可以在支持或反对这一概念上作出简单的选择。社会批判理论的反权威的动力同样产

① Judith Butler, *Körper von Gewicht. Die diskursiven Grenzen des Geschlechts*, Frankfurt/M. 1995; vgl. dies., »Competing Universalities«, in: J. Butler, E. Laclau und S. Žižek, *Contingency, Hegemony, Universality*, London 2000, S. 136-181, hier: S. 177-178.

生于价值观的构成复合。从这一构成复合中产生了伦理自主的概念。在这里两组规范性设定叠加在一起：一组使得理论反权威主义变得有说服力，另一组使得伦理自主成为某种价值并且使得理性的归责能力成为其核心的构成要素。由于这两组规范性设定相互交织在一起，似乎可以进一步断言：社会批判理论需要一种批判的概念，这种概念依赖于以公共的、包容的和公开的论证形式得以开展的理由的交流(den Austausch von Gründen in öffentlichen，inklusiven und offenen Argumentationen)。

到现在为止我仅仅试图澄清，社会批判理论为何需要理性批判的概念。那么哪种理性概念在这里是合适的呢？我对理论权威主义的思考表明：并非所有关于理性化的把握都符合它在今天的自我理解。正如上文所示，有一种理性化的理解，它将观点或行为的理性化与人们的主观认识相分离，这对人们来讲应该是有效的。这种理解面临着下一指控，即它在实践方面是权威的。这种理解赋予理性化认识以优先性，并且赋予这种认识以某种终极的地位，这样它便面临着认识论上的权威主义的指责。正如社会批判理论需要一种与公共的、包容的和公开的批判形式内在关联的有效性概念一样，它也需要一种理性化的概念。这种理性化概念也是在公共的、包容的和公开的论证形式下进行的理由交流之中展开的。然而这种思考仅仅涉及理性化的程序性方面：它仅仅涉及论证过程，而不涉及它的目的。这种程序性的方面包含一些规范性的设定，如所有关涉的对象必须参与到辩论中来，理由的交换要以公平的方式进行，唯一的限定就是对最佳论证的限定。但它一点儿也不涉及人们在论证过程中应该如何对彼此有争议的观点和表达的有效性进行判断。换言之，这种理性化概念并不涉及如何解释这一规范性设定，即参与论证的人们共同寻找某一实践问题的答案或关于事物的正确看法。

如果对正确答案或观点的追寻是在超语境意义上来加以理解的，那么关于理性化的程序性概念就仅仅展示了所需要概念的一个方面。这一点是很清楚的。我用"超语境的"(kontexttranszendierend)来指超出现有有效性语境的有效性概念。[①] 这种超语境意义上的有效性诉求会产生，是因为现有的关于事物的看法可能是错误的。正如上文所提到的，在社会批判理论中必须总是要考虑这样的可能性，即理论所面向的对象在认可关于社会不公平的相关分析的有效性之前，他们需要在认知上发生改变。在某些理论中这一论点扩展为由意识形态批判所伴随的关于虚假意识的理论。[②] 即使这种论点比较弱的版本也要求一种超语境的有效性概念，因为它也意味着，这种分析所断言的有效性不允许被还原为现存社会的认识与价值的关联。在社会批判理论的左翼黑格尔

---

① Maeve Cooke, *Re-Presenting the Good Society*, Cambridge/MA 2006, S. 13-24.

② 这一思潮的代表，参见卢卡奇的《历史与阶级意识》。

主义传统中，这种超语境大多数情况下意味着一种普遍的方式：它的规范性表达的有效性应该在普遍的意义上是超语境的，它应该在任何时候对任何人都有效。不管与这种普遍意义相联系的所有困难，我认为，保留这种超语境的普遍意义是必要的，但这种保留不能沦为某种经常伴随在左翼黑格尔主义传统中出现的理论专制主义。一种普遍主义的理解的重要性尤其体现在，它能够将产生于不同价值观或认识范式的观点带入对话之中。跨文化对话似乎可以作为这里的一个例子。不参照某种普遍理解的、超语境的有效性概念(einen universal gedeuteten, kontexttranszendierenden Begriff der Geltung)的话，对话的参与者就缺少互相参与到有效性问题讨论中的动机。因为它一开始就排除了对话参与者能够通过在对话中所进行的认识上的变化来修正他们的价值观和认识这一可能性。如果参与双方享有不同的价值观或服从于不同的认知范式，为了能够澄清交互学习这一现象，一种具有普遍理解的、超语境的有效性概念就是必要的。这同样也适用于历史性的学习：没有一种具有普遍性理解、超语境的有效性概念的话，人们就不会将向着新价值观或新认识范式的转变看成一种进步。

如何设想某种方式，使得为社会批判理论所必需的有效性概念与其今天的自我理解相符合呢？因为一种普遍理解的、超语境的有效性概念面临着一种危险，即将对问题的回答或意见与主体对其正确性的看法相分离，并由此犯了实践专制主义的错误。我所提倡的理性化形态能够削弱这种危险。因为在这种理性化形态中，答案的正确性要依赖于在论证过程中对真理的追寻（der Wahrheitssuche im Argumentationsprozess）。这种解释策略仍然面临着某种认识专制主义的危险，因为对真理的认识（我指的是通过论证所获得的对正确的内容的观点）是在某种终结性的——非历史的、绝对的——意义上来理解的。在我看来，哈贝马斯的道德论证版本就是这种情况。① 众所周知，在他的版本中，所追寻的答案的正确性被规定为某种在理想的商谈中所获得的关于兴趣的一般化的一致性（ein im idealen Diskurs erzieltes Einverständnis über die Verallgemeinerbarkeit von Interessen）。这种有效性概念所获得的正确性（公平性）的观点必须在兴趣的一般化的概念中加以理解，对此没有其他的可能性。在这一点上这种有效性概念是在终极的意义上来理解的。由于哈贝马斯的道德理论限制了通过论证所获得的关于公平性概念的观点的可修正性（die Revidierbarkeit von argumentativ erzielten Einsichten hinsichtlich des Begriffs der Gerechtigkeit selbst），因此论证过程自然也就不能在所有方面都是可修正的。论证参与者可能会错误地认为，被认为有效的规范对所有参与方的利益实际上已经予以同等的考虑；而当公平性被

---

① Maeve Cooke, *Re-Presenting the Good Society*, Cambridge/MA 2006, S. 177-187.

理解为对所有利益予以同等的考量之时，他们不可能会弄错。换言之，在哈贝马斯的概念中，与公平性概念相关的道德上的学习过程(Lernprozess)这一可能性就被排除了。哈贝马斯忽略了论证性的真理追寻的动态特征：公正的概念作为某种终极性的目的，等同于对公平性的某种确定的解释。这种解释宣称在西方现代的历史进程中与其他的解释相对立。因此可以说，哈贝马斯的正确性的概念过于静态：它是超越语境的(kontexttranszendent)，但并非超语境的(kontexttranszendierend)。

在《表象善好社会》(*Re-Presenting the Good Society*)一书中我所设定的目标是，规定一种在超语境即动态意义上的实践有效性的概念。[①] 在这本书中我的详细建议包括一些具体的步骤，但这里我只能大致勾勒一下。我思考的起点是，我们的实践有效性概念，像公平性、正当性、普遍性和幸福，所关涉的是具有非历史、绝对的特征"对象"。这里的"对象"指的是我们的有效性诉求所朝向的东西：我们各自的真理寻求的可欲性的目标。与所欲求对象的非理性、绝对的特征不同，我们的实践有效性概念总是受历史限制的，因为它们不可避免地要以我们所处的历史性情境为中介。这种中介同时是一种(再)表象：我们关于实践真理的概念是一种表象，这种表象总是在历史中以不同的方式再现对象。由于它

---

① Siehe oben, Fußnote 4.

总是超越它的历史再现，它也就因此对通过批判的再表达(der Reartikulation durch Kritik)保持开放。这种再表达必然是由以不同方式产生的新观点所导致的。这种新观点通常是通过技术、生态以及社会的进步而产生的，偶尔也通过在论证过程中的理由的交流而产生。在这里我关于实践有效性的概念的两个核心要素尤其重要。第一点是关于真理和表象之间不可克服的鸿沟：作为思想对象的真理，总是要超越我们对有效性东西的表象。因此有超越对象这样的说法。除了第一点之外还有第二点：表象与超越对象之间的距离是可以变化的，在有些表象中这一距离比其他表象要更狭窄。换言之，并非所有关于超越对象的表象都是同等好的；由新的观点所产生的新的表象根本上能够得到更好或更坏的判断。为了允诺历史学习的可能性，第一点很重要。它自然也适用于关于善好社会的不同表象，这些表象对于某个既定的历史时间点是彼此竞争的。因此它能够让我在反对索雷尔的时候断言：并不是所有能够激发人们与现存社会关系进行斗争的神话都是同等可欲的。有些表象比其他表象更加反映超越对象，这一点会引起这样的疑问：在这种语境下“更好”意味着什么？某些关于实践真理的表象被认为比其他的更好，这是什么意思？为了回答这一问题，必须要探讨任何表象所要求的有效性的特殊方式。下面我将论域限制在对善好社会的表象而言的有效性诉求上。

由此就带到了我思考的重要的第二步。我进一步提出，在善好社会的诸种表象所满足的诉求中，提供与社会关系相关的伦理行为的方向性指导，比提供善好社会的竞争性表象的方向性指导要更好。

根据我的观点，表象善好社会的目标是给我们在批判性地处理现存社会关系时提供伦理的定向点。感受到某种关于善好社会的再现的力量，就是将其体验为在伦理上是开启性的：它应该向我们指明我们必须遵循的方向，如果我们想要形成人们生活成功尽可能需要的社会生活的话。这种定向的力量与某种开启的力量是紧密联系在一起的。没有这种开启性的能力，就不能澄清为对某种确定的善好社会的表象而言的有效性诉求的超语境的特征。也就是说，它的诉求能够通过与某种超越的伦理对象的关联而超出现有支配性的价值观。那么由此而开启了什么呢？正如我们已经看到的，社会批判理论如果想要避免理论专制主义的话，就必须设定：没有直接朝向真理的道路，并且我们并不能彻底把握真理的表象。因此如果借由社会批判理论的想象性的规划开启了某些东西，它所开启的东西也不能是完满和整全意义上的真理内容，而最多是关于超越对象的“精神现象”(Geisterscheinung)。这种现象对我们而言是作为某种关于完满、整全、救赎等的体验而临时在场的。在这种意义上德里达称之为绝对的精神特征以及向我们冲击而来的眩晕感，当我们试图去发现通向真理的直接的道路，它通过多样的表象而突然为我们所当下化。[1] 阿多诺以相似的方式指出这种在瞬间中被启示而看到的东西的非透视性，因此他将绝对称为“黑色面纱”。[2]

尽管我将这种启示性的短暂瞬间看作是关于善好社会的表象的开启功能（die erschließende Funktion von Repräsentationen der guten Gesellschaft）的典范，但我并没有声称，这种关于社会理论启示性体验的分析总是要诉诸某种神灵显现（Epiphanie），世界在这种显灵中突然出现在光照之下。我用这种带有戏剧性的表达，仅仅是为了强调关于善好社会的表象的开启功能的核心方面：它与超越性对象相关，这种超越性对象通过开启而当下化。当然这种表象善好社会的开启性力量或多或少是短暂性体验和启示性感受。

我的观点是，为了澄清为这种善好社会的表象所需要的伦理定向的超语境特征，必须赋予这种善好社会的表象以某种启示性力量。然而初看起来这种关于启示性力量的观点削弱了对有效性诉求的理性批判的必要性的观点。而我最终的观点是，社会批判理论的想象规划提

---

① Jacques Derrida，»Force of Law：The Mystical Foundation of Authority«，in：D. Cornell，M. Rosenfeld und D. G. Carlson（Hg.），*Deconstruction and the Possibility of Justice*，New York 1992，S. 3-67，hier：S. 25-26.

② Theodor W. Adorno，*Negative Dialektik*，in：ders.，*Gesammelte Schriften*，Band 6，Frankfurt/M. 1973；zitiert in：Albrecht Wellmer，*Ethik und Dialog*，Frankfurt/M. 1986，S. 93.

出了对伦理定向的诉求，这种诉求从根本上要经受论证性的理由交换的批判。需要补充的一点是，没有参照相关规划的某种启示性力量，就无法对所提供的这种方向性指导进行判断；我进一步将这种启示性力量在概念上描述为对某种具有精神特征的、隐蔽的、超越的对象的短暂体验，我们的表象永远不能彻底把握这种对象。这里似乎会出现两个难点。第一个难点涉及我们对这种超越对象的表象所具有的本质上的非通达性，因为这种对对象的超越似乎被排除在具有伦理定向力量的理性批判之外。如果我们关于超越对象的表象根本上是虚假的，那么着眼于其与超越性的伦理对象的关系而批判性地讨论某种必要的方向性指导就没有任何意义。但是这种难点仅仅当真理与表象之间的鸿沟被设想为无法逾越的时候才会出现。而按照我的观点，社会批判理论必须要设定，伦理学习是可能的，即某些关于善好社会的表象要比其他表象更为接近超越性的对象。就此而言，我们可以不用考虑这一困难。第二个难点涉及关于伦理的方向性指导的诉求所具有的启示性力量这一特征。如果关于善好社会的表象的方向性指导本质上建立在某种体验的基础之上，这种体验在对灵启(Erleuchtung)的短暂瞬间中得到了典范性的展示，超越性的对象在此刻脱去了黑色的面纱，那么如何能够对关于善好社会的表象的方向性指导的质量进行判断呢？在我的书中，我对这一问题的回答要借助于表达(Artikulation)这一概念，在这一方面我受惠于查尔斯·泰勒的思想。[①] 被表达的力量一部分来源于超越的道德性的源头，还有一部分也回溯到表达的能动性上。也就是说，泰勒将这种表达性的行为理解为某种当下化（Vergegenwärtigung），这种当下化是表达性行为的本己的力量，无论这种表达是采取图像的还是语言的形式。泰勒的这一观点在这里尤其有帮助。按照我的术语，泰勒的上述思想可以表达如下：在表达行为中所呈现的东西就是被赋予了伦理力量的超越对象；同时这种以某种关于善好社会的确定表象的表达形式就是对某种具有本己的启示性力量的当下化。对我们现在的目的来讲，具有首要重要性的是这种当下化的有形（materielle）的方面：一种短暂体验的、超越性的对象通过这种表达而得到肉身（leiblich）的呈现。这里我发现恩斯特·拉克劳（Ernesto Laclau）的术语很有启发。[②] 拉克劳将关于善好社会的普遍性的表象称作缺席的伦理对象的"道成肉身"（*Inkarnierungen* eines abwesenden ethischen Objekts）。不过拉克劳和泰勒都没有由此得出我这里的结

---

① Charles Taylor，*Quellen des Selbst. Die Entstehung der neuzeitlichen Identität*， Frankfurt/M. 1994， S. 175-187； Maeve Cooke，*Re-Presenting the Good Society*，Cambridge/MA 2006，S. 152-160.

② Ernesto Laclau，» Identity and Hegemony：The Role of Universality in the Constitution of Political Logics«，in：J. Butler，E. Laclau und S. Zižek，Contingency，Hegemony，Universality，London 2000，S. 44-89，hier：S. 80-81.

论：这种关于善好社会的表象的肉身特征指的是，它所具有的内容原则上能够通过命题形式加以表达，因此能够成为理性讨论的对象。关于这一点，我与德里达和阿多诺的立场的差异很明显：他们都坚持对超越对象的否定性的概念，而与之不同，我则坚持这一超越对象在尘世——直观、生动、或多或少具体——的表象的当下化。因为只有借助这种有形的内容，这种表象的有效性诉求才能在公共的、包容的以及公开的论证过程中加以讨论。

由此让我们回到我的论文的标题和主要关切。我这篇论文的目的是想指出，当前的社会批判理论尽管散发出强烈的情感性力量，但它需要提出理性化的诉求。对这一理性化成分的否定会导致对伦理自主这一价值的削弱，即使对这种价值的服从常常是不明显的。然而并非所有对理性化的解释都符合当下社会批判理论的自我理解。因此我试图勾画出与其自我理解最相符的关于理性化的观点。这种对理性化的理解具有几个重要的特征。首先，它是程序性的。理性化是在慎思(Deliberation)的过程中实行的。其次，它是论证性的。理性化是在论证性慎思的过程中实行的。最后，它是超语境的。它超出任何价值视域或认识视域。我认为，只有将真理作为我们认识所接近但却不能彻底把握的超越对象来理解，以及将社会批判理论的有效性诉求理解为具有世界启示性的、伦理性的方向性指导的诉求的时候，这种超语境的特征才能得到澄清。

批判，以及它如何可能变得更好

吕迪格·比特纳(Rüdiger Bittner)

韩骁　译

我想在下文中回答三个问题。

(1)什么是批判?

(2)在批判理论中，什么是批判性的?

(3)一个批判者是否一定能够说出，具有何种特征的被探讨对象才能避免他的批评?

最后一个问题并没有被问及：是否一个批评者也一定能说出，人们如何能够改善事物，或者说，一个批判者自身是否一定处在能使事情变得更好的境况中?这些问题是没有(解决)机会的，就是说，对这两种情况的回答显然都是“不”。(但)上述问题的答案并不是显而易见的。

我首先对“批判”(Kritik)、“批判性的”(kritisch)和类似词语在几种欧洲语言中的起源进行论述。然后我将忽略同语种内的区分，如对“批判者”(Kritiker)和“批判性的”(kritisch)的区分，以及语种间的区分，如对(德语)“批判”(Kritik)和英语“批判”(critique)的区分，而总结性地谈论“批判”一词的起源。

一

(德语中的)“批判”一词，直接地或者经过法语词的迂回，出自拉丁词 criticus。这个词是对希腊词κριτικός(kritikos)的拉丁化，后者则起源于动词κρίνω(krino)。κρίνω的基本含义是“分离、说明或分开”①。选取这些义项作为该词的基本含义，并不是因为它们是最早可证明的，而是因为其他含义是从它们中衍生的。因此κρίνω也有如下含义。

(1)选择②。这是该词基本含义中包含的一个子集：选择某人或物，就是说出于特定目标将它们分开放置。

(2)在法庭上或者其他地方裁定一场争执。③ 这也是之前含义的一个特例：裁定一场争执意味着，在争执者

① *Ilias* 5，501. 我在此处和下文中依据的是以下书中的相关篇目：Henry George Liddell und Robert Scott，*A Greek-English Lexicon*，Oxford 1977.

② *Ilias* 1，309.

③ *Odyssee* 12，440；18，264；Platon，*Staat* 360 e.

中选择获胜者。

(3)思考或言说“某物或某人是如此这般的”(so und so)，判断。[①] 这个义项也可被理解为前面含义的特例：思考或者言说“某物或某人有如此这般的特征”，这可被看作人们对于某种争执的裁定——如果这个争执仅仅是关于“某物或人是否具有这个特征”的。拉丁词 iudicare 和法语中由它演化的 juger，英语中的 to judge 和德语中的 urteilen 都展示了从“裁定争执事项”到“思考或言说‘某物是如此这般的’”的过渡。

κριδις(krisis)一方面是 κρίνω 的动名词(Verbalsubstantiv)，另一方面在希波克拉底的论著中已经包含了一种医学上的特殊意义——患病期间的一个转折点，或者是变好或者是变坏。这个含义也是从 κρίνω 的“裁定争执”的义项中衍生出的：κριδις是一个点，由此疾病似乎决定了要走向何方。这个词在现代语言中仍然在这个意义上被使用，或者是在一种医学的关联中〔“他的状况仍然很关键(kritisch)”〕，或者是在某种转义的情形中〔“1962 年的古巴危机(Kuba-Krise)”〕。

κριτικός一般描述某人具有判断力或者作出了特别好的判断，但也由此产生了一种特殊含义：“知识渊博，特别是精通语法的。”人们似乎可以这样解释这种言说方式：当被问及的东西是结构性的或者隐藏的特征时，关

---

① Sophokles, *König Ödipus* 34; Platon, *Staat* 578 b.

于“某事物是如此这般”的判断，就成为特殊的成就。因为人们为了对它们作出正确的判断，就必须通晓这类结构和特征。现在这种情况涉及的就是那些精通语法和诗学(Verslehre)的人，因此就是那些语文学家。由于他们的学识，他们特别擅于辨别文本的特定特征，并且因此他们适合充当具有判断力的突出案例。在我们的语言中还有一些表述可以追溯到这个含义，比如当我们谈论“批判版著作集”或者“批判版研究资料(Apparat)”时，或者当人们用英文 criticism 来命名被我们直接称作“文学研究”(Literaturwissenschaft)的东西时。我总是在想，一种批判版著作集之所以被这么叫，因为它并不直接信任流传下来的文本，而是批判它，并且有时也会基于其他证据或者为了更好的意义而拒绝采纳一些文本。我现在认为，大众词源(Volksetymologie)曾是这样的：一种著作集是批判性的，正因为它是由语文学的博学支撑的。

二

在现代语言中“批判”描述的是一种言谈(Rede)或书写(Schreiben)，通过它某物根据其价值被评判。“批判”一词的用法经常与如下推断接近：判断似乎是不利(ungünstige)的(如“她对演讲表达了严厉批判”)，有时这个词被中性地使用[如“他为本地报纸撰写了电影批评

(Filmkritik)”]。“批判”被用作“对于某事物价值的判断”时，这个用法衍生自 κρίνω 的含义——说“某物是如此这般的”，而非衍生自“选择”的含义。尽管 κρίνω 被限制为“说‘某物是如此这般的’”，它在古希腊语中也并不像在我们这里一样，是关于某物价值的判断。[①] 但是这里的转化(Übergang)很容易理解。评价(Wertung)正是一种或者关乎其实践上的用途，或者也是关乎它有时招致的麻烦(Ärgers)的重要判断类别。我们的“批判”一词来自“判断”，而不是来自“选择”，人们从这一点上看到了语词中的负面倾向；而在“选择”意义上的 κρίνω 则有一种明显的正面倾向，[②] 对应着我们语言中“精选的”(auserlesen)一词。

在一种批判——正如人们今天使用这个词的方式那样——中被评价的东西，是人和人的作品，但不是人之外的其他自然物。对于日落或者蚊子肯定不会有批判，即便我们可能发现前者是美好的，而后者是令人厌烦的。我们仅仅在与人、人的行为和这些行为相关的产物之处谈论批判。尽管这里的“产物”是在很宽泛的意义上理解的。人们可以批判宗教，也就是说一般意义上的宗教，也可以批判经济体系和文化，尽管这些东西出自人们的行为，但一般来说这里涉及的是这些行为并没有特

① Platon，*Theätet* 170 d. Aristoteles nennt einmal (*Zweite Analytiken* 99 b 35) die Wahrnehmung ein »kritisches« Vermögen.

② Pindar，4. *Pyth*. 50.

意产生的结果。

因此，“批判”，按照这个词今天被使用的方式，意味着对人或者属人事物的价值判断，特别是不利的判断。

康德在一些重要段落使用了“批判”一词，但并不是以上述方式。他用“纯粹理性批判”所命名的，应该不是一种关于“纯粹理性或者纯粹理性的用法是好还是坏”的判断。① 这个批判应该更多是提出“一种规定，不仅关于这样一种知识的源泉，而且关于其范围和界限”，这种知识可以不依赖于经验而获得。② 在康德的意义上，一种纯粹理性批判是一种描述性的、非评价性的计划。应得到揭示的是，纯粹知识从何处被获得（“源泉”），以及能够从这个源泉中期待多少纯粹知识（“范围和界限”）。康德在《纯粹理性批判》第二版序言中所使用的关于收支

---

① 当赫尔德在面对康德的标题（“纯粹理性批判”——译者注）感到“陌生”时，他的误解得到了澄清：“人们并不批判人类本性的这一能力；而是对其进行研究、规定、划界。”——完全正确！这正是康德用“批判”一词所要说明的。（Johann Gottfried Herder，*Verstand und Erfahrung. Eine Metakritik zur Kritik der reinen Vernunft* [1799]，in：ders.，*Sämtliche Werke*，Band 21，hg. von B. Suphan，Berlin 1881，S. 17.）

② Immanuel Kant，*Kritik der reinen Vernunft*，Frankfurt/M. 1974，A XII. Siehe die Erläuterung bei Hans Vaihinger，*Kommentar zu Kants Kritik der reinen Vernunft*，Band 1，2. Aufl.，Stuttgart 1922，S. 116-123.

账目的比喻(buchhalterische Metaphorik)[1]，非常恰当地切中了这个问题：纯粹理性批判应当规定我们非经验性认知收入(Einkommens)的额度，进而规定纯粹知识的规模，后者是我们自身能够获得的。确实，通过审查(Prüfung)一个公司的账本，人们也能够评价它是稳定的还是动荡的，因此人们能够在我们习惯的意义上来批判它。但是对于康德来说，批判已经是一种审查，或者根据人们熟知的过程和成果(Vorgang und Ergebnis)的歧义性来说，是审查的结果(Resultat)，是一种审查报告。在这本叫作《纯粹理性批判》的书中，康德也通过和技术监督协会(Technischer Überwachungsverein，TÜV)类似的方式行使了纯粹理性。

此外，康德有时也在今天人们习惯的意义上使用"批判"一词。因此他也在《纯粹理性批判》的第一版序言说出上述命题时，提示：他并不是在"对于某些书或体系的批判"[2]这个意义上进行理解的。这种批判显然是对某物的价值判断，就如我们今天的用法一样。但是当他继续推进时，所处理的就更多是对"一般纯粹理性能力"的批判了，因此他是在另一种意义上使用"批判"一词，即在"审查"的意义上；而如果他引起一种印象，即所批

---

① Immanuel Kant，*Kritik der reinen Vernunft*，Frankfurt/M. 1974，B X，XXIV.

② Immanuel Kant，*Kritikderreinen Vernunft*，Frankfurt/M. 1974，A XII.

判的对象居然是其他东西时，他就在误导人们了。

三

那么，在何种意义上批判理论是批判性的？马克斯·霍克海默在1937年所写的文章《传统理论与批判理论》中说：

> 它(批判性思维)要达到的目标，这个理性的境况，却建立在当下的困境(Not)中。但是在这个困境中，克服困境的图景却尚未显现。批判性思维所筹划的理论，不是在为一种已经现成的实在性而服务的意义上运作的；这种理论只是在说出它(批判性思维)的秘密。①

这里有两种相互对立的境况，一种当下困境的境况，和一种理性的境况，后者更多在将来登场。理论，在此更确切地说是批判理论，筹划了理性境况的图景。批判理论仅仅在如下情况中筹划理性境况的图景，即它并不是在当下的境况中，将理性境况的图景认作某种当下境况在概念中要变成的东西或者认作某种它看上去要变成的东西，就像在天气预报中一样。但是理论筹划着

---

① Max Horkheimer, »Traditionelle und Kritische Theorie«, in: ders., *Kritische Theorie*, hg. von A. Schmidt, Frankfurt/M. 1977, S. 549.

理性境况的图景，它并不狭隘地抱怨自己的缺席，也不像传统理论那样，记录下某种造成这一可悲当下境况的事实(Tatsachen)。理论把理性的境况纳入视野之中。[①]

当这种理论被称为“批判的”时，它就被恰当地命名了——它评价当下的状况，并且它否定地评价这一状况——因为当下的状况被理性的状况甩在后面，理论将目光指向这一状况。因此，“批判的”一词在这里有一种今天的流行意义。这样，批判理论中运用的批判和另一种社会批判(Gesellschaftskritik)就被区分开了：“它(批判行为)不仅仅旨在消除任意某种弊端，而且似乎更多地必然与社会结构的整个建制相联系。”[②]一种试图消除任意某种弊端的批判，是在传统理论形态中的批判，所以人们称之为“传统批判”。它的作用在于，指向这种或那种缺陷之处，而缺陷体现在，人们可以使事物变得更好、更有用、更合目的或者更具生产力。[③] 从进行评判

---

① 类似地，瓦尔特·本雅明在1915年的文章《学生的生活》(*Das Lebender Studenten*)中说，批判服务于“辨认出未来之物在当下中被扭曲的形象，并将未来之物从这种形象中解放出来”。(*Gesammelte Schriften*, Band 2.1, hg. von R. Tiedemann und H. Schweppenhäuser, Frankfurt/M. 1977, S. 75-87, hier: S. 75.)

② Max Horkheimer, »Traditionelle und Kritische Theorie«, in: ders., *Kritische Theorie*, hg. von A. Schmidt, Frankfurt/M. 1977, S. 539 f.

③ 霍克海默提到了这些观点。(Max Horkheimer, »Traditionelle und Kritische Theorie«, in: ders., *Kritische Theorie*, hg. von A. Schmidt, Frankfurt/M. 1977, S. 540.)

(Beurteilung)的角度看，人们可以说这种评判是内部的，也就是在如下意义上说的：社会结构自身，就像它今天被建构起来那样，将特定判断交给批判者。与此相对，批判理论的批判则对这个社会结构自身作出判断，虽然是从它所关注的理性境况出发作出判断的。传统的批判和批判理论的批判因此在词义上是同一种批判，它在两种价值判断中都存在。但是在它们所批判的内容上，它们彼此出现了区别。传统的批判会对这样或那样的活动、实践或制度作出判断，批判理论的批判则对社会的整个结构作出判断。相应地它们也会就它们所关联的判断内容作出区分。传统批判在与标准(Maßstäbe)的关联中作出判断，这种标准在当下的社会结构中有其位置；批判理论的批判则在与社会理性境况的关联中作出判断。社会理性境况似乎存在于未来。

批判理论从何处获得它关于理性境况的图像?① 不是从对当下境况的研究中得出的。正如霍克海默强调的，当下的困境并没有提供消除(Beseitigung)它的现成图像。然而人们如何获得某种关于完全非当下之物的图像，也就是某种既非当下的，也并非随即就遇到的、像明日天气那样的东西呢？在一个段落中，霍克海默把批

① Michael Theunissen, *Kritische Theorie der Gesellschaft. Zwei Studien*, Berlin 1981, S 37, hält der Kritischen Theorie diese Frage entgegen.

判理论视野中的东西称作一种“理念”(Idee),[1] 并且正如这一段落中所说的，似乎这种理性境况、自由人的共同体，现实地是一种柏拉图意义上的理念。但是对于我们在这个世界中生活并为之努力奋斗的柏拉图式理念，我们并没有(真正的)知识。当然，霍克海默自己是反对这种唯心主义的。尽管他否认可以在当下的境况中找到理性境况，但他也不认为能够在超出这个世界的彼岸王国中发现理性境况。根据我们一开始引用的命题，理性境况“奠基于”当下的困境，前者是后者的奥秘(Geheimnis)。但是这些命题整体上也没有体现出融贯的意义。(因为)当理性的境况奠基于当下的困境时，那个当下困境的把握者，也能够洞察到理性的境况似乎是哪种样子，并且这也意味着，伴随着当下的困境，消除这一困境的图像也就一并被给出了。因此要么是说理性的东西在当下奠基，要么是理性的东西并没有随着当下一并被给出，不可能两者兼有。但如果是第一种情况，就不存在传统批判与批判理论的批判的区分了；如果是第二种情况，就被打上了柏拉图主义的标签。霍克海默似乎并不忧虑如何能获得关于理性境况的图像，在这方面他显得有些天真。

追随霍克海默的那些作者，似乎并不像他一样对此

① Max Horkheimer, »Traditionelle und Kritische Theorie«, in: ders., *Kritische Theorie*, hg. von A. Schmidt, Frankfurt/M. 1977, S. 550.

毫不在意。他们提出了两种论证。一种利用康德来反柏拉图化(Entplatonisierung)。如果人们能够展示，每个语言参与者(Sprachteilnehmer)都默许特定的行为原则，或者自由平等的人们在特定理想条件下，能够选择这些原则作为他们社会生活的规则，那么理性的社会境况就不再仅仅是一种设想，而是某种人们已经确认的东西——不管人们是否知道这一点。或者也可能是第二种情况，即它是仅当人们作为理性人时已确认的原则。哈贝马斯(J. Habermas)在后期使用了这个论证，他部分地基于卡尔-奥托·阿佩尔(Karl-Otto Apel)的解释，并且把法兰克福学派的核心动机与约翰·罗尔斯(John Rawls)及其弟子的理论紧密结合起来。这种在此期间广为流行的做法是如此超前，但实际上并没有太大理论前景。说到语言参与者对于特定行为原则的沉默赞同，如下观点无疑并不是真实的：他们达成了相关协议。不同的作者都曾写过理想的选择情境(Wahlsituationen)涉及的内容，在他们的陈述中，自由和平等的人们在理想的条件下会选择这些原则作为共同生活的规则。这种陈述对如下断言——这些原则是理性的——而言，只不过是一种烦琐的说法。由此我们再次回到了霍克海默对理性原则力量的天真信任，并借此在理性之物展现时认识它们。

第二个论证要更困难一些。它拒绝声称存在某种批判理论可以借以评判整个社会结构的东西。霍克海默和阿多诺在 1947 年的《启蒙辩证法》中断言："对于真理只有这样一种表达：思想对不公正的否定。"[①]对不公正的否定(verneinen)当然不意味着拒斥(leugnen)不公正的存在。它意味着想或者说，正在发生的不公正是某种恶的东西，它本不应该发生。对不公正的否定因此是对不公正境况的一种批判方式。但在前半句[②]中所说的真理，却不是这个或那个(特定的)真命题，也不是真命题的整体。毋宁说，它是一种正确的生活，不仅仅是这个或那个人，甚或人性本身的，而是整个世界的。它是一切事物存在的正确方式。它也因此是霍克海默称为事物的理性境况的东西。所以，"真理"在上引的命题中应当这样被理解，如果把"真理"理解为"真命题"或者"真命题的联结"，那么后半句话就没有意义了。整个命题的要点在于将真理和不公正对立起来，并且这里"不公正"并不意味着某种在"不恰当"的意义上错误的东西，而是意味着某种不应当存在的东西，由此"真理"必须意味着某种符合秩序的、应当存在的东西。相应地，阿多诺的著名命题"在错误中没有正确的生活"[③]中使用了"错误"一词，

---

① Max Horkheimer und Theodor W. Adorno, *Dialektik der Aufklärung. Philosophische Fragmente*, in: Theodor W. Adorno, *Gesammelte Schriften*, Band 3, Frankfurt/M. 1986, » Aufzeichnungen und Entwürfe: Für Voltaire«, S. 247.

② 指"对于真理只有这样一种表达"。——译者注

③ Theodor W. Adorno, *Minima Moralia*, Frankfurt/M. 1951, I 18.

它也与命题的真值无关，而是与一个境况或者事件是否公正或有秩序相关的。所以，被引述的命题是在说，人们只有通过对于非理性境况的批判，才能言说理性的境况。但是因为这种批判恰恰是一种就理性境况而言的批判，所以前面引述的命题有效地拒绝了对批判方向的言说。

这种拒绝反对之前被考察的、在“传统的和批判的理论”中的陈述。根据这种陈述，批判理论能够勾画出一幅理性境况的图像。这里的前后不一致或许在于，霍克海默在1937—1947年改变了他的看法。但是更可能的情况是，上述“拒绝”在形式上是由霍克海默和阿多诺共同授权的，但实际上阿多诺关于事物的特殊洞见再次出现，并且不管是否意识到这一点，当阿多诺与霍克海默的一致性被打破时，阿多诺误入了歧途。① 由于我们没有关于这一点的进一步论证，所以只能将这一转变归给霍克海默本人在1937年的论断(批判理论勾画了理性状况的图像)，以及阿多诺本人在1947年对提出标准(Maßstäbe)的拒绝，批判理论缺乏这一要素。由此产生了一个问题：除了如下事实——以这种方式能够回避霍克海默在1937年的乐观主义立场所带来的困难——以外，阿多诺的拒绝背后有何种根据？

---

① Theodor W. Adorno，*Minima Moralia*，Frankfurt/M. 1951，I 18，Zueignung.

四

阿多诺出于宗教原因拒绝对理性境况作出描述，和理性境况相比，社会的当下境况显得是有缺陷的。阿多诺在《最低限度的道德》(1951 年)的最后箴言[①]中说："知识并没有带来能够从拯救层面照耀世界的光亮：所有其他东西都在重新建构(Nachkonstruktion)中耗尽了自身，并且成为一种技术(ein Stück Technik)。"这个命题的第二部分用另一种说法重现了霍克海默关于传统理论和批判理论的对立。传统理论，在一般的意见看来它占据着知识的垄断地位，而在霍克海默看来，正如在阿多诺那里一样，它并不提供能被称作"知识"的东西。传统理论只是再现着现成之物(Vorhandenen)的结构("重新建构")，并且只服务于技术性目标("一种技术")。与此相对，批判理论并不是从某种可通过适当手段实现的特殊目标的角度看待世界的，而是将世界看作一个整体；[②] 并且它只能够处在一个外在于世界的视角中。[③]

这里再次出现一个新的洞见：我过去总是在想，阿

---

① 指《终曲》。——译者注

② 马丁·杰伊(Martin Jay)(*Marxism and Totality*, Berkeley 1984)提供了 20 世纪左翼思潮中总体性思想(Totalitätsgedankens)的详细历史。

③ 再次参见：Michael Theunissen, *Kritische Theorie der Gesellschaft: Zwei Studien*, Berlin 1981, S. 9.

多诺的著名命题“整体是不真之物”[1]会说，关于整体性的言说从一开始就误入歧途了，这恰恰与黑格尔的论断“真理是整体”[2]相对立，后者表明，除了命题的总体性(eine Totalität von Sätzen)，亦即体系之外，没有什么能被看作“真”的。现在我认为，阿多诺的命题并没有像我曾经相信的那样，表明他说了上述观点。因为，如果没有关于总体性的思想，那么阿多诺关于“批判理论的批判”和“仅仅服务于某种特殊兴趣的批判”之间的区分就无法作出了。因此阿多诺的命题并没有拒绝谈论总体性。它更多地是说，我们生活于其中的总体性是一种错误。按此理解，一方面，这个命题就不再反对黑格尔的论断，因为后者和当下境况的正确或错误无关。但另一方面，这个命题正好和上述阿多诺的论题相符，即我们的整个生活是错误的，并且它和《最低限度的道德》第一部分的格言相吻合，“生活并不生活”(Das Leben lebt nicht)，从字面上看它似乎是无意义的(trivial)。

无论如何，至此，在如下区分——传统的、以特定观点(Gesichtspunkten)为导向的理论及批判，和把社会境况整体纳入视野的批判理论——之处，霍克海默和阿多诺达成了一致。他们现在的分歧在于，对阿多诺而非

① Theodor W. Adorno, *Minima Moralia*, Frankfurt/M. 1951, Aphorismus 29.

② Georg Wilhelm Friedrich Hegel, *System der Wissenschaft. Erster Teil. Die Phänomenologie des Geistes* (1807), hg. von J. Hoffmeister, Hamburg 1952, S. 21.

霍克海默——或者说而非二十世纪三十年代和四十年代的霍克海默——来说，这样一个特定的视点(Punkt)就是拯救，世界由此被批判理论观视。现在，对阿多诺来说，只有从拯救的角度来看，立足于拯救，才能获得一种洞察世界的真正知识。他使用了这样一幅图像：世界在这种光照下显露了"它的裂口和缝隙"[①]，就如从飞机上乃至从天空中被观看的阿尔卑斯山一样。阿多诺在1934年写给本雅明的一封信中已经使用过一个类似的图像：卡夫卡好像是"一张从被拯救者视角反映尘世生活的照片，上面出现的只是黑布上的边角"[②]。如其所述，阿多诺这里回顾的是九年前解读卡夫卡的尝试[③]，因而这里涉及的是阿多诺长久以来的、对他显而易见的观点。

柏拉图就曾经断言，需要一种从上至下的，因而是在经验世界彼岸的认识之光。[④] 但是在柏拉图那里，赋予思想以光明的善的理念，正如赋予观看活动以光明的

---

① Theodor W. Adorno, *Minima Moralia*, Frankfurt/M. 1951, letzter Aphorismus.

② Theodor W. Adorno, Walter Benjamin, *Briefwechsel* 1928-1940, hg. von H. Lonitz, Frankfurt/M. 1994, Brief vom 17. Dezember 1934, S. 90.

③ 按照编者的说法，阿多诺的这一早期文本"并未被查明"。参见：Theodor W. Adorno, Walter Benjamin, *Briefwechsel* 1928-1940, hg. Von H. Lonitz, Frankfurt/M. 1994, Brief vom 17. Dezember 1934, S. 96.

④ Platon, *Staat* 508 e.

太阳一样，是认识的最高对象，[①] 而在阿多诺这里，尽管他将拯救确认为观看世界的能力，但是拯救自身无法被看到。它无法被看到，因为它是作为上帝的拯救显现在世界中的，并且因此不能被言说："犹太教不容忍任何向一切有死者的绝望许诺慰藉的话语。希望只与如下禁令绑定在一起，即禁止将错误当作上帝来呼唤，将有限者作为无限者，将谎言作为真理。"[②]

但上述特征刻画还是不完全适用于犹太教。古老的以色列并没有宣称所有有死者的绝望，并且将律法的多样性——正如在《申命记》(*Deuteronomium*)中所体现的——简化为《出埃及记》20.4 中的偶像(形象)禁令(Bilderverbot)也是错误的。无论如何，下面一点对于当前的关联是重要的，即阿多诺不仅在形象方面，而且也在话语方面理解禁令，正如前段引文中最后的概念组——谎言与真理——所示，因此特别是从哲学话语方面进行理解。此外，他实际上认为应屈服于禁令并且顺从禁令。因为前引命题恰恰不是关于犹太文化的某种宗教科学的(Religionswissenschaftlische)介绍，而是阿多诺自己的纲领性表达。因为他认为，不应谈论拯救，并且他也没有说，当下的境况究竟和什么相比才显得是有

---

① Platon, *Staat* 532 a.

② Max Horkheimer und Theodor W. Adorno, *Dialektik der Aufklärung. Philosophische Fragmente*, in: Theodor W. Adorno, Gesammelte Schriften, Band 3, Frankfurt/M. 1986, »Begriff der Aufklärung«, Absatz 13.

缺陷的，这也使得他的批判理论成为一种“没有任何起点”①的批判。

事实上阿多诺的要求，即在一道出于不可说的拯救而照耀着世界的光中观看世界，在哲学上是不可实现的。他没有看到过拯救，那么他从何处知道拯救就是能够引导其批判的世界之光，而不仅仅是他的个人好恶，是一种经常被提出的、与他在《最低限度的道德》和关于音乐的讨论中所作的批判判断相对立的推测？阿多诺的态度是一种神父的态度：“尽管我对这些事物的了解和所有其他人一样少，但是我同样可以向你们宣讲，弥赛亚将怎样看待世界。”令人惊讶的是，他居然意识到了这一困难。在观看世界的目光注视下，世界的裂口和缝隙显露出来，就如他在《最低限度的道德》最后箴言(《终曲》)中进一步所说，是“完全不可能之物，因为它预设了一个立足点，它被从一切存在物的禁区中移除了，不管这些存在物多么微小”。所以，批判理论必须从上面观看世界，否则就与传统理论没有任何分别了。但是没有理论家具有这样一种目光，因为他们都和“存在物的禁区”捆绑在一起。因此阿多诺的批判计划明显不可能实现，只是这个事实并没有阻止他去追求这一计划。

---

① 可以追溯到托马斯·内格尔(Thomas Nagel)的书《本然的观点》(*The View from Nowhere*, Oxford 1986.)。

五

批判理论的两个分支——哈贝马斯及其学生的康德式分支和阿多诺的追随着犹太教偶像禁令的分支，都被证明是不可靠的。“批判理论”的说法有着传记性的、非哲学性的意义。它标示了一系列书籍和文章，但是关于其名称的理论却尚付阙如。[①]

但是我们还未回答这一问题：是否阿多诺的批判思想——尽管它不言说它要批判的方向——在摒弃偶像禁令后仍是可用的，因为正是从对偶像禁令的遵从中阿多诺的上述思想才开始产生。由此，要摒弃偶像禁令，其思想就没有了根据。所以我们也可以假设，批判理论已经完结了，现在只有传统理论和相关的传统批判，也就是仅仅指向阻碍实现特定目标的特定缺陷的批判；是否允许这样一种批判只使用阿多诺的程序，却不谈论它把其对象扔到何处了？

举例来说：在去小酒馆的路上，我经过一座房子，它有令人厌恶的颜色，是一种淡淡的覆盆子红，它让人想起化妆品广告。现在很容易出现这种情况：我说出上述判断，却既没有表明房子应该有的颜色，也没有指出一种颜色——和这种颜色相比，房子现在实际的颜色要

---

① 另参考以下书中给出的评价：Raymond Geuss，*Die Idee einer kritischen Theorie*，Bodenheim 1988.

显得更丑。没人会认为不允许仅仅作出批判(而不给出正面观点)，虽然会有些人和我观点不一致，赞扬这座房子的颜色或者至少认为它能够接受。但是没有人会认为我之前说的话是无可争辩的，因为我把自己仅仅限制在批判性判断的领域。这样，讨论(其颜色)就完完全全是多余的。

或者，我是否必须至少已经处在这样一个位置，即根据要求能够提供关于更好看颜色的房子的信息，否则我就不能提出批判，而只能表达不舒服的感觉？不是的，并不存在这样一种要求。当我去评价那座房子的外观，然后径直离开时，这种行为可能是不礼貌或者令人失望的。令人失望，因为可能有某个人期待着我能够说出某种标准，人们能够根据这个标准来衡量如何给房屋涂色。但是在这个情况下，这就是他的问题，而不是我的问题了。只要我已经完成了我的批判性表达，那么我就不负责后面发生的其他事情了。因此，在对权利和责任的谈论中，批判不一定必须是建构性的，并且阿多诺的思想也能够在此范围内承担因失去其宗教支撑而造成的损失。人们并不像阿多诺认为的那样，不能言说人们在批判地评价一个对象时所朝向的方向。人们只是不需要这样做而已。

但是在这一点上，重要的仅仅是，它其实并不重要。在阿多诺批判理论的框架中，这一点似乎是重要的。这一理论将把世界置入弥赛亚之光中，并且相对于一种拯救的境况而突出其缺陷，正是由于其弥赛亚特征，这种境况不能被言说。这里具有决定性的是，不要谈论批判所指的方向：沉默一旦被打破，批判就丧失了它超出全部世间(innerweltlichen)兴趣的权利。但现在不再有批判理论，仅存的只有传统批判。它在同这个或那个其他事物的关联中来判断某一事物，并且因为这里涉及的是世界中的全部事物，所以它没有关于任一事物保持沉默的理由。确实，传统批判无须说明它与什么东西进行比较，但这并不取决于它没有这样做。不这样做仅仅是因为可以节省时间。

如果要说明，出于何种因素某物被不利地评价，会得到一个漫长的历史。如果我被问到，在同什么东西的比较中，我把那座房子评判为令人厌恶的时，那么我并不会简单指出一座有着正确颜色的房子。我会指向各种房子，各种建筑物，各种其他东西，通过这些颜色的问题才能得到或多或少令人满意的解决，并且我会进一步指出各种形式的失败，它们会以另外的方式，帮助我们突出所需要的特征。批判的对象处在一个包含各种可比较事物的场域中，在同它的关联中我们对对象作出评判，并且这经常是一个十分广阔的场域，因此我们通常会节省力气，不会对它们一一进行考察。如果我们处理的不是房子的颜色，而是社会的建立——批判理论的起源地，那么相关的历史就还要长得多。从实践上讲这就是生活的总体经验，其中包含对他人的经验，我们从中获得能够帮助我们形成政治判断的认识。因此将这种漫长历史剪短，并说出关联于人们所经历的整个事物场域的纯粹判断，就是实践性的。但是它们也仅仅是实践性的。在每个批判的现实事例中，不管是否已经被说出，关于批判的对象在这种或那种方式中被落在何处，都有很多可说的东西。

批判一定是建构性的吗？当用“批判”来意指评价性陈述时，并非如此。一个评价性的陈述是完整的，就其自身而言，它不会隐含地意指某个比当前对象更好的对象。当用“批判”来指称一个寻求实现评价性陈述的过程(Vorgang)时，答案则是肯定的。在对某物的评价中，我们观视着其他事物，它们或比这一事物好，或比它差，而且是在不同维度更好或更差，如令人愉悦之物、有用之物、荣耀之物的维度等。作为过程的批判在这些维度的场域中运行。

因此在最后我们证明了，在“批判”一词中嵌入的隐喻是恰当的。获得一种评价意味着，与 κρίνω 的基本含义相一致，它对事物作出区分，将好的与坏的对立。作为过程的批判就是童话中鸽子们所做的事情：

> 好的到锅里来，
> 坏的到鸟肚子里去。①

---

① Jacob und Wilhelm Grimm, *Kinder -und Hausmärchen*, hg. von H. -J. Uther, Darmstadt 1996, Nr. 21, »Aschenputtel«.

批判的基础

——论社会辩护秩序中人的尊严的概念

莱纳·福斯特(Rainer Forst)

文晗　译

一

恩斯特·布洛赫(Ernst Bloch)曾特别强调，尊严概念(der Begriff der Würde)在反对不同形式的不合理统治的历史斗争中占据着核心地位，而且，我们必须补充的是，这一地位一直持续到今天。“直立行走”(aufrechtgang)结束了羞辱和侮辱，这是“基于人权”的主张在政治和修辞方面所表达的最有力的要求。它标志着一个激进的、超越语境的参考点的出现，它与社会冲突息息相关，它提出了关于内在的和超越的批评之间的习惯性对立的根本问题。因为在要求“尊重人的尊严”的惯用语(Idiom)中，一种权利是在“此时此地”以一种特定的、针对具体环境的形式被援引的，其核心是对每个人的人格(Person)的尊重。因此，一方面，当布洛赫宣称人权不是一种自然的“天赋权利”，而是必须通过斗争来实现时，他是正确的[①]；但另一方面，这种斗争只有在它有一个坚定的、某种意义上“绝对的”规范性基础时才能发展其社会力量。这样来理解是合适的，这些社会冲突显然总是影响到“两个世界”：一是社会现实；二是理想的规范层面，在这个层面上，它被部分地或根本地批判。对于那些从事这种批判的人来说，毫无疑问，规范层面的真实性并不亚于他们拒绝屈从的现实。那些批判性地超越现实的人总是生活在别处。[②]

从社会哲学的角度来看，在展示各种形式的“退化”(Entwürdigung)[③]的丰富可能性与证明对尊严的基本要求所依据的哲学问题之间存在着不对称的关系。人类的尊严应该是“不可侵犯的”。但这是什么意思？人类的这种特殊地位又是从何而来的？与认为对这个问题的任何

---

① Ernst Bloch, *Naturrecht und menschliche Würde*, Frankfurt/M. 1977, S. 215.

② 关于这里提到的乌托邦，可参看：Rainer Forst, »Utopie und Ironie. Zur Normativität der politischen Philosophie des ›Nirgendwo‹«, in: G. Abel (Hg.), *Kreativität*, 20. Deutscher Kongress für Philosophie, Hamburg 2006.

③ Avishai Margalit, *Politik der Würde*, Berlin 1997; Axel Honneth, *Kampf um Anerkennung*, Frankfurt/M. 1992; ders., *Unsichtbarkeit*, Frankfurt/M. 2003.

回答必须依赖于超越的、宗教的辩护[1]的观点相反，在下面的简短评论中，我将呼吁对人格进行历史性重构[2]，但超越语境的规范性理解，作为基本道德主张的基础和社会规范的"批判基础"。这涉及人格概念，即人是一个有正当理由（begründendes）的存在，是一个为了在他的同伴中过上"合乎人类尊严"（menschenwürdiges）的生活而利用和需要正当理由的存在。承认这种尊严意味着把人看成是被赋予权利的人，可以为所有以道德相关方式影响他们的行为或规范进行辩护，并承认每个有道德的人都有义务提供这种辩护。在一个反思性的转折中，这种权利被视为最基本的权利，因为它是能够在作为"理性空间"的社会空间中自主定位自己的前提。这种社会存在意味着提供和要求辩护，因此能够同时生活在两个或三个世界中：实际的规范性辩护的世界和必须被视为正确或更正确的规范性辩护的世界（不假设规范性辩护以某种柏拉图式的意义存在于那里），批评和争论的世界构成这两个世界的连接纽带。在这个意义上将社会理解为辩护的秩序

---

① 例如：Jeremy Waldron, *God, Locke, and Equality*, Cambridge 2002; Tine Stein, *Himmlische Quellen und irdisches Recht*, Frankfurt/M. 2007.

② 我结合我的《冲突中的容忍》（*Toleranz im Konflikt*, Frankfurt/M. 2003）第一部分中的容忍问题，对在历史和规范冲突的语境下发展的人及其尊严的概念的发展所走的道路进行了重构。展示这种概念演变的历史背景，对于理解其冲突性同样重要，因为认识到这些并不等于把它们还原为历史上的相对概念。

(Rechtfertigungsordnungen)并不意味着它们不包含复杂而多元的语境和辩护的叙事，但它确实意味着存在着基本的主张，这些主张指向这些语境之外，并要求一个新的秩序。这会将我们自己设想为在理性空间中规范性地独立，使我们成为“批判性”的人，永远不会只遵从一种给定的辩护秩序。①

二

让我先就尊严的现象学说几句。② 与工匠的尊严相反，工匠认为从事或被要求从事不符合标准的工作“有损其尊严”，而“人的尊严”是指适用于人之为人的地位，无论其具体身份如何。用消极的话来说，什么才是对这种尊严最严重的侵犯？对此，人们的直觉产生了分歧，他们提出了诸如生活在贫困中、遭受社会排斥，或者更糟糕的是，一个人的身体完整性受到侵犯等各种选项。

---

① 在这一点上，我无法具体说明这种对辩护秩序的理解〔如法兰克福关于“规范秩序的形成”的研究项目中所采用的(www. normativeorders. net)〕如何与术语 cité 在吕克·博尔坦斯基(Luc Boltanski)和劳伦特·特维诺(Laurent Thevenot)(*Über die Rechtfertigung*, Hamburg 2007)的德文翻译中的术语(不是 Polis)相关联。对辩护语境的分析参见：Rainer Forst, *Kontexte der Gerechtigkeit*, Frankfurt/M. 1994.

② 以下部分基本遵循：Rainer Forst, »Die Würde des Menschen und das Recht auf Rechtfertigung«, in: *Deutsche Zeitschrift für Philosophie* 4, 2005, S. 589-596.

然后，人们似乎很自然地认为，维持人的尊严需要拥有能够避免贫困、排斥和虐待的方法。人们倾向于从基本需求的角度思考，推断出一种实质性的社会条件，这种条件应该使“适合人类生存”①成为可能。然而，在以这种方式专注于人的尊严的被动部分而非主动部分时，有些东西被忽略了。并不是所有贫困的生活都造成了对人的尊严的侵犯。例如，在自然灾难发生后，一个社区陷入了紧急状态。首先，侵犯人的尊严的是他们不得不生活在贫困之中，也就是说，他们是被迫这样做的，尤其是他们是被造成这种状况或者至少可以补救但没有这样做的其他人强迫的，这些人要么根本无视受影响者的要求，要么对他们的回应不够充分。对尊严的侵犯包括被忽视，不被重视，以及为了使社会关系合法化而被“隐形”。因此，在涉及人的尊严的问题上，人们不应该从目的、客观或主观的条件或事态来考虑，而应该从社会关系，人与人之间的相处过程、互动和结构，以及个人在其中的地位来考虑。这也解释了为什么某些形式的扶贫，如那些忽视甚至伤害穷人的人格的慈善行为，或者以居高临下的态度对待“穷人”的官僚措施，都比贫困本身更有辱人格。②

---

① Angelika Krebs, *Arbeit und Liebe*, Frankfurt/M. 2002, S. 133.

② 参见：Avishai Margalit, *Politik der Würde*, Berlin 1997, Kap. 13 u. 14.

因此，侵犯尊严的核心现象不是缺乏过上“适合人类生存”的生活的必要手段，而是有意识地侵犯一个人的道德地位，这一道德地位为现有关系或具体行动承担正当理由；核心现象是为了合法化的目的而“消失”[①]，是在没有充分正当理由的情况下被统治，从而被支配。从社会排斥到身体折磨，这或多或少包含着一些激烈的形式。然而，从结构上来说，它们在核心上是一致的，即一个人在平等的基础上获得辩护的权利，或者更准确地说，获得对等辩护的权利被否定。一般来说，承认一个人的尊严意味着在关系到这个人的基本问题上不被忽视。

三

人的尊严这个概念的含义也被其历史所彰显。被赋予尊严的人，无论是基于内心的坚韧，如斯多亚派[②]，还是参照城邦自由公民的地位，如共和主义，都是不受未经授权的法规统治的个体。换言之，个体自己决定自己，无论从人格上还是政治上(在西塞罗那里，两者皆

① 对此的文学化表达可参见：Ralph Ellison，*Invisible Man*，New York 1994.

② 塞涅卡对真正高贵的人和努力的对待，参见：*Briefe an Lucilius*，in：ders.，*Philosophische Schriften III*，hg. von O. Apelt，Wiesbaden 2004，44. u. 47. Brief.

是如此)。[1] 无论是在人的行动中还是在如何被对待的问题上，“不受任意支配的自由”(Freiheit von Willkür)，都是尊严的原始内涵。它意味着能够行动，并被承认为一个被赋予平等权利和辩护义务的实体(Wesen)。

基督教神学强调所有的人都可以因“按照上帝的形象”被创造而要求得到特别的关注，这一点首先在政治语境下对人权具有重要意义，即人们在冲突中可以要求他们被“神圣赋予的”权利，以反对暴虐的统治形式。[2] 因此，认为基督教在历史上(以及规范上)是导向人权的尊严概念的基础这一观念需要纠正。在“人”能够作为他自己的尘世存在以及作为一个可以要求无条件尊重的人格出现之前，它首先必须经历广泛的重新解释(主要是借鉴古代思想)。因为，传统上，基督教宗教关怀的主

① Cicero，*De officiis-Vom pflichtgemäßen Handeln*，hg. von H. Gunermann，Stuttgart 2003，I，106 (S. 95)；ders.，*De re publica-Vom Gemeinwesen*，hg. von K. Büchner，Stuttgart 1979，II，29 (S. 217). 佩蒂特将这一思想作为共和主义的基础，作为对统治的解放性控诉。“我所想到的不满是，不得不听从另一个人的摆布，不得不以一种使你容易受到另一个人能够任意施加的某种疾病的方式生活；特别是，当你们每个人都能够看到你们被另一个人所支配，能够看到你们每个人都看到这一点，等等。”(Philip Pettit，*Republicanism. A Theory of Freedom and Government*，Oxford 1997，S. 4 f.)然而，在这里起作用的自由的指导性概念不能脱离作为正义主体的尊严而被充分理解，因为它涉及不受任意统治或支配的自由。

② 参见：Rainer Forst，*Toleranz im Konflikt*，Frankfurt/M. 2003，besonders Kap. 3-6.

要关注点完全是灵魂，而不是人作为自由人的尊严。奥古斯丁和托马斯·阿奎那都不怀疑，与灵魂的死亡相比，尘世的死亡代表着较小的邪恶。必须出现一种对个体的新的理解，这样，世俗的人才可以作为道德上自主和值得尊重的“自身”(an sich)出现。作为一个核心的规范理念，“不被神学目的论决定的自主权”(Selbstbestimmung ohne theo-teleologische Bestimmung)，不能归功于基督教的成就，尽管新教(以及个人在上帝面前的责任的理念)在这个过程中扮演了某种特定(本身是矛盾的)的角色。同样重要的是要记住，基于自然法的自由和尊严在很大程度上是与传统上合法的政治-宗教统治和支配形式冲突后取得了胜利。换句话说，是异教徒“发现了”自由。

从系统的角度来看，从宗教角度辩护对人的尊重有这样的缺陷：一方面，它只能在完整的意义上针对那些承认他人是按照上帝的形象创造的人，因此只能针对虔诚的人，所以无神论者尤其无法理解为什么人权具有真正的有效性。[1] 除了对施与尊重的群体的限制外，这样的理由也潜在地限制了被尊重者的群体。例如，无神论者对道德和法律基础的持续否定和破坏是否应该被容

---

① 关于这一立场的明确说明，见：Robert Spaemann，»Über den Begriff der Menschenwürde«，in：E.-W. Böckenförde und R. Spaemann (Hg.)，*Menschenrechte und Menschenwürde*，Stuttgart 1987，S. 295-313，hier：S. 313. 斯佩曼(R. Spaemann)为“无神论彻底剥夺了人类尊严的合理性”的观点辩护。

忍，以及为什么应该被容忍，这似乎是一个公开的问题。因此，以宗教为基础的人权归因，即使它以普遍主义的概念运作，也不能实现这些权利所提出的跨越具有严格约束力的宗教界限的普遍主义主张。

如前所述，一般的人的尊严的概念与自决①的概念密不可分，它具有创造性，同时具有道德意义，已经包含了政治成分。重要的是人不受外部力量支配的地位，这些力量没有被合法化来行使统治。换句话说，这是一个人作为一个独立的存在在自治中受到尊重的问题。②康德用“每一个理性主体都有资格成为目的王国中的立法者”③来概括这个想法。成为这样的立法者意味着在给

---

① 参见：Pico della Mirandola，*Über die Würde des Menschen* (1486)，hg. von A. Buck，Hamburg 1990，S. 7. 代表上帝对人类说：“根据你的自由判断，不论我把你放在谁的手里，你都不受限制；你将为自己确定自然的界限。”

② 关于政治成分，参见 Samuel von Pufendorf，*Über die Pflicht des Menschen und des Bürgers nach dem Gesetz der Natur* (1673)，Frankfurt/M. 1994，S. 78：“人是一种动物，不仅对自身的保护非常感兴趣，而且对自身的价值有一种天然的、微妙的感觉。减损这种价值所引起的惊恐不亚于对身体或物品的伤害。在人的名字中，人们感到有某种尊严，因此，对他人的无礼和侮辱的最终和最有效的反驳是‘看，我不是狗，而是和你一样是人’。”由此，普芬多夫得出了平等尊重原则和对正义要求的对等合理性原则：“因此，这也是自然法的共同义务之一，任何人对自己的要求都不会超过他对他人的要求，除非他获得了某种特殊的权利，但允许他人与他平等地享有自己的权利。”(S. 79)

③ Immanuel Kant，*Grundlegung zur Metaphysik der Sitten*，Akademie-Ausgabe，Band IV，Berlin 1968，S. 439.

道德行为或社会规则立法时不被忽视，并且知道自己在这些方面也不应该忽视他人，自己也要服从法律。这种尊严的概念，以及相应地将尊重他人作为“目的本身”，意味着人类必须被视为拥有无条件的正当权利的人，这是一项基本权利，所有其他基本权利都建立在此基础之上。拥有人的尊严意味着在辩护的主体和权威领域是一个平等的成员，我应该补充的是，这一属性并不取决于积极行使辩护的能力，因为这将排除婴儿或残疾人。相应地，有尊严地行动意味着能够向他人证明自己的正当性；按照这种尊严受到对待意味着作为平等的成员受到尊重；放弃自己的尊严意味着不再将自己视为这种成员而低人一等；而以侵犯他人尊严的方式对待他人意味着将他们视为缺乏任何正当性权威的人。

四

在这一点上，对辩护(Rechtfertigung)概念做一些澄清可能是合适的。① 当在社会语境下谈到为道德相关行为辩护时，决定性的标准是对等性(Reziprozität)和普遍性(Allgemeinheit)，因为这些行为必须通过诉诸声称以对等和普遍的方式成立的规范来证明。如果我们从这种规范的有效性要求出发进行递归，并询问必须

① 参见：Rainer Forst，*Das Recht auf Rechtfertigung*，Frankfurt/M. 2007，bes. Teil I.

满足哪些条件才能得到它，那么对等性和一般性的有效性标准就会转化为话语辩护的标准。由此可见，在证明或挑战一个道德规范（或行动模式）时，任何人都不能提出他对他人否定的具体主张（内容的对等性）；此外，任何人都不能简单地假定他人与他的观点、评价、信念、利益或需要相同（理由的对等性），这样的话，人们会声称是为了他人的“真正”利益而说话，或以超出证明范围的绝对不可置疑的真理的名义说话。最后，任何牵涉到的人都不能被阻止提出反对意见，而且被认为使规范合法化的理由必须是所有人都能分享的（一般性）。

因此，在事关保障和承认政治世界中正义存在的基本地位的背景下，对他人的所有基本要求都必须按照这些相同的标准来证明。其结果是某些人权的“道德建构”的可能性，即在不违反对等性和普遍性的情况下不能剥夺的他人的权利。这种建构挑出了一套核心权利，特别是关于保护人格、政治参与和物质安全的权利；但在这些权利之前还有一种权利，只要是关于定义和确保这些权利的问题，就不能无视这一权利。再次清楚表明的是，人类尊严的道德核心具有政治意义。潜在的基本权利不仅导致了实质性的基本权利，而且首先保证了参与制定和论证这些基本权利的过程。在这个意义上，辩护的权利排除了家长式的规定和对权利的否定。

因此，在第二个层面[①]上，除了抽象的道德建构主义之外，还必须设想一种更加语境化、话语化的“政治建构主义”，它决定了在一个具体的法律共同体中应该持有的基本权利和要求，但条件是所有可能遭受不利或歧视的人都有对等的否决权。这样一来，抽象的人权清单可以在不牺牲其基本内容的情况下找到具体的法律和政治身体，因为否决权——从政治上来说，当然必须是制度化的——确保了这一基本内容保持完整。这种尊严概念的政治和道德上的促进是由对社会权力的批判提供的，这也一直是讨论“人的尊严”和“人的权利”的原初灵感。

五

在这种背景下，权力必须首先被视为一种话语现象，事实上，无论多么明显地自相矛盾，它都是一种本体现象。特别是，它包括命令和影响的能力、占据的能力，并且，在极端情况下，包括支配他人的理性空间的能力。也就是说，确定可以说和思考的范围，最重要的是，确定什么是可以接受的，什么是正当的。因此，对他人行使权力——用非常笼统的术语来说，引导他们产生想法或做出他们原本不会有或不会做出的行为——主要不是意志的力量和竞争，而是一种确信（Überzeugungen），

① 第一个层面指道德建构主义，第二个层面指政治建构主义。——译者注

将个人或群体带入特定社会地位并将其锚定在那里。权力一般来说没有消极的内涵，因为每一个理由的空间都是一个“辩护的权力”的空间(jeder Raum der Gründe ist ein Raum der Macht von Rechtfertigungen)。权力必须在话语中不断再生，因此必须不断更新；如果它退化为统治，即没有被充分辩护的统治，那么只有通过意识形态或恐惧接受这些辩护，它才仍然起效。因此，对权力的批判最终涉及对现有的理由和辩护空间的质疑；这有赖于打破僵化、死板的辩护叙述和相互站不住脚的理由。

这里必须牢记的是，权力关系不是统一的，而是建立在多元和充满张力的辩护之上的，这些辩护允许并在必要时挑起矛盾(和“反权力”)。权力位于一个动态的辩护领域。当(宗教的、传统的、形而上学的、经济的、政治的等)辩护被整合到思想和行动的等级体系中时(不管所讨论的规则是合法的还是非法的)，向统治(Herrschaft)形式的过渡——勾勒出一个探索式的类型学——就会发生；当辩护的空间封闭，几乎不允许任何选择(无论是由于话语霸权还是有效威胁)并且辩护的权利受到限制时，就产生了支配(Beherrschung)；当对辩护的主张被完全拒绝并被其他规范行动的手段所取代时，就发生了向暴力的过渡。当然，就“赤裸裸的暴力”而言，基于认知的代理人的权力会减弱，并降低到纯粹的物理真实性。权力是通过理性约束他人的表现；当它不再依赖于赞同时，它和它赖以建立的权威就会一起崩溃。这是否标志着征服的结束是另一回事？

意识形态的概念可以在这种背景下重新表述。意识形态是对统治或支配关系的辩护，它们通过扭曲理性的空间，将统治或支配关系说成是“自然的”（不可改变的）、“上帝赐予的”，或以某种其他方式错误地说成是充分正当的，从而使自己免受重大挑战。因此，它们免除了当权者为自己辩护的努力，并提供了有力的解释，防止了批评的出现。对“意识形态幻象”的分析并不需要任何成问题的“真正利益”概念，而是需要理解其满足受到阻碍的对等辩护的有效性要求。

六

人的尊严的观念是一种被赋予了辩护权利的存在，这一观点使得解决和化解这样一种反对意见成为可能，即所涉及的道德自主的核心概念是一个纯粹的“西方”的、不可普遍化的概念——这是文化内在性与批判超越性的普遍问题的一个具体方面。

第一，我们必须牢记伦理自主和道德自主的区别。尊重人的尊严意味着不否认任何人获得辩护的道德权利；但这并不意味着只有“自主选择”的生活（无论这具体意味着什么）才是“美好”的生活。纯粹从概念上来说，从有损人格的家长式统治生活中解放出来是一回事，美好的生活是另一回事。因此，到目前为止提出的论点不涉及任何具体的生命伦理形式的概念或任何关于美好生活的断言。例如，意识形态叙事可以通过对“美好生活”的具体概念和实现来发挥其力量。对这种叙事的批判可以采取伦理批判的形式；但是，伦理批判也应该受到批评，主要是因为它们限制了个人或特定群体的正当性权威。

第二，上文简要提到的辩护权利的形式上的实用基础可以由内在基础来补充。① 比如，假设有人捍卫他自己的完整性“非西方”文化（让我们大致假设）以反对某种“外来”道德观念，这个人会说什么？他会要求他的文化的完整性作为一个整体的文化统一体，这种对完整性（Integrität）和一体性（Integriertheit）的理解将包括这样的假设，即这种融合不是通过武力维持的，而是意味着内在的接受。反过来，这将预先假定，没有人会被系统地阻止对这种文化采取批评立场，并要求有辩护和参与的权利。因此，这样的主张会要求这个社会有出于自身的自我理解；这将是一种内在的批判。因此，显而易见的是，合理的社会和政治结构确实可以呈现出极其多样的形式，而政治的任务就是发现这种形式。然而，同样显而易见的是，尽管形式如此丰富，但获得辩护的基本权利，也就是基本权利的核心，是谈论融合、统一等不

---

① 参见：Forst，*Das Recht auf Rechtfertigung*，Frankfurt/M. 2007，Kap. 9.

可或缺的前提，更不用说正义了。

七

到目前为止，我主要从道德哲学的角度和政治历史的角度讨论了辩护的权利。然而，社会关系的批判理论要求对社会中的辩护实践进行系统分析。从许多方面来看，社会应该被视为辩护的秩序。从历史上看，社会制度依赖于某些辩护叙事，而这些叙事又可能是多元的，并为内在的批评提供了空间；从社会学的角度来说，在任何特定的社会中，都有许多规范领域，在这些领域中，关于正当性的特定价值或期望占据主导地位，如市场领域、家庭领域、教育领域和政治领域，这些领域可以被视为善的领域，或者被分析为承认或辩护的语境。①这样，批评就有可能以识别和谴责违反领域之间限制的形式出现；但是这些领域在内部也绝不是规范同质化的。在一个特定的社会中，人们对市场或家庭的功能以及它们应该体现的价值有不同的看法。

诚然，从政治理论的视角来看，需要一个反思性的

---

① 关于后者，可参阅 Michael Walzer, *Sphären der Gerechtigkeit*, Frankfurt/M. 1992；其余可参阅：Luc Boltanski und Laurent Thévenot, *Über die Rechtfertigung*, Hamburg 2007；David Miller, *Grundsätze sozialer Gerechtigkeit*, Frankfurt/M. 2008；Axel Honneth, *Kampf um Anerkennung*, Frankfurt/M. 1992；Rainer Forst, *Kontexte der Gerechtigkeit*, Frankfurt/M. 1994.

制度框架，其任务是引导这种冲突并促进冲突的解决：政治制度作为一个产生具有约束力的决定的制度，需要的是民主的辩护实践已经充分制度化，并结合一个话语的公共领域。在这一体系中，批评不仅可以在某些社会领域得到表达，它也可以指政治辩护的条件。然后它采取对辩护关系的批判的外观。[①] 这不仅涉及狭义的政治关系，一般的社会关系和结构也不仅使参与政治辩护在相关意义上成为可能或不可能，并且，它们本身也是独立的辩护背景，在这种背景下，对它们的阐述产生了争议。正如我所指出的，为了挑战现有的辩护和辩护结构，必须在社会-政治话语中产生话语权力[②]，然后社会空间被揭示为一个理性的空间，也是一个为“辩护霸权”而斗争的空间(用葛兰西的话来说)。

因此，“辩护关系批判”有许多不同的含义。第一，它具具有批判性分析不合理的政治和社会关系的意义，包括经济和文化层面的关系——歧视、排斥和各种不平等

---

① 参见：Rainer Forst，»First Things First：Redistribution，Recognition and Justification«，in：*European Journal of Political Theory* 6，2007，S. 291-304.

② 与哈贝马斯在《汉娜·阿伦特的权力传播概念》(»Hannah Arendts Begriff der Macht«，in：ders.，Philosophisch-Politische Profile，Frankfurt/M. 1987，S. 228-248)中提出的权力传播概念(我部分同意该概念)相比，上述对话语权力的理解，一方面涉及更明显的对抗性成分，如果你愿意，可以称之为“更好的论证”的力量；另一方面，对权力的这种理解并不具有直接的积极或消极的内涵，它只是标志着辩护在社会空间中的关系。

的关系。这些关系不能以对等和一般的方式合法化。第二，它意味着对这些关系的“虚假”辩护的批评，这种辩护使这些关系免受挑战，并从形而上学的世界观到关于事实或经验限制的论点上把这些关系说成是合法的。[①]第三，从反思性来说，它意味着对缺乏辩护的结构和机制本身的批评，而这种结构和机制是促进前两类批评并使其有效所必需的。这里的问题是揭露并纠正体制和非正式政治空间中产生“辩护权力”所需资源的不平等分配。关于这一过程，政治和社会正义的基本主张是建立一个“辩护的基本结构”。

八

提供辩护的挑战——特定形式的社会批评——可以利用不同的规范化语言。例如，“伦理”批评或多或少涉及现有社会条件的特性，它以对美好或成功生活的评价性概念来运作，无论这些概念与人们所接受的关于生活方式的概念有多大的差异，如何暴露其病态，最终都必须与受影响者的辩护联系起来。因为在一个辩护的社会领域中，没有地方是外在于这个话语实践之外的；用哈

---

① 对辩护关系的批判的这一维度和下一维度都阻止了公共辩护的“既存原则”对可以批判的内容施加狭隘限制的做法。这是对霍耐特的一个反对意见的回应，参见：» Umverteilung als Anerkennung«, in: N. Fraser und ders., *Umverteilung oder Anerkennung?*, Frankfurt/M. 2003, S. 129-224, hier: S. 152 f.

贝马斯的话说，在一个话语澄清的过程中，“只有参与者”①。这并不迫使批判采用单薄的形式概念，尽管它被迫接受关于其有效性的批判。这样，“道德”形式的批评就保留了它的优先权；核心问题是可以以对等的方式要求哪些社会结构。例如，切实地克服“异化”(Entfremdung)，是许多伦理批评形式的焦点，涉及通过使其成员响应他们的要求，并服从他们的民主控制“占有”(Aneignung)社会基本结构。②

为了有效，每种形式的批评都将“内在”与“超越”的理由结合起来。例如，当平等派(Levellers)在英国内战时期要求政治和宗教自由的“与生俱来的”权利时，他们以此理解他们作为自由英国公民的权利和他们的“自然”权利；此外，当他们将建立资产阶级统治制度的社会契约重新解释为可终止的雇佣契约时，当他们声称财产本身是上帝的意志时，他们将传统的、革命的、资产阶级的和宗教的论点结合起来，并将现有的辩护结构重新塑造成一种新的叙述，他们认为这种叙述足以使推翻一种

① Jürgen Habermas, *Theorie und Praxis*, Frankfurt/M. 1971, S. 45.

② 以我之见，这里的看法与这篇论文的观点没有根本分歧，参见：Rahel Jaeggi, »›Kein Einzelner vermag etwas dagegen‹: Adornos Minima Moralia als Kritik von Lebensformen«, in: A. Honneth (Hg.), *Dialektik der Freiheit*, Frankfurt/M. 2005, S. 115-141.

统治制度合法化。[①] 正如已经提到的，“内在”和“超越”之间的选择在这样的历史条件下是错误的，这两个时刻都必然涉及时代的解放要求。

总而言之，从结构上来说，所有这些批判性语言都包含一个核心的反身性习语(Idiom)，即一个能够要求和提供辩护的自主存在的尊严；这就是正义的习惯用法，它首先不批评某个特定的制度或分配或其他什么，而是以更激进的方式，批评辩护秩序的整个结构。引用霍克海默的话：“那是正义概念的普遍内容；根据这一概念，在任何给定时间普遍存在的社会不平等需要一个合理的辩护。它不再被认为是好的，而变成了应该被克服的东西。”[②]正义和辩护之间的联系是内在的：从对等和普遍的角度来看不充分的辩护的关系就是不公正的，而那些系统地阻碍了辩护本身实践的关系更是极其不公正的。结束这些关系是正义驱动历史斗争的最强动力；而“尊严”一词在这些斗争中占据了核心位置。它们旨在创造一种社会结构，在这种结构中，个人能够认识到自己是自主的，尤其在政治意义上，个人是对他们有约束力的机构和法律的共同创造者。

---

① 参见：Rainer Forst, *Toleranz im Konflikt*, Frankfurt/M. 2003, § 15.

② Max Horkheimer, » Materialismus und Moral «, in: *Zeitschrift für Sozialforschung* 2, 1933, S. 162-197, hier: S. 187 f.

资产阶级哲学和“批判”概念①

雷蒙·盖斯(Raymond Geuss)

施林青　译

1931年的某个时候，路德维希·维特根斯坦写了一段关于他的同事弗兰克·拉姆齐的文字，拉姆齐在前一年去世，年仅27岁。其内容如下。

---

① 这篇论文的一个更早的版本有更详细的讨论，为此我非常感谢“剑桥哲学研讨会”(Cambridger Philosophischen Forschungskolloquium)的同事们：曼努埃尔·德赖斯(Manuel Dries)、法布里安·弗雷恩哈根(Fabian Freyenhagen)、理查德·拉兹奇(Richard Raatzsch)、尤尔根·绍布(Jörg Schaub)、克里斯蒂安·斯科克(Christian Skirke)。尽管他们给出的善意并且合理的建议是暂不发表这篇论文以待进一步修改，但我还是没有遵从这一建议。

> 拉姆齐是一个资产阶级思想家。也就是说，他的思想以在给定的团体中给事物排序为目标。他没有思考国家的本质，或者说，他不喜欢这样做，而只是思考如何以合理的方式建立这样一个国家，这个国家可能不是唯一可能的国家，这种想法使他感到不安，也使他感到无聊。他想尽快对国家的基础进行思考。这是他的能力和真正的兴趣所在；而真正的哲学思考则使他感到不安，直到他把它的结果(如果它有的话)作为琐事推到一边。①

使这段文字非常有趣的原因有很多，其中最重要的是用“资产阶级”一词来描述拉姆齐的基本哲学立场。对维特根斯坦来说，称拉姆齐为“资产阶级”思想家，似乎意味着拉姆齐对激进地批评我们的国家，以及可能也像实际表现那样对我们的社会进行激进批评的想法完全不感兴趣，也许甚至是持敌视的态度。实际上拉姆齐认为：“历史和政治不适合讨论，除非是专家。其他人只是需要更多信息；在他们收集到所有可动用的信息之前，他们除了接受更有资格的专家给出的意见之外，什

① Ludwig Wittgenstein, *Vermischte Bemerkungen*, Frankfurt/M. 1977, S. 40. 我特别感谢理查德·拉兹奇(Richard Raatzsch)关于维特根斯坦哲学的多次谈话，我从中学到了很多东西。

么也做不了。”[①]这与拉姆齐的一般观点是一致的，即“哲学本质上是一个定义系统”[②]。“在哲学中，我们把我们在科学和日常生活中提出的命题，用原始的术语、定义等展示在一个逻辑系统中。”[③]除了信息的交流和信息的排序之外，并没有其他有意义的任务；对“古老的一般问题的讨论不是技术性的就是可笑的”[④]。

人们可能会设想一种不同于拉姆齐的状况，是否有可能一方面认为正确信息的获取和有充分依据的一般性理论对于研究政治和人类社会是最重要的，但又避免得出结论说唯一的任务是把我们所拥有的(信息)整理成一个连贯的系统。如果人们和拉姆齐一样，无论是出于无聊还是焦虑，拒绝可能存在某种(完全是)其他类型的国家的想法，那么任何试图从根本上“激进地”批判国家和社会的尝试，必然是毫无意义的：留给思想家的唯一任务将是在认知上发现现实存在的社会制度和实践所表现出来的秩序，也许还可以在一个不受质疑的、被预设为不变的基本社会框架内，建议对它们进行微小的重新安

① Frank P. Ramsey, *The Foundations of Mathematics*, London 1960, S. 287-288.(这段拉姆齐的引文是从英文翻译而来。)

② Frank P. Ramsey, *The Foundations of Mathematics*, London 1960, S. 263.

③ Frank P. Ramsey, *The Foundations of Mathematics*, London 1960, S. 263.

④ Frank P. Ramsey, *The Foundations of Mathematics*, London 1960, S. 290.

排。这种重新安排的原则将是人们的“感觉”[①]；事实上，在一个像这里所设想的封闭的宇宙中，人们还能求助于什么？无论维特根斯坦对拉姆齐思想的结构和动机的历史分析是否正确，人们仍然会问，对这种哲学最恰当的描述是否是“资产阶级”的。

探讨这个问题的最好方法也许是考量那些通常被拿来与“资产阶级”作对比的概念。其中至少有三个概念是具有特殊的哲学意义的。[②] 第一，“资产阶级的”与“贵族的”或“封建的”相对立；第二，“资产阶级的”与“波希米亚的”(或“艺术家的”)相对立[③]；第三，“资产阶级”与“激进的”(或“革命的”)相对立。就我们的目的而言，支撑所有这三种用法的一个基本意义来自对古代政权的现实和意识形态的历史分析。在法国大革命之前，“资产阶级”是一个特殊的法律、政治和社会团体，一种身份或阶层，有别于其他两种阶层：封建贵族和神职人员。[④]“资产阶级的”指的是第三种阶层的那些标志性特征，人

---

① Frank P. Ramsey, *The Foundations of Mathematics*, London 1960, S. 291.

② 当然，至少还有“资产阶级/农民”和“资产阶级/无产阶级”这两种区别，它们在受列宁的《唯物主义和经验批判主义》影响的哲学中发挥着重要作用，但我不会在本文中探讨这些区别。

③ 参考：Thomas Mann, *Tonio Kröger*, Frankfurt/M. 2003.

④ 毋庸置疑，本文这一部分的历史主张充其量只能作为粗略的初步描述。例如，在古代政权的后期，贵族既包括旧的、拥有土地的、军事的封建种姓的成员，也包括某些皇家职位的持有者(长袍贵族)。

们认为这些特征是封建贵族和神职人员所不具备的。[①]“封建的”和“资产阶级的”这组对比背后的基本观念是，封建贵族的地位从其王朝血统的传统地位中获得某种合法性，他们的生活致力于追求“荣誉”，尤其是军事荣誉，后者是一种特殊的、有社会基础的、非功利的美德。神职人员也拥有一种有特权的社会地位，这种地位是以一种非功利性的意识形式，即宗教信仰为依据的。这种信仰使人们有机会接触到“真理”，这些真理被认为有可能超越甚至违反所有世俗理性的基本准则。按照基督教教义，我们日常社会世界的互动形式被认识是内在不稳定的，在某种意义上是不真实的。解释是：本质上是不稳定的，在某种意义上是不真实的。因此，除了绝对最低限度的精力外，再投入任何东西都是没有意义的。任何在这些问题上寻求根本的生存满足的人都被深深地欺骗了。正确的态度是以自我放弃和祈祷的方式远离这个世界。[②]

与其他两个阶层相比，资产阶级在功能上不是军事-政治权力的阶层或宗教的阶层，而是世俗的、日常生活

① 需要注意到，这里的问题在于指出一个概念的意义，而不是对该概念所指向的现实进行恰当的说明。因此，神职人员或封建贵族事实上是否比资产阶级更“清醒地计算”并不重要。因为对于这个概念的历史来说，重要的是人们普遍认为每个阶层的特征是什么。

② 这里最好的例子是奥古斯丁，参见其《忏悔录》(*Confessiones*, hg. von M. Skutella, Stuttgart 1996; dt. /lat. Ausgabe: *Confessiones/Bekenntnisse*, eingel., übers. und erl. von J. Bernhart, Frankfurt/M. 1987)。

的、手工业和商业的阶层。一个典型特征是，资产阶级成员可能对他们的“信用”(尊严)感兴趣，也许对某种受人尊敬的普遍声誉感兴趣，但他们对贵族阶层所谓的“荣誉”并不感兴趣。或者更准确地说，无论他们作为个人是否对贵族所谓的“荣誉”感兴趣，也没有一个有效的社会机制使这个阶层的成员能够像贵族那样追求这种兴趣。资产阶级成员毕竟是“并不能令人满意的”，也就是说，他们不能与封建贵族进行决斗。因为贵族不会屈尊与他们决斗，资产阶级被排除在现有的“荣誉”体系之外。同样，资产阶级也不热衷于奇迹、苛责肉体或贬低在这个世界上获得的满足。正如马克斯·韦伯所指出的①，资产阶级致力于和平的、有系统的商业的秩序，因此它们需要一个稳定的、“祛魅的”、安全的、基本结构不变的、可调查和可分析的世界，人们可以对这样一个世界进行可靠的预测。与贵族那种把所有赌注都押在一场战斗或一张牌面上的激烈秉性，以及神职人员的超凡信仰相比，资产阶级是清醒的、有秩序的、温和的、精打细算的、功利的。资产阶级拥有一种特殊的时间视野，他们专注于在中短期的未来获得具有切实价值的物品，但相对不关心遥远的过去、转瞬即逝的享乐或一个

---

① Max Weber, *Wirtschaft und Gesellschaft*, Tübingen 1972, S. 502-503. 经常被引用的是：»Die protestantische Ethik und der Geist des Kapitalismus«, in: ders., *Gesammelte Aufsätze zur Religionssoziologie*, Teil I, Tübingen 1963, S. 1-236.

即将到来的末世。与宗教机构的官方意识形态形成强烈对比的是，资产阶级活跃而强烈地参与到这个世界的进程中，至少在实践过程中没有对这些活动表现出根本的厌恶，这种参与并不需要什么特殊的辩护。资产阶级对这个世界及其对象所持的典型态度是十分肯定的。

可以肯定的是，资产阶级的世界并不是一个爱利亚学派式的完全不动世界，或拉普拉斯式的可预测的世界：没有变化就没有商业，但相关变化必须是适度的，并且被调控在一个可研究的框架内。如果整个经济真的完全由国家的计划来调控，那么资产阶级的职能就会被各种公职部门所取代，它们的任务仅仅是一些常规化的管理。“资产阶级”和“公职部门”也自然而然地构成一种可能的对立关系。另一方面，如果有太多不可预测的变化，资产阶级世界就无法生存：如果恶性通货膨胀使资产在一夜之间变得毫无价值，资源的突然枯竭使某些贸易部门无法生存，股票市场被政治事件取缔，或者如果末世论的宗教预言被信以为真，人们放弃了他们所有的世俗财产，诸如此类。那么，只有少数资产阶级特有的信仰、习惯和信念会持续具有意义。

上文中“第一”的区分(资产阶级、教会、封建)主要针对的是社会结构，社会中的截然不同群体具有不同的职责、义务和权利，并彼此对立。“第二”的讨论方式将把这三个概念对应到不同的生活形式、观点立场和思维方式上去。在一般的用法中，“第三”中的对比——“资产阶级的”和“波希米亚的”之间的对比，不那么直接和明确地指一种具体的社会结构或法律秩序，而是一种生活和思想的风格。“波西米亚”指的是一个抽象定义下的社会领域，它处于有保障的、可预测的商业框架之外，致力于艺术、知识、娱乐、闲暇和其他非生产性的社会活动形式。在十八世纪末和十九世纪，这个群体包括演员、妓女和旅行音乐家。在十九世纪末，这个群体包括演员、妓女、旅行音乐家以及初态新闻记者(Protojournalisten)这样的低级知识分子；在二十世纪，包括垮掉的一代、嬉皮士、某些类型的艺术家、某些“另类圈子”(alternative Szenen)的成员，以及出没在时尚城区和某些大学的边缘地带的、由信托基金资助的富人子女。然而，这并不像“神职人员”或“贵族”那样是一个定义明确的社会、法律或经济团体，主要强调的是态度或心理特征，个人的生活方式，而不是一个实际的社会群体的法律或经济地位。一个“波希米亚人”是一个对实际价值和中期的未来没有功利主义取向的人，但他似乎更热衷于美丽的外观或即时满足。通常伴随着对“体面”的不屑，这种“体面”存在于对流行风格、时尚和道德细节的遵守之中，它构成了资产阶级精神的支柱，他们有充分的理由经常关注自己的信用。他们有充分的理由不断关注自己的信用度。[1] 波希米

---

① Max Weber, »Die protestantische Ethik und der Geist des Kapitalismus«, in: ders., *Gesammelte Aufsätze zur Religionssoziologie*, Teil I, Tübingen 1963, S. 1-236.

亚人属于波德莱尔在《现代生活的画家》①中描述的那种典型的“现代”（城市）人的角色：流浪者和花花公子。尽管表面上看，波西米亚王国往往被认为是一个不能产生任何形式的严肃社会批评的领域，因为它是寄生在社会的“真实”运作上的。艺术家或者波希米亚人可以对资产阶级嗤之以鼻，因为他可以依靠这样一个事实，即资产阶级实际上组织了食物以及其他商品和服务的提供，没有这些，波希米亚人是无法生存的。

“资产阶级”的第三种用法是与一组对立概念的其中一个联系在一起的：“改革的/激进的”。正如词源所表明的，“激进”意味着深入某一现象的“根源”，“激进的批评”就是要求对现状进行根本性的转变；与此相反，“改革”所涉及的是现有问题或困难的表面形式。换成医学上的比喻，我们可以说，改革派的建议是治标不治本的。因此，“激进”可以作为一个与“资产阶级”相对应的术语来使用——当然，其他用法也是可能的——因为资产阶级对社会现象的“根源”不感兴趣，而只是对一些程序感兴趣，通过这些程序可以对现有结构进行微小的修改，以增加利润或减少特别严重和恶劣的不公正现象或

---

① Charles Baudelaire, »Le Peintre de la vie moderne«, in: ders., *OEuvres Complètes*, Band 2, hg. von C. Pichois, Paris 1976, S. 683-724; dt. »Der Maler des modernen Lebens«, in: ders., *Sämtliche Werke/Briefe*, Band 5, hg. von F. Kemp, C. Pichois, in Zusammenarbeit mit W. Drost, München, Wien 1989, S. 213-258.

无可辩驳的不道德行为，这些已经是非常过分或者丑闻性质的。如上所述，资产阶级要求框架的稳定性，并且通常以对世界的强烈肯定态度为特征。在哲学上表现为一种倾向，即认为可以在概念上使我们所知世界的合理性和积极价值合法化。

资产阶级与固定的基本社会和经济框架之间的捆绑并不意味着一成不变，资产阶级思想的肯定性特质也并不意味着批评的完全丧失。资产阶级哲学的出发点是，世界基本上或根本上是有秩序的。然而，这并不意味着每一个细节都处于应然状态；在为资产阶级的构想辩护时，人们不能是天真或头脑简单的。我们的社会现实充斥着不足之处，它们不能仅仅通过漂亮的言辞或者对世界的系统性无视而被消除。即使是巴尔扎克所描绘的传统资产阶级中最自我满足的成员也不会愚蠢到认为他所处的社会环境是面面俱到的。说世界基本上是有秩序的，并不是要排除仍然需要进行局部批评和改革的可能性。在黑格尔看来，普鲁士作为一个“现代”的、新教的(潜在的)君主立宪制国家，“基本上”在理性上是可以接受的，但是它需要一些小的改革：一部宪法、一般的陪审团审判，以及黑格尔可以具体说明的其他一些制度细节。可以肯定的是，这种批评必须是改革性的，而不是革命性的，也就是说，它必须接受社会既有的基本结构，甚至在某种意义上认可它，但建议某些从属特征或结构必须——出于这样或那样的原因——得到修改。改革派的批评持有的另一个假设是，在现有的大结构中对一个从属特征进行修改是可能的。这种“原初资产阶级”(urbürgerlich)态度被兰佩杜萨的小说《豹》中的塔克罗迪表达为：“如果我们想让一切保持原样，那么一切就必须发生改变。”[①]所以，改革必须是允许一切基本保持不变的改革。黑格尔的逻辑部分是试图描述“同一个”基本结构如何能够在经受改革式的变化后依然维持自身(但同时也是要说明，在什么情况下基本结构将无法维持自身，尽管这种说明并不清晰)。[②]

稍微换个说法：把一种有限的“批判”置于人类注意力的中心，这整个想法本身就是资产阶级计划的一个组成部分。封建领主或高级教士并不“批判”：贵族使用他的拳头或剑，或者求助于传统或绅士与生俱来的策略和判断力，他知道在每种情况下需要什么，即便不一定能

---

① 这是一个复杂的例子，因为塔克罗迪是西西里贵族的一员，他是在解释他为什么要去参加反叛国王的活动时说这番话的。正如他自己在这段话中所说的，“除非我们自己(贵族成员)现在出手，否则他们会把共和国强加给我们”。然而，这里的重点是，塔克罗迪有一种新的资产阶级态度，而他的叔叔，即王子，一个真正的旧封建贵族的代表，并不理解这种态度。(Tomasi de Lampedus, *Der Leopard*, übers. von C. Birnbaum, München 1962, S. 33.)

② “改革的”和“革命的”批评之间的差别不同于“内部”和“外部”批评之间的差别。“内部/外部”指的是批评的结构，也许是批评的能量来源；“改革/革命”指的是为避免批评所需的变化程度。

事先说出发生的到底是什么；教士则求助于信仰、教父的共识或教皇的决定。因此，致力于“批评”(未定义的那种)本身在任何意义上都并不承诺要离开资产阶级为自己创造的舒适世界。毕竟，“批评”是资产阶级的大人物们——百科全书派的口号和主要工具。

“资产阶级哲学”首先指的是一个特定的历史综合体，像基督教、自由主义或封建主义一样。在这个综合体中，随着时间的推移，各种不同的元素相继出现，它们具有不同的重要性。对于这样的现象，期望能够找到一个正式的定义，涵盖我们倾向于称之为“资产阶级”哲学的所有形式，是不合适的。① 人们可能会说，把一种哲学称为“资产阶级的”是指它的整体属性，并不是指可以罗列在清单上的任何个别属性或个别属性的集合。但在“资产阶级的”基本思路中，既有历史上更深层次的要素，也有不太深层次的要素。其中最深层次的两个要素是一系列关于知识的性质的观点，以及一种特殊的理论和实践的乐观主义。

我在传统的资产阶级思想之下划分出了“意义”这一

---

① 参见尼采《道德的谱系》(Friedrich Nietzsche，»Zur Genealogie der Moral«，in：ders.，*Kritische Studienausgabe*，Band 5，hg. von G. Colli und M. Montinari，Berlin 1976，S. 245-412)。我曾经在其他著作中讨论过这种研究方式的方法论问题，参见：Raymond Geuss，*History and Illusion in Politics*，Cambridge 2001，S. 6-10，51 f.，69-73；*Public Goods*，*Private Goods*，Princeton/NJ 2001，S. vii-xxiii；*Glück und Politik*，Berlin 2004，S. 106-121.

概念在使用中的不同含义，这种多义性是系统性的。一方面，“意义”在不同的理论（如认识论的）语境中被使用。人们在这个意义上讨论一个“有意义”的命题或一个“有意义的”行动。第一种情况首先是纯粹口头的，指的是一个可以被理解的命题。第二种情况则是人们可以理解，或至少可以“解释”的行为。另一方面，“意义”概念在一种生存的-实践的语境中作为一个积极的价值概念被使用。年轻人追寻着一种“有意义的事业”或者追问着“生活的意义”。这里涉及的是一个积极的价值概念，它带来一种愤怒，在很大概率上引发了对“生活的意义”的下述阐发：“如果你有幸没有失业，你会从现在开始辛勤工作 40 年，为了提升某个大型企业的利润，最终你会死于某种受环境所影响的疾病，很可能是癌症。”资产阶级的思想建立在这两种意义的概念的系统性混合之上，因为资产阶级哲学的任务就在于将世界呈现为“有意义的”（也就是“可理解的”）——方法是对某些显然是“不可理解的”现象进行解释——借此证明，在这样一个世界中，一种“有意义的”（也就是“有价值的”）人类生活是可能的。换一种说法，资产阶级哲学利用的是一种建立在“神正论”问题上的双重结构，在这种结构中反映出意义概念中基本的两义性。这意味着，一种典型的“资产阶级的”哲学形式是由以下几点组成的。

第一点，承诺存在一种明确的、有根据的、有保障的或确定的、工具性的有用的知识，呈现了我们在世界中发现意义的基本方式。也可以可靠地利用这种知识来帮助我们在现实存在的自然(和社会)环境中活动并与环境打交道。这种知识被认为对人类生活非常重要，而且我们默认自己应该勤奋地培养它，尽可能地扩大其适用领域和范围。

第二点，承诺在一个很广泛的意义上积极解决“神正论”问题，正如黑格尔在使用该术语时使用的那种意义，即对以下观点的承诺：有可能论证性地指出整个世界是理性的、良好的，并且基本符合人类的利益、需求和愿望，因此我们应该“热烈地拥抱”和肯定这个世界。①

这个框架的第一点处理的是理论性的“意义”，第二点处理的则是相对实践导向的意义概念。最终被默认的是，通过工具性的、可利用的知识表明了一种对自然现象和既有社会结构的意义理解，这种理解证明了人类生活的积极价值。理想型的资产阶级哲学的内部结构可以按照四个步骤被重建出来。

(1)我们所面对的世界确实是有秩序的。

(2)因此我可以(在原则上)理解这个世界(也就是将世界呈现为有意义的)。

(3)将世界以一种恰当的方式呈现为有意义的，这

---

① 我已经在以下文章中讨论过这些问题：»Art and theodicy«，in：ders.，*Morality*，*Culture*，*and History*，Cambridge 1999，S. 78-115，und »Outside Ethics«，in：ders.，*Outside Ethics*，Princeton/NJ 2001，S. 40-66.

种呈现的形式是对世界拥有系统性的知识，知识①是工具性的、可使用的，并且②可以被“证实”。

(4)我应当热烈地拥抱这个世界，并发自内心地肯定它。

其结果是一套有理论根据的、实践的乐观主义。

只是为了重申已经提出的观点，“资产阶级”指的是历史上不断变化的各种具体要素的组合。事实上，你可以看到各种“资产阶级”哲学，它们将上述要素中的一个或另一个作为基础性的或特别重要的要素：

有稳定框架的合理性〔强调(1)(2)(4)的优先性：莱布尼茨〕；

清晰性〔尤其关注(3)：当代分析哲学〕；

确定性〔(3)①的优先性：笛卡儿〕；

有用性〔(3)②的优先性：实用主义，功利主义〕；

严重分裂情况下仍然进行激进的肯定〔(2)和(4)：黑格尔〕。

在确定“资产阶级”究竟是什么时，历史背景是如此的重要。这意味着，如果诸元素孤立地或在不同的背景下被考察，它们可能会具有其他的意义。举例说明的话，哲学家对某种清晰性的关注至少可以追溯到古代的智者，因此这种要素本身的存在并不足以使整个哲学立场成为资产阶级的。这也意味着，在一个可能的后资产阶级时代，这些元素中的一些可能会继续存在，尽管是以一种略为变化后的形式存在于不同的语境之中。例如，马克思非常清楚地指出，在今天的社会中，人类力量具有“资产阶级”的形式，但这种形式可以被剥离，从而揭示出潜在的普遍的人类意义，在概念建构的方法和理论建设的形式方面也可能发生类似的事情：

> 根据古代的观点，人，不管是处在怎样狭隘的民族的、宗教的、政治的规定上，总是表现为生产的目的，在现代世界，生产表现为人的目的，而财富则表现为生产的目的。事实上，如果抛掉狭隘的资产阶级形式，那么，财富不就是在普遍交换中产生的个人的需要、才能、享用、生产力等等的普遍性吗？财富不就是人对自然力——既是通常所谓的“自然”力，又是人本身的自然力——的统治的充分发展吗？财富不就是人的创造天赋的绝对发挥吗？这种发挥，除了先前的历史发展之外没有任何其他前提，而先前的历史发展使这种全面的发展，即不以旧有的尺度来衡量的人类全部力量的全面发展成为目的本身。在这里，人不是在某一种规定性上再生产自己，而是生产出他的全面性；不是力求停留在某种已经变成的东西上，而是处在变易的绝对运动之中。①

① Karl Marx, *Grundrisse zur Kritik der politischen Ökonomie*, Berlin 1953, S. 387.（译文出自：《马克思恩格斯文集》第 8 卷，137 页，人民出版社 2009 年版。——译者注）

上述资产阶级性质的综合体立即显示出一些困难。例如，阿多诺和霍克海默坚持认为，在工具性知识的无限制发展（上文“第一点”）和“资产阶级”哲学的神正论目标（上文“第二点”）之间存在着根本性的不融贯，他们在《启蒙辩证法》中分析了这一矛盾的历史现实。历史上发展起来的“有用的知识”，就其本质而言，永远不可能成功地向我们表明，世界从根本上是好的、应该被认可的。这有几个原因。第一，能够通过对“工具性”知识形式的诉求得到的合法化的观点是非常有限的。没有任何合法的途径能够从任何形式的“有用的知识”得出结论说，世界是好的、值得我们肯定的。提出任何这样的主张，都会落入类比主义的窠臼。第二，工具性知识的获取、验证和应用越是被视为所有理性的典范，人类就越是无法掌握发展真正的神正论所必需的那种思维。第三，工具性知识形式的真实展开实际上使世界在某种意义上比以前更不值得被热情拥抱：如果由于科学的进步，我们现在本可以解决非洲的饥饿问题（但却并没有这么做），我们的“世界”比一百年前的世界更不值得被积极和热情地认可，过去我们在原则上并无可能解决非洲的这一问题。

暂时抛开资产阶级计划中涉及分析和培养（有用的）知识的部分，而专注于神学问题，我们可以区分出一系列不同的观点，但发展的主线似乎至少可以追溯到亚里士多德，并在黑格尔那里达到顶峰。我们的世界有一个明显的可理解的秩序，人们需要做的是揭示它。一旦你发现了这个秩序，认可它几乎是一个自动的过程；毕竟，一个人还有什么别的选择呢？可以肯定的是，亚里士多德和黑格尔分别代表了这种一般观念的轻微变种。前者假设我们可以或多或少地理解我们所生活的世界的表象；后者认为，只要进行一些小的改革（比如在普鲁士引入陪审团机制），世界潜在的可理解的结构就会清晰无误地显现出来，而这些改革在任何情况下都已经预设在现有的社会制度中了。

鉴于本文前面所说的“资产阶级”是指一种综合体，而不是指一个孤立的要素或一组要素的集合，把亚里士多德称为“资产阶级”思想家并不正确。毕竟，他似乎是纨绔暴君（如阿塔尼乌斯的赫米亚斯①）的朋友和顾问，也是嗜血的马其顿政权谄媚地笑着的走狗，该政权终结了古希腊的自治实验。在任何有趣的意义上，都很难将这种行径视为“资产阶级的”。尽管如此，亚里士多德仍然是资产阶级哲学的一个重要先驱，因为他提出了“拯救现象”的宣言并且尝试做到这件事。② 也就是说，哲学家的任务是从普通的观点出发，然后继续试图尝试“拯救现象”，这意味着现象，可以将我们所看到的周遭世

① 指 Hermias of Atarneus，是亚里士多德的岳父。——译者注

② Aristoteles，*Nikomachische Ethik* 1145 a 15-1145 b 7.

界归纳到可理解的秩序之中去。此外，它似乎还假定，从“普遍接受的”观点出发去寻找这种秩序是有意义的。

黑格尔对什么是“可理解的”或许有某种更苛刻的见解。人们可以认为，黑格尔做出了如下区分：

（1）现象 X 之所以是“有意义的”是因为我可以理解它；

并且

（2）现象 X 之所以是“有意义的”是因为我可以解释它。

格外有趣的是这种情况：虽然一方面我不能理解 X，但另一方面，我可以解释为什么我不能直接理解 X。X 对我而言没有意义，但我可以给出一个虽然复杂但连贯的解释，说明为什么那个特定的“合理性”或“可理解性”失败了，那么可以认为这种更高层次的“解释”是一种哲学上的进步。我将把这称为“（理性）倒退”。当我发现 X 不可理解时，我可以“退后一步”，“移到更高的地方”或达到“一个更高的观察层面”，在那个“更高的层次”上，我最终理解了 X 对我显现为无意义的原因。[①]

黑格尔对“理性倒退”的过程给予特别重视。他认为，如果成功的话，这种倒退原则上可以无限继续下去。可理解性不会简单地在任何一个点上断裂或结束。

---

① 这一结构在迪特·亨利希（Dieter Henrich）的《黑格尔的偶然性理论》中得到了非常清晰的分析。（*Hegel im Kontext*, Frankfurt/M. 1971，S. 157-186.）

说某些现象在哲学上是“可理解的”或“有意义的”，并不是在描述某种静态属性。相反，某对象是可理解的，意味着它处于某种恰当的过程或“运动”中，这种运动使得相关现象在哲学上是可理解的。尽管如此，一个哲学家有可能完全把握这个世界的诸现象，使他最终能够遇到的一切都变得可理解。我无法理解为什么汉斯要和海克(而不是和莫妮卡)结婚，但我可以理解为什么“婚姻”必须是一种制度，在这种制度中，在某种意义上是偶然的个体作为伴侣“非理性地”结合在一起。黑格尔系统性地分析了“有意义”这个概念的语义转变，这指的是进行中的哲学提升到了一个“更高的层次”。有意义最开始指的是我能直接理解的东西，但现在哲学家在“更高的层次”上提出了对意义的另一种要求。现在，只有当某个现象可以被解释时，它才被证明是“有意义的”，即便解释是复杂的、不直接的，而且不满足直接的可理解性的条件。当一个人历尽了理性倒退的整个进程后，他就能在回看这个进程时自行理解这个进程的意义，即便他不能让一个局外人直接理解他所看到的东西。

在现代的、后形而上学的世界里，神学计划中证明世界确实是有秩序的要求似乎已经完全过时了。至少康德是这样相信的：我们不知道也不可能知道整个世界是否“真正”有序，所以试图用一套可证实的信念为我们对世界的主观态度奠基是没有意义的，无论是以一种方式还是另一种方式(乐观的或悲观的)。[①] 或者，更确切地说，按照康德的说法，困难主要不在于世界在某种形而上学意义上的真实性，而在于我们无法对整个世界的表象做出有根据的理论判断。但我们很快就发现，康德对现成的资产阶级模式的背离只停留在表面现象中；因为康德并没有彻底取消资产阶级旧有的乐观态度和成见，只是对它们进行了新的阐释：它们不再是关于现实性的有本体论根据的主张，而是不可避免的“纯粹实践理性的假定”。粗略地说，它显现为“实践理性”的要求，我们必须假设世界是最好的，并依此行事。

“资产阶级的乐观主义”在二十世纪仍有其力量，正如哲学家乔纳森·李尔和弗兰克·拉姆齐分别提出的两条论证路线显示的那样，这两条路线都完全摒弃了形而上学。在《爱及其在大自然中的位置》一书中，乔纳森·李尔提出从童年发展出发的视角，正如温尼科特和斯皮茨等心理学家所分析的那样。就任何一个人类个体发展成为一个成熟的、具有正常语言和行为能力的人而言，这表明他成长的环境“足够好”，允许这一成熟过程的发生。这里的“环境”不仅仅是指物理和生物环境，还包括情感条件。因此，任何事实上已经成功达到理性的成熟

① Immanuel Kant, »Über das Mißlingen aller philosophischen Versuche in der Theodizee«, in: ders., *Schriften zur Anthropologie, Geschichtsphilosophie, Politik und Pädagogik* 1, hg. von W. Weischedel, Frankfurt/M. 1977, S. 105-124.

状态的人，都有理由对他的环境抱有一种偶然的、非形而上学的乐观态度；如果环境太差，他就不会有能力把握到这一点。①

人们也可以在二十世纪三十年代的拉姆齐②那里发现类似的“后形而上学的”论证。当世界没有客观既有的形而上学结构，那么当我们设想我们的感情和态度有可能忠于现实时，这种设想是空洞无物的；在这种情况下人们几乎不能认为，我们对世界的某种感情比其他感情更为“恰切”。然而按照拉姆齐的观点，可以猜想我们的感觉本身就给了我们一种反思性的判断标准：拥有一套让人对世界感到“兴奋”的感觉，比拥有一套让人对世界感到“沮丧”的感觉“更恰切”(而且“对我的所有行动都更好”)③。由此，他似乎得出了这样的结论：无论如何，对整个世界采取乐观的态度至少不是非理性的。④

李尔巧妙而富有启发性的论点为乐观主义的自然倾向提供了解释，这可能是那些达到正常成熟期的人类的特征。但我们可能会问，就像斯巴达人在看到那些被治

---

① Jonathan Lear, *Love and its Place in Nature*, New York 1990.

② Frank P. Ramsey, *The Foundation of Mathematics*, London 1960, S. 290-291.

③ Frank P. Ramsey, *The Foundation of Mathematics*, London 1960, S. 292.

④ Frank P. Ramsey, *The Foundation of Mathematics*, London 1960, S. 287-292.

愈的人献给阿斯克勒庇俄斯神的许多雕像时那样："那些死去的人的雕像在哪里?"该论点还留下了一个开放性的问题，即我们是否能够或者是否应该与这种自然倾向作斗争。也许我们有理由认为我们的世界即使不是所有可能的世界中最好的，但至少对我们来说已经是"足够好的"。但是，一旦人们理解了这一情况的原因——孩子们有父母或其他人照顾他们，也就会意识到，我们没有特别的理由认为它将继续是足够好的，尽管我们有一种强烈的倾向去这样认为。而这正是我们真正感兴趣的问题。要证明比这更多的东西，就需要证明，我过去拥有足够好的父母，那么未来的世界就会有普遍的善意。我并没有见过任何这样的论证。

那些对政治和社会感兴趣的人会发现拉姆齐对问题的把握是完全不充分的，他最终回到了莱布尼茨的陈旧观点。① "世界"对拉姆齐来说似乎仅仅是天文学的对象②，如果事情确实如此，那么仅仅从一些特定的个人和他的"感觉"，如"我觉得愉快和兴奋"③的角度，来考

① Georg Wilhelm Friedrich Hegel, *Vorlesungen über die Geschichte der Philosophie III*, in: ders., *Werke in zwanzig Bänden*, Band 20, hg. von E. Moldenhauer, Frankfurt/M. 1971, S. 247 ff.

② Frank P. Ramsey, *The Foundation of Mathematics*, London 1960, S. 291.

③ Frank P. Ramsey, *The Foundation of Mathematics*, London 1960, S. 291.

虑人类对世界的适当态度似乎就显得合理了。我的感觉和态度毕竟不会以任何方式影响天文学对象的现实。社会和政治世界的情况就不那么明晰了。对世界采取乐观的、批判的或中立的态度，部分地使这个世界成为特定的某种世界。在不同的情况下，我对世界的态度，可能会使我成为社会弊病的共谋。“我感到愉快和兴奋的事”在这里并不能作为可靠的标准。穿便宜、优雅、剪裁得当的衣服很可能比穿昂贵但笨重的衣服更令人愉快和兴奋。但这还不是最终结论，如果剪裁精良的衣服是由第三世界的童工或奴隶劳动生产的话。可以想象，只有在某些方面拒绝轻快的乐观主义，我才能摆脱这种共谋。无论人们最终对这一立场的可行性有什么看法，也就是我所认为的阿多诺所持的立场，它肯定是一个表面上可能的立场，但拉姆齐呈现问题的方式已经随意将其排除在考虑之外。

哲学家们尝试了几种不同的方式，试图偏离资产阶级乐观主义的笔直而狭窄的“军事公路”〔康德称之为“军用公路”(Heerstraße)〕。卢卡奇，或者更确切地说，写作《历史与阶级意识》时的卢卡奇，试图采取向前逃离的策略：我们无法完全如其所是地解释这个世界并且将它展现为对人类而言有意义的，因为它是由资本主义生产方式所支配的，它被现实的冲突和矛盾所撕裂，无论怎样复杂的智力操作都无法解决。然而，我们可以通过废除资本主义来改变我们的社会和经济体系——卢卡奇认为这是现实可行的——而由此产生的世界将不再受困于我们现在面对的、不可解决的矛盾，它会变得透明、一致、可被证实。这个新世界将被它的居民认为是“有意义的”，但要实现它，需要一个激进的政治决断。在这里，马克思主义和克尔凯郭尔式的元素结合在一起发挥了作用。阿多诺代表了卢卡奇式主题的另一种版本：只有一个发生激进改变的世界才会是完全有意义的，但出于根深蒂固的原因，人们无法看到如何执行一种适当的转变(因为工具理性受制于启蒙辩证法)，所以人们能做的只是等待和希望。

最后，尼采和(后期)维特根斯坦也表现出对资产阶级正统派的偏离，他们分别(以不同的方式)将康德的观点视为模板，即完全拒绝用认知来为神学奠基的计划，但他们并没有像康德那样失去勇气，通过“实践理性的假设”重新走上正统乐观主义的老路。尼采和维特根斯坦都不认为世界上的一切都是“有意义的”、可以被理解的，也不认为人们可以通过复杂的论证“解释”为什么很多事情是没有意义的。在人类思想和行动的意义深远的语境中，从某一点开始，人们干脆停止了追问。这并不意味着(如黑格尔所言)，它汇入一个“变化着的”，但却全面的、循环的、自我奠基的、自我透明的理性系统中去。相反，这意味着人们在从某一点开始，迎面撞上残酷的事实(facta bruta)、人类意志(意愿)的表达、自然现象或者与历史上的偶然机制绑定的人类实践。这些可能被认作事实，但它们并没有因此而被理性化。有可能发生的是，并没有这样一个确定的、停止追问的点：它可能渐渐单薄，逐渐失去焦点和确定性。我们也许可以这样来设想这件事情，即某样东西越来越被移向我的右边，最终从我的视野中消失，但却没有一个明确的、预定的、可以被准确描述的点来标记它的消失。

即使我们可以假设历史已经让我们看穿了资产阶级乐观主义的主张，但有两个十分严重的问题仍然没有得到回答。第一，一种当代的，但非资产阶级的哲学形式会是什么样子？第二，放弃资产阶级哲学计划对激进的社会批评的可能性会产生什么后果？

我对这两个问题都没有答案，但有一种关于前进道路的建议最近开始以惊人的频率出现，但在我看来是严重误导性的。这种建议认为，人们可以恢复基督教的"恶"的概念，并将其作为中心概念，用来寻找一种后资产阶级的方式来支持，或者至少搭建一种激进的批评形式。

矛盾的是，我认为这种对"恶"的迷恋，虽然常常以格外深刻的方式呈现出来，但大多是一种以廉价的方式，假装自己的道德直觉是基本正常的。

关于"恶"的近乎痴迷的讨论可以是资产阶级乐观主义的某种表达方式，是逃避面对现实的必要性的方式，也是资产阶级主体使自己在世界中感到自在的方式。我所批评的这种当代用法非常尖锐地区分了"坏"和"恶"。任何东西，无论是某种行为、习惯、做法、机制或决定不仅是坏的，而且是“邪恶的”，其条件如下。①它在两个意义上是不可理解的，它不容易被纳入我所掌握的解释范畴，而且我在某种意义上根本不希望它被纳入；我希望把我的注意力从它身上转移开。②它可以被看作是一种个体的偏差，某个特定的主体可以对此负责。③它引起一种特殊的怨恨、愤怒和恐惧，超出了我们对坏的、有害的、不利的等的通常厌恶。这三个属性中的②与将邪恶人格化的倾向有关，而①和③则与盲目和过度反应的倾向有关。

最近的历史给我们提供了一个非常突出的例子，说明对恶的援引经常介入政治游戏。“那只是邪恶”的说法既是一种不适当的、对政治的“人格化”，也是一种在认识和道德上拒绝了解真实政治立场的表现。2002 年 11 月，一群近东问题的学术专家试图让托尼·布莱尔意识到英国军队在入侵伊拉克后将在当地遇到的实际情况的复杂性：

(被邀请到唐宁街的六位学术专家)不被允许留下书面记录。在会议之前，他们决定不冒着与布莱尔对立的风险说入侵是不明智的，他们认为集中在后果的性质上会产生更大的影响。

(一位名叫乔夫的阿拉伯专家)回忆说：“我们都几乎说了同样的话：伊拉克是一个复杂的国家，有巨大的社区间的怨恨，不要想象您(英国军队)会受到欢迎。”

(……)布莱尔的反应是(看着乔夫说)：“但这个人

是独一无二的邪恶，不是吗?”“我(乔夫)有点愕然。这似乎并不十分相关。”恢复状态后，乔夫继续争辩说，萨达姆受到各种因素的制约，对此，布莱尔只是重复了他的第一个观点：“他可以做出选择，不是吗?”正如乔夫所说：“他的意思是他可以选择做好人或做坏人，我想。”六个人在一个半小时后离开唐宁街……乔夫得到的对布莱尔的印象是：“一个思想非常浅薄的人，除了高层人士的个性外，对其他问题不感兴趣，对社会力量、政治趋势等没有兴趣。”①

在这里，对“恶”概念的援引很明显是防御性策略的一部分。托尼·布莱尔当然想要避免任何与伊拉克局势相关的知识和理解，因为它们会震动他那属实天真的世界政治图景，干扰他基于其他理由已经做出的决定。此外，他还能援引“恶”的概念，扮演所谓更高的道德价值的代言人，并且鼓动英国人民中倾向于自我合理化的那部分人，将他们引向一个立场。用这种道德化的方式运用“恶”的概念，似乎更适合被理解为一种对现状的加强，而不是对激进变革的任何贡献。

试图摆脱“恶”的概念对我们关于世界的思考的控制，也意味着试图理解那些令人深感不快、陌生和受挫的东西。这种理解也有可能反照我们自身：我们可以认识到，我们也可能像邪恶的人那样体验到他们引以为

---

① Jonathan Steele, *Defeat: Why they lost Iraq*, London 2008, S. 18-19.

“善”的东西。具有讽刺意味的是，傲慢、自信但实际内在撕裂的资产阶级作家托马斯·曼[①]在他的散文《希特勒兄弟》[②]中做出了恰当的示范。没有什么特别的方法可以让我们达到这种理解。正如无数相似的情况下，我们尽可能将过往所知、体会和幻想结合起来，为了在一个具体的事件中形成一个观点。托马斯·曼的这篇散文还有一个好处，那就是提醒我们(如果我们需要提醒的话)，反资产阶级的方式不止一种，而且并非所有的方式都同样好。

十九世纪和二十世纪初在欧洲发展起来的关于人类社会的“批判性”思维方式具有这样的特性：它旨在发展一种批评的形式，这种批评既是激进的，也摒弃了对陈旧的宗教遗留物的援引，如“恶”等概念。目前，在二十一世纪的第一个十年里，对这种激进主义的呼吁已经失去了很多吸引力。这似乎有两个原因。第一，欧洲人口的物质生活条件在短期内的改善，使大部分人以前感受到的尖锐的紧迫感变淡了。第二，东欧剧变导致了与这些政权相关的一系列积极的社会理想的衰落。这两个因素都致使人们不太愿意考虑对社会经济制度进行大幅度改革的建议。

可以肯定的是，这种情况似乎不太可能持续。现实

---

① 参见他的著作 »Bürgerlichkeit« in *Betrachtungen eines Unpolitischen* (Frankfurt/M. 2001)。但托马斯·曼以其观点的分裂著称。

② Thomas Mann, *Schriften zur Politik*, Frankfurt/M. 1970. 这篇文章诞生于1939年。

地说，西欧舒适的资产阶级世界似乎濒临崩溃的边缘，当然，这不是任何形式的批评的结果，而是在任何西方议会无法控制的事件的重压下：世界人口的增加，不可逆转的环境退化，不同的区块上人类在经济上和政治上不断分裂，以及因资源稀缺而发生的军事冲突，海湾战争就是这种冲突的前奏，这种冲突将变得更加严重，直到经济体系的崩溃使得任何大体量群体和机器的组织都变得不可能，即便是为了战争的目的。

“批评”，尤其是“激进的批评”，本身就是资产阶级时代的女儿，而且不太可能超越这个时代。在十八世纪被称为(通常是贬义的)“热情”的各种形式可能会继续存在——宗教教义，情感上的民族认同形式，对各种传统习俗、制度或古老传说的基本依恋——这些可能仍然能够为人类生活提供一些方向，但这些正是“批评”最初要消解的东西。正如黑格尔清楚所见，批评拥有过它的时刻，当时有迫切的问题需要解决，对如何采取措施感到困惑，但也有足够的闲暇来反思。人们认为，系统性的、逻辑性的思考有助于消除系统性的困难。在急迫和需要即刻行动的情况下，如对于为找到足够的水而挣扎求生的人群，并没有批判性思维的位置。因此激进的社会批评的前景很差，它是一种非常昂贵的奢侈品。更重要的是，它是一种在实践中几乎完全没有效果的奢侈品。任何恢复批判传统的尝试都必须从对这些事实进行清醒的反思开始。

第三部分

内与外：批判的星群

反思，治疗，展示

——批判的形式

蒂洛·韦舍(Tilo Wesche)

韩骁　译

我们将如何以及作为谁理解我们自身，最终并不取决于我们进行批判的能力。对于我们来说，实行批判并且使其成为可通达的(zugänglich)，对于我们的自身理解来说具有核心意义。不过我们的批判能力被划定了狭窄的边界。批判的范围和界限根据如下标准得到衡量，即它是否到达了其接受者(Adressaten)那里，还是仍然无法通达。批判的独一无二特征在于这样一种针对相反立场而实行的辩护实践(Rechtfertigungspraxis)。它尝试在理由的媒介中，稀释人们的思维习惯，消除转化能力的伪装(Verstelltheiten eines Andersseinskönnens)，拆解对论证的免疫活动，或者对防御机制发动袭击——同时不会越界成为独裁。从对错误(Irrtümern)、强迫观念(Zwangsvorstellungen)和简单化(Simplifikationen)的区分出发，批判的如下三种形式——反思(Reflextion)、治疗(Therapie)和展示(Darstellung)将得到描绘。我们对批判和展示的统一，展示性的批判，有着特殊的兴趣，它将在方法、现象领域和作用力方面实行一种独立自主的辩护实践。

一、启蒙批判

尽管存在区别，但从黑格尔历经克尔凯郭尔和尼采再到《启蒙辩证法》的启蒙批判都同样从一种倒退的图像来把握现代性。他们以两种方式对未实现其可能性的现代性展开批判：作为现实批判和作为理性批判。前者针对现实性，其中现代性对自由和幸福作出的承诺并未得到兑现。由此它特别突出在糟糕的现实和其解放力量之间的矛盾，后者从自然科学、政治制度、文化自我确信在现代的进步中被释放出来。理性批判(Vernunftkritik)反过来朝向堕落为谎言和显象的合理性(Rationalität)。它批判启蒙走到了自身的反面，成了某种遮蔽物。

现代性的标志，与其幸福和自由的可能性相对立，就是遭受着有罪责的命运。[①] 苦难(Leiden)一直是一种负面的经验，它们不应当存在，并且人们根本上也不希望它存在。尽管他人的苦难也可以像我自己的苦难那样，作为一种实现目标的手段，但是它根本上并不是一种值得意愿和被亚里士多德规定为“善”的东西。但是我们也可能弄错“善”的含义，例如将其看作一种以苦难为真实内容的终极目标。我们可以强调自己的苦难，却从不把苦难当成一种无限制的、预先计划的意愿的目标。作为一种我们不能将其肯定为最终目标的负面之物，苦难一直违背我们的意图，并作为命运让我们遭遇。

现代性的各种病理学并没有消解在纯粹的所遭受的痛苦之中。一种它们共同承担的罪责残余，与荷马史诗式的命运力量形成对立，在其中无罪的奥德修斯被交付给命运，至多是能够通过某种诡计脱身。而现代性的罪责也和悲剧性的罪责不同，前者并非无可摆脱的罪责。现代病理学在其过错方面和史诗的-神秘的无辜有别，在其可避免性方面与悲剧性的罪责有别。苦难的现代形态体现为堂吉诃德的形象。在叙事诗(Epos)和悲剧的位置

---

① 这里我使用的概念“有罪责的命运”(schuldhaften Schicksals)来自迈克尔·特尼森(Michael Theunissen)的论述，参见：Ich beziehe mich mit dem Begriff des schuldhaften Schicksals auf Ausführungen von Michael Theunissen in：ders.，*Pindar. Menschenlos und Wende der Zeit*，München 2000；ders.，*Schicksal in Antike und Moderne*，Carl Friedrich von Siemens Stiftung (Reihe »Themen«，Band 79)，München 2004.

上，长篇小说(Roman)出现在了近代(Neuzeit)的入口处，并且在奥德修斯、安提戈涅和俄狄浦斯之后，一种新时代的苦难形态在堂吉诃德的历险中被表达了出来。伴随着宗教和传统伦理的决定性解释权丧失，在文艺复兴的入口处出现了一种确定的世界图景的消失和一种与日俱增的、要求合法性的压力。塞万提斯在骑士故事的可悲面貌中上演了苦难，它与其说来自世界的不明晰性，不如说来自一种简单化(Simplifikation)——一种对被简易化(vereinfachter)了的世界图像的恢复，以此堂吉诃德对不断增加的复杂性作出回应，并且使合法性的压力得到减轻。这种简单化是一种可得到书写的自我欺骗(Selbsttäuschung)，并且构成了联结命运和罪责的铰链，它也允许我们去解释，为什么我们要承担一种我们既不能意愿，也不能尝试消除的苦难。

唐纳德·戴维森在他关于自我欺骗的第四篇文章中以罗纳德·里根和老布什总统的行为案例开始，并不是一种偶然。[①] 认为意见(特别是自己的)比其实际所是更有根据，这样一种倾向特别符合政治判断的顽固尺度。塞万提斯通过堂吉诃德的幻象把这种偏见形式带到我们眼前，后者认为自己是一个巡游骑士(fahrenden Ritter)。巡游骑士从 1095 年起就流传下来，并且将基督教

① Donald Davidson，»Wer wird zum Narren gehalten?«，in：ders.，*Probleme der Rationalität*，Frankfurt/M. 2006，S. 354-381.

伦理如顺从、贫困、贞洁和异教战争(Heidenkampt)观念结合在一起。但是在文艺复兴时期(这时长篇小说已经兴起),巡游骑士无疑展现了一种倒退三百年的、中世纪的过时的东西。

同样在开始第二次旅程时,堂吉诃德和他临时招募的侍从桑丘·潘沙遇到了一个风车群,骑士立刻将它们认作了充满恶意的巨人。① 堂吉诃德和风车的战斗体现的滑稽之处在于,根本找不到能把风车混淆为巨人的原因,我们更多只能将混淆追溯到骑士"脑中的风车"。在他面前并没有什么东西能阻止他把一种开放的和自由的关系纳入世界,因而也根据事物所呈现出的一切表象来看待它们。堂吉诃德信以为真的东西和实际为真的东西之间的差异,首先表明将一般的风车和巨人搞混是可能的,其次也和他的自大有关,认为他一个人能够和"三十个巨人甚至还能和更多巨人"战斗。支撑着堂吉诃德假象的自由,在和桑丘·潘沙的关系中会表现得更清晰。当他自己能够从他那不起眼的随从那里得到关于处境的正确评价时,对风车和巨人的混淆就并不是由于理智能力的问题,而是由于意志问题。堂吉诃德本可以作出其他判断,并且意愿他的判断比其实际所是更加有根

① Miguel de Cervantes, *Der sinnreiche Junker Don Quijote von der Mancha*, übers. von L. Braunfels und durchg. von A. Spemann, München 1997, S. 67-69. 后面的引文都出自这篇文章。

据。鉴于这种自由，自我欺骗和错误能够得到区分，后者在奥德修斯非意愿的迷失方向和俄狄浦斯无自由意志的无知中得到表达。

堂吉诃德对理由的封闭是他自己选择的。一方面体现为在交流活动中对表达的拒绝。比如在和其侍从的谈话中，谈话本来能给他带来检查其判断的机会，但他显得并没有进入谈话，直到他在厌倦中最后终止谈话。他没有听从桑丘的考虑。一个讽刺性的反转是，桑丘自己甚至被怀疑为不忠诚的，因为(在堂吉诃德看来)他出于对危险战斗的害怕，才会把巨人当作磨坊。另一方面，偏见的证据还体现在堂吉诃德对现实的否定，特别是对他自己苦难的否定。他如此坚持他的意见，即使他自己的苦难已经给他带来了更好的指导。最后，第一个风车扇叶将他打倒在地的一击，似乎给堂吉诃德带来了修正其意见的可能性。换言之，他展示了自身的不明智，并且把他的不幸都归结为他的头号敌人、巫师弗里斯顿的干涉，他把巨人变成了风车，以此来剥夺堂吉诃德战胜它们的荣耀。

当然，人们并不仅仅从“磨坊”和“怪物”的字面混淆出发来看待堂吉诃德和磨坊的战斗。人们更多从中看到的是一种政治隐喻。几乎文艺复兴小说的每个插曲都被嵌入政治的意义环境当中。因此，堂吉诃德抢过理发师的碗，把它当成王冠来打扮自己的故事，在哈布斯堡王朝费利佩二世时期，给西班牙贵族的统治合法性带来了恶名。大量的故事嘲弄独裁统治，其中包括堂吉诃德释放被判处在船上划桨的恶劣囚犯(Galeerensträflinge)，却迫害和痛打无辜者的故事。塞万提斯对一种军国主义的批判也不容忽视，这种军国主义能够在每种模糊推测中发现战争的借口；此外，军火生意则是堂吉诃德唯一展示出对其有清楚理解的东西。对于桑丘追随的酬劳参照了为保持权力和发动侵略战争而结成的邪恶同盟。不过，没有什么比堂吉诃德对正义战争(gerechten Krieges)的辩护更能清晰体现自我欺骗的政治意义层面了。[①] 他的战斗似乎是“一种正派的战争(西班牙语：buena guerra)，并且借此将尘世中如此邪恶的坏人清除，是对上帝的伟大服侍”。塞万提斯这里借用了反转(Inversion)的技巧，以展现堂吉诃德的真正精神状态，这种精神状态和堂吉诃德本人所说出的话正好相反。被宣称为针对邪恶的“正义战争”的东西，实际上正是恶自身的一种表达，它就体现在这一判断的不正派(Unredlichkeit)上。

---

① 正义战争的概念包含了被辩护的战争理由(*ius ad bellum*)、对个别战争活动的辩护(ius in bello)以及战败者从占领法到自主性法的过渡(ius post bellum)。在关于正义战争的文章中——被辩护的战争理由(ius ad bellum)和对个别战争活动的辩护(*ius in bello*)是其中心——麦克尔·瓦尔泽(Michael Walzer)的文集十分突出：*Gibt es den gerechten Krieg?*，Stuttgart 1982；*Erklärte Kriege-Kriegserklärungen. Essays*，Hamburg 2003. 格奥尔格·克莱斯(Georg Kreis)编辑的文集能提供一个对历史学、法学、政治学、道德哲学观点的良好概览：*Der »gerechte Krieg«. Zur Geschichte einer aktuellen Denkfigur*，Basel 2006.

有人可能会反对：堂吉诃德和风车的战斗只不过给出了一个简单编造的、关于自欺的例子。有谁会真的把建筑和巨人搞混？堂吉诃德模型的描述力是否足够揭示作为自欺的判断(后者是和一个远为复杂的世界联系在一起的)？但是这种反驳是徒劳的：它就是通过堂吉诃德来展示的，自欺和简单化的纠缠关系。在故事中我们经常被提醒，“让他脑中有点东西的”(sein Gehirn zur Grütze)是数不清的骑士小说，在其中世界一方面被分成仙女、正直的王子和公主一方，另一方面被分成龙、巫师和僭主一方。这种简单化使他丧失了现实。实际上，堂吉诃德被束缚在(他所追求的)村妇或怪物的二元符码上；一旦遇到这个图式的不适用之处，他就无法辨认出事物本身。因为他只能感知到那些在落入善与恶的粗糙网眼中的东西，他看不到在他征战中实际遭受的苦难。他同样很少能认识到其苦难背后的罪责。但是被他首先弄成自欺原型的东西，正是他尤其不愿意看到的他自己困难背后的罪责。对他来说，每次冒险都以破碎的肢体和尊严告终，他却没有因此而希望寻找根本上的现实原因。他并不把那个把他打倒在地的风车攻击归结为他的假象，而是把它解释为真实有魔法的、具有陌生命运效力的、弗里斯顿的巫师力量。

简单化，把事实的复杂性压制在善和恶的僵化二元论中，是能够追溯到自由，并且据此被区分为错误(Irrtümer)和强制观念(Zwangsvorstellungen)的。错误由于误判事态具有过高的复杂性，而无意地并持续地对立于认识的兴趣。在强制观念中，信念则由于一种内在的强制——在这种强制下，那些威胁到受伤害自我的观念被拒斥——而被误认为是有根据的。简单化反过来又从其遭遇出发，不让自己被追溯到一种有目的的意图上。它更多是作为一种描述倾向，满足于对事态的熟悉，并且减轻进一步认知的负担。这种认知负担的减轻处在下述两种情况的中间地带——一边是有意欺骗的意向性(如谎言或阴谋)，另一边是因疏忽而无意犯错。简单化指示了一种主动的被动性(aktiv Passivität)，通过它我们使简单化发生。

堂吉诃德对战争的辩护可追溯到如下态度：根据一种(臆断地)确定的世界理解和生活理解而祛除令人不安的不明确性(Unübersichtlichkeiten)。它并不承认现代世界的自相矛盾(Ambivalenzen)，而是以对世界的抽象观点——它只是作出非此即彼的简单回应——来断然介入现实冲突。将骑士描绘为“悲剧形象”体现了一种对简单性和无罪责之丧失的哀悼，这种丧失已经给现代性打上了烙印。不过堂吉诃德并没有接受这种丧失。他通过简单化来反抗世界的不明确性。但是通过现实地选择他所臆测的理由，他承担了苦难背后的罪责，这种苦难似乎是作为命运降临的。

简单化并不完全和理性相对立。简单化并不是单纯的无知，而完全是一种得到辩护的意见，尽管相较于其实际所是，简单化被赋予了更多理由。但首先简单化并不是一种对应受谴责之愿望的表达。它没有和一种假象、一种为了假象而幻想的冲动结合在一起。它更多是一种对确定性的愿望的表达，这种愿望从一开始就不是非理性的兴趣。在此，堂吉诃德的形象向我们展示出，对于确定知识的需求是能够草率地得到满足的。随着传统主义者解释权的丧失，不仅发展出了解放的潜能；通过辩护活动，生命和世界意义也得到了确定。伴随合法性的压力，也发展出了要减轻这种压力的倾向。此外，设法让这一倾向得到满足的手段也和辩护能力一道被获得。如果我们自身解释和世界解释的确定性依赖于对它们的辩护，并且如果成功使被臆测的理由成为真实的理由，那么如果有必要的话，简单化就隐藏在那些似乎已经得到辩护的解释背后。

二、作为辩护活动的批判

“批判”这一表达属于这类概念，它的广为流传很容易扭曲它不易混淆的内容。从 κρίνειν 的原初词义出发，批判意味着“区分”。根据不同情况，不管批判是指向我们的认识还是行动，真和虚、好和坏的区别能够得到理解。现在，为了确定批判和判断的差异，上述意义将被弱化。只要在判断的概念中，能作出真和假、好和坏的区分，那么对如下问题的附加规定就是必不可少的，即基于与判断的划界，什么是批判。批判的种差(Differencia specifica)取决于，它的内部(Innen)和外部(Außen)、内在(Immanenz)和超越(Transzendenz)将如何得到称谓。

对内在批判(immanenten Kritik)来说，批判表明，它对于被批判者的辩护必然是可能的。不用诉诸第二方或第三方，而是说，和批判有关者必然能够理解和判定是否——如果是的话——以及为什么批判能得到辩护。批判针对某种关于明显知识的辩护，因而也针对其自我反驳。在这种内在的辩护形式中，康德的批判概念就已经凸显出来。在对一种纯粹理性批判的讨论中出现的双重第二格(doppelte Genitiv)——理性作为批判的对象，同时作为批判的实行者(Agens)——指示出，批判的辩护是由被批判者自身完成的。知识(das Wissen)必须像黑格尔描述这种内在性时所说，能够“承认”(anerkennen)知识据以得到评判的标准。①

我们可以考察所谓“正义战争”的例子，以此阐明判断和批判的区别。与此相关的道德判断要求一种有约束力的证明，据此可以评判某场或普遍而言的战争是正义的还是不正义的。但是当这种证明本身——它反对相信“战争会导向正义”的那一方——被攻击时，我们会说“批判”。在批判中，一种正义的观点会被证明为有约束

① Georg Wilhelm Friedrich Hegel, *Phänomenologie des Geistes*, Hamburg 1988, S. 64.

力的，同时也证明了，辩护指向的是一种推测性的正义观念的代表。在内在的辩护实践(Rechtfertigungspraxis)方面，批判和判断得到了区分。它们同样和行动(Handlungen)进行了区分。政治上的反抗、公民的不服从，甚至必要时国家被批准的暴力，都可以在批判的标记下发生，但它们并非批判，之所以如此，是由于它们不是辩护的形式。不过它们最终的合法性是通过其辩护的可能性才得到揭示的。但是它们有一种直接的实践用途，并且它们没有它们所指向的、要为之辩护的目标。

辩护实践关联于三个方面：诊断、分析、修正——批判的起点、对象和目标——的理由被给出。

(1)对于现实的诊断——它本不应如此——构成了每个批判的出发点：一种经受了打击的苦难；一种激发了冲突的不公正；一种让人愤怒的贫困。对于判断而言，这些诊断的动因并不是某种前提。关于战争是否正义的问题，对于道德判断而言，其可判定性也不取决于具体的情况。与此相反，如果不面对实际处境，谈论批判就是没有意义的，正是针对具体处境，批判才提出它的抗辩。即便是诊断和批判间的关联，也不属于“批判”哲学的明确自我理解，这种关联还是形成了隐含的语境，在其中活动着所谓的“纯粹”哲学，譬如康德的纯粹哲学。《纯粹理性批判》最终也以一种强化了的独断论(Dogmatismus)连同他治(Heteronomie)和不成熟状态

(Unmündigkeit)的后果作为出发点。[①] 黑格尔在《精神现象学》中恰好也典范性地展示了理性批判与时代诊断的结合，在此，意识的形态作为历史性危机经验的形态经受了批判。

(2)批判的对象和现存的坏事物(Schlechten)之原因相关。被批判的并不是坏的现实，而是使其可能的观点和信念。因此对正义战争之批判的对象，与其说是由它导致的苦难，不如说是作为其根据的正义理解。批判的分析工作正在于，重新建构否定要素及其原因的关联。批判在分析性的意义方面出现了如克尔凯郭尔对绝望和恐惧(Angst)的分析，在此苦难被追溯到一种对自主性(Autonomie)的弱化理解上；[②] 根据精神分析的处理方式，灵魂的困难被追溯到可能的"元场景"(Urszenen)上；[③] 同样因为马克思的资本分析[④]和批判理论的计划，

---

① 阿多诺正确地指出了康德主要著作的时代诊断背景，参见：»Kritik«，in：ders.，*Gesammelte Schriften*，Band 10.2，Frankfurt/M. 1977，S. 785-793，hier：S. 785 f. 阿多诺这里涉及的似乎是康德《纯粹理性批判》第一部序言的开头和第二版序言的结尾处(A IX bzw. B XXXIV)。

② Sören Kierkegaard，*Die Krankheit zum Tode*，Stuttgart 1997；ders.，*Der Begriff Angst*，Stuttgart 1992.

③ 不过在弗洛伊德的文本中批判的概念始终是含混不清的。关于批判和精神分析的关系，可参见约阿希姆·屈兴霍夫(Joachim Küchenhoff)在本书中的文章。

④ 关于马克思的批判思想，参见：Georg Lohmann，*Indifferenz und Gesellschaft. Eine kritische Auseinandersetzung mit Marx*，Frankfurt/M. 1991.

而对社会生活的异化(Entfremdung)和形变(Deformation)的原因作出研究。[①]

(3)批判的目标是对错误和坏事物的修正(Korrektur)。批判者不会仅仅进行解释，而是要进行改变。[②]错误和坏事物不应当仅仅被诊断和分析，而是应当通过批判被克服。通过修正的精神(Ethos)，如下问题成为中心：批判如何实际上达及它的接受者——批判成为实践的问题。批判的可理解性是通过其内在的程序而被实现的，特别是通过能使其批判得到辩护的表面(scheinhaften)知识。尤其是持有无根据的正义观念的人必须能够评判，是否他的正义理解要被再三考察并且最终被修正，以及如果是的话，为什么需要如此。克尔凯郭尔——他将其工作理解为一种对时代的修正——愿意去知道，因而在一种以占有[真理(Aneignung)]为目标的"间接沟通"(indirekten Mitteilung)的形式下实行批判。[③] 对于马克思和霍克海默而言，(以一种并非毫无问题的方式)批判性的科学应当在科学家和无产者的相互影响下，引发一种对被扭曲的意识

---

① Max Horkheimer, »Traditionelle und kritische Theorie«, in: ders., *Gesammelte Schriften*, Band 4, Frankfurt/M. 1988, S. 162-225.

② 基于马克思《关于费尔巴哈的提纲》第 11 条的精神，霍克海默使得批判理论和传统理论的特征间的对立变得尖锐化了，参见：Max Horkheimer, »Traditionelle und kritische Theorie«, in: ders., *Kritische Theorie*, hg. Von A. Schmidt, Frankfurt/M. 1977, S. 192.

③ 参见：Tilo Wesche, *Kierkegaard. Eine philosophische Einführung*, Stuttgart 2003, S. 165 ff.

进行修正的动力。[①] 借助修正的含义，对于社会理论，如此无可置疑的思想家，如施莱尔马赫，也和批判概念结合在了一起：在文本批判中不仅仅要对残缺文本(Korruptelen)、印刷和书写错误的解释与评判进行理解，而且，文本批判也是对其的订正(Revision)。[②]

三、内在的和超越的批判

区分真和假、存在和显象(Schein)的核心问题在于显象天然的不透明度(Opazität)：在显象的内部，显象并未被认作显象。例如，被错误束缚的人，恰恰不了解他的假象和偏见。因此只有从一个外部的视角，才能揭

① 马克思说："哲学把无产阶级当作自己的物质武器，同样，无产阶级也把哲学当作自己的精神武器；思想的闪电一旦彻底击中这块素朴的人民园地，德国人就会解放成为人。"〔Karl Marx，*Zur Kritik der Hegelschen Rechtsphilosophie*，in：*Marx Engels Werke* (MEW)，Band 1，Berlin 1974，S. 391，中文翻译见《马克思恩格斯全集》第 3 卷，人民出版社 2002 年版，第 214 页。〕霍克海默认为："如果……理论家和他的特殊活动被统治阶级看作一种动态的统一体，以至于他对社会矛盾的展示不仅仅被看作对具体历史处境的描述，而恰恰是在其中显现为进行刺激、变革的要素，那么他的功能就实现了。"(Max Horkheimer，»Traditionelle und kritische Theorie«，in：ders.，*Kritische Theorie*，hg. Von A. Schmidt，Frankfurt/M. 1977，S. 189.)

② "任务由……两个环节构成，即对错误的认识以及对起源的重建。"(Friedrich Schleiermacher，*Hermeneutik und Kritik*，hg. und eingl. von M. Frank，Frankfurt/M. 1977，S. 257.)

示虚假事物。例如，关于一种正义理解是否需要修正，只有从一种没有陷入可疑正义观念的立场出发才能得到判定。通过这种外部视角，批判及其对象作为两个相互区分的认识形态发生了偏离。批判的视角已经超出了一种表面上的知识。作为对其对象的超出(Überschreiten)，批判是从一种超越性的态度(transzendenten Einstellung)得到实行的。所以批判需要一种形式，它能够使内在的和超越的视角相交叉。①

---

① 关于内在和外在批判的图式，另参见：Raymond Geuss，*Die Idee einer kritischen Theorie*，Bodenheim 1988；Hinrich Fink-Eitel，»Innerweltliche Transzendenz. Zum gegenwärti-gen Stand kritischer Gesellschaftstheorie«，in：*Merkur* 528，Heft 3，47. Jg.，1993，S. 237-245；Axel Honneth，»Die Pointe der Anerkennung. Eine Entgegnung auf die Entgegnung«，in：N. Fraser und ders.，*Umverteilung oder Anerkennung? Eine politisch-philosophische Kontroverse*，Frankfurt/M. 2003，S. 271-305，besonders S. 274-285；ders.，»Rekonstruktive Gesellschaftskritik unter genealogischen Vorbehalt. Zur Idee der ›Kritik‹ in der Frankfurter Schule«，in：ders.，*Pathologien der Vernunft. Geschichte und Gegenwart der Kritischen Theorie*，Frankfurt/M. 2007，S. 57-69；Richard Klein，»Überschreitungen，immanente und transzendente Kri-tik. Die schwierige Gegenwart von Adornos Musikphilosophie«，in：W. Ette，G. Figal，R. Klein und G. Peters (Hg.)，*Adorno im Widerstreit. Zur Präsenz seines Denkens*，Freiburg，München 2004，S. 155-183；Marc Rölli，»Immanenz und Transzendenz. Kant-Heidegger-Deleuze«，in：*Dialektik. Zeitschrift für Kulturphilosophie* 1，2005，S. 79-96；Robin Celikates，*Gesellschaftskritik als soziale Praxis. Gesellschaftliche Selbstverständigung und kritische Theorie*，Frankfurt/M. 2009.

辩护问题产生于两个方面。一是内在批判无法全力以赴(Biss)。因为在一个可疑的价值视域中，自身的假象无法被看清，这也导致无法毫无保留地对其进行批判。二是外部批判反过来又缺乏规范性的基础。从外部对知识加以衡量的标准，对其自身也是不可洞见、不可通达的。因此批判必须从一个处在显象内部的内在视角出发为自身辩护，同时也要采取一种处在显象之外的超越视角。批判的标准存在于被批判者中，并且会超出它。内在和超越批判的观念确保了这种规范性的盈余(Überhang)。

如果批判不应当在某种权威的声音中烟消云散，那么被批判者自身也必须能够为自身辩护。然而对被批判者而言，这种辩护并不是能够毫不费力地获得的，因为只有从一个外在于它自身的视角，修正其知识的需求才能显示出来。一方面，批判不应该抛弃其要求特征(Forderungscharakter)；另一方面，任何家长制的、独断论的或者经验主义的动机都不应该被接受。所以，在不僭越为权威的情况下，一种知识如何能够进入批判，并且使人能反对其自我理解而进行知识修正?

下面我们将区分三种批判的形式，它们能够对此问题作出理由充分的回答：反思的(本文第四部分)、治疗的(本文第五部分)和展示的(本文第六部分)批判。因而借助反思、治疗和展示，我们既不涉及内在的也不涉及超越的批判，而是涉及内部(Innen)和外部(Außen)的不同配置(Konstellationen)。内部和外部配置的区分来源于各自的假象形态，批判指向这些假象，它们呈现出三种形式：错误、强制观念和简单化的形式。内部仍然在对表象性知识的辩护中保持不变的角色。与此相对，外部的图式则会发生变化。无论在假象方面是涉及错误、强制观念还是简单化，外部相应地会作为他者性(Alterität)、治疗干预(therapeutische Intervention)或感官过剩(Sinnüberschuss)发挥作用。尽管如此，批判的三种形式并不是相互排斥的，而是处于相互补充的关系中的，因为它们各自揭示了各种可能假象的一个片段，提供了彼此对于完整批判概念的补充。

四、反思的批判维度

批判性反思的范围包括了所有能够归属于人类知识有限性的东西。我们把这类由我们知识的自然界限导致的假象称为错误(Irrtümer)。反思旨在避免错误并且由此实现康德通过批判概念确定的任务。我们知识的可错性源于这样的可能性，即我们既可能切中也可能错失认识目标。如果我们错失了它，就会违背我们的认识意图。错误持续损害认识兴趣。这构成了它可悲的特征：错误在如下意义上出现、降临、被遭遇，即尽管面对认识兴趣它仍然取得了优势。

我们知识的有限本质在两个方面提供了解释依据。第一，它解释了错误的可能性、可错性或者知识的易错性。我们的知识是易错的，因为它最终依赖于很多背景信念。尽管如此，被社会、历史、文化的背景信念渗透的有限结构(begrenzte Gefüge)为以下事实提供了前提：我们的自我解释和世界解释在无限的解释可能性面前赢得了规定性。但同时，它也对以下情况负有责任——我们的解释缺乏目标，并且能够被假象战胜。背景信念所允许的视野，对于把握事态来说，却过于狭窄、片面、不完整或局限。

第二，知识的有限性解释了，为什么错误向我们展示了真实的假象。错误的现实前提在于，它对我们保持遮蔽。正是在错误的遮蔽中蕴含着错误的力量，俘虏了我们并且保持束缚。因此我们坚持错误，是因为我们不能如其所是地认识它们。这种在错误面前的失明是基于一种知识的整体论(Holismus)。对知识的每种反思，都要从该知识所属的那个信念整体中提取。因此批判不能够摆脱它与被批判者共享的前提。所以只要一种反思最终必须从其背景信念如表象性知识出发，那么它就被剥夺了以下认识，即是否在融贯性中，知识就无法实际上显现为不同于错误的其他样子。

为了避免错误，在反思中整合进一种外部的视野，或者用黑格尔的话来说，一种外部的反思就是迫切的。一种基于语境的目光必须与一种超越于语境的视角相交叉。外部在反思性批判中作为他者性发挥作用，并且向另一种视野敞开知识。他者性(Alterität)为他异性

(Andersheit)或者新事物担保了一种并不外在于，而是隶属于信念整体性的视角。它作为爆破力量发挥作用，使信念从内部得到质疑，譬如通过展示(方式)的变化，移动视线的角度以及打开新的入口。

根据契合(Eingespieltheit)的状况，信念改变着它们不被批判渗透以及坚决抵制反对意见的程度。无论错误能够多么顽固地扎根，揭示和订正知识的可能性从一开始就从未封闭过。对于错误的批判，其基本可理解性在于：不可靠的知识总是相关于自身可错性和批判需要(Kritikbedürftigkeit)的知识。在避免错误的案例中，批判和被批判者分享了共同的知识兴趣。这种避免错误的兴趣，必然不是首先被批判唤起的。因为它恰恰是这样一种认识趋向，其目标不存在于错误中；它在错误中否定性地显现为一种有效的，尽管未被实现的兴趣。因此，内部和外部的交叉在反思中有着收敛(Konvergenz)的形态。在反思中，一种统一的知识兴趣收敛着，这种兴趣不仅关心着批判，而且关心着其对象，即表象性的知识。在这一共同前提下，两种进一步的批判形式[①]并不能得到支撑。

五、治疗性的批判

精神治疗的对话构成了作为治疗的批判的模型。在

① 指治疗的批判和展示的批判。——译者注

其中，进行治疗的医生扮演着批判者的角色，他以规范性的方式获得对行动的理解，但在行动者面前，行动的意义却一直保持着伪装。这种误解[1]的原因并不在知识的本性，而在于一种保护性的、对于一种心理现实(psychischen Realität)的抵抗，这种心理现实威胁着已经不活跃的人格形象。行动的原因一直被伪装，因为它的意识被驱往一种稳定的心灵生活，并被强迫着实行"对自我的保护"。[2] 假象在这里作为强制观念出现，只要它在心灵的苦难前保持着保护中的动机地位。被这种苦难和对它的抵抗支配着，以至于自身的需要、愿望和动机都变得模糊不清，自我就"不再是自己家里的主人"。[3]

治疗对话的目标是和外部观察者视角以及解释学式的自我解释进行互动。治疗师基于其具有特权的观察者角色，尝试给患者的陈述分配一种解释，它超出了患者有意识的自我理解。对于治疗师来说，这在条件上是可能的，因为他并不被纳入(患者的)抵制进程中，这也使得他能够从外部对其进行解释。不过治疗师并不是未介入的旁观者，而是作为共同参与者，一道塑造了他们的

① 指治疗师对病人行动的误读。——译者注

② Sigmund Freud, »Hemmung, Symptom und Angst«, in: ders., *Gesammelte Werke*, Band 14, Frankfurt/M. 1999, S. 111-205, hier: S. 197.

③ Sigmund Freud, *Vorlesungen zur Einführung in die Psychoanalyse*, in: ders., *Gesammelte Werke*, Band 11, Frankfurt/M. 1999, S. 295.

共同场景，其中也包含了一些他的个人经历背景。① 但是，治疗对话的可能性条件恰恰在于，治疗师要处在须治疗的神经症之外。这样解释权就不在医生那里。医生的干预力量仅被限制在能够创造出一种“互动交流”(interaktiven Kommunikaiton)的范围内，这种互动交流能够为患者提供可能性，让他自己来完成解释的进程。② 因此，医生的任务就是，不被心理现实封锁道路而走进一条死胡同。在接受精神分析者进行(自我)解释的努力(Deutungsbemühungen)遭遇困境之处，在他们的解释进程又被带回一种习以为常的观点，或者甚至迫近中断之处，分析师的干预就是必不可少的，借此解释的进程可以得到推进。在解释进程被迫要中断时，对立于患者(的观点)而要求推进解释，这也辩护了将一般的治疗性干预当作批判的描述。然而，对话情境的前提是，医生和患者都作为一种共同认识兴趣的参与者而行动。但在排斥(Verdrängungen)的案例中，恰恰并非从一开始就

---

① Georges Devereux, *Angst und Methode in den Verhaltenswissenschaften*, Frankfurt/M., Berlin u. a. 1976; Stephen A. Mitchell, *Psychoanalyse als Dialog. Einfluss und Autonomie in der analytischen Beziehung*, Gießen 2005; Joachim Küchenhoff, »Selbstinterpretation, Beziehung, Deutung. Zum Interpretationsbegriff in der Psychoanalyse«, in: ders., *Die Achtung vor dem Anderen*, Weilerswist 2005, S. 249-260.

② Reimut Reiche, »Von innen nach außen? Sackgassen im Diskurs über Psychoanalyse und Gesellschaft«, in: *Psyche* 3, 1995, S. 227-258.

是如此的。在抗拒和批判间的棘手平衡中，一种共同的认识兴趣必须在对话情境里得到确立与加深。因而治疗性批判的目标最终体现为，将解释保持为一种共同的兴趣。当患者的认识兴趣转向抗拒时，批判就触及了自身的边界，因为对其人格形象的威胁逐渐增加，而能够面对被排斥者的前提尚未出现。相反，如果批判无视患者面对自身的可能性，那么它就僭越成了一种独裁。

六、作为展示活动的批判

展示性的批判并没有从一种批判应当关切的真理导向出发。它既没有像在批判性反思中一样，已经有了一种被共享的认识兴趣，也没有像在治疗性批判中一样，基于新要素变得稳定。展示性批判的对象领域更多是通过假象得到界定的，在其中欠缺一种真理导向。批判的辩护问题在此体现为：一个人如何能够被说服，来对其早先曾感到满意的信念进行修正。这种简单化的原型正是堂吉诃德背负着罪责的蒙蔽(Verblendung)。在艺术——借助《堂吉诃德》中的风车插曲——先给了简单化现象一个形象后，它又获得了一种概念的形式。除了托马斯·阿奎那关于忧郁(acedia)①的解释外，还有一种解

① 参见：Michael Theunissen, *Vorentwürfe der Moderne. Antike Melancholie und die Acedia des Mittelalters*, Berlin, New York 1996.

读的尝试涉及黑格尔关于“非真实意识”的现象学(Phänomenologie „des nicht wahrhaften Bewusstseins“)①、克尔凯郭尔关于恐惧(Angst)的解释②、尼采的文化批判③、海德格尔对非本真状态(Uneigentlichkeit)的分析④，以及萨特的“自欺”(mauvaise foi)理论⑤。

因为简单化是一种积极减少负担的行为——一种主动的态度，它能够令人满意地给出对之前问题的答案——批判性的反思则没有把握到这一点。简单化抵制这种批判，

---

① Georg Wilhelm Friedrich Hegel, *Phänomenologie des Geistes*, Hamburg 1988, S. 25, 62 f.

② Sören Kierkegaard, *Der Begriff Angst*, Stuttgart 1992. Siehe dazu: Michael Theunissen, *Der Begriff Verzweiflung. Korrekturen an Kierkegaard*, Frankfurt/M. 1993; Tilo Wesche, *Kierkegaard. Eine philosophische Einführung*, Stuttgart 2003, besonders S. 58-85.

③ Friedrich Nietzsche, »Morgenröthe«, in: ders., *Kritische Studienausgabe* (KSA), Band 3, hg. von G. Colli und M. Montinari, Berlin, New York 1988, S. 9-331, hier: S. 11-17; ders., »Die Fröhliche Wissenschaft«, in: ebd., S. 343-651, hier: S. 574-577.

④ Martin Heidegger, *Sein und Zeit*, Tübingen 161986, S. 114-191.

⑤ Jean-Paul Sartre, *Das Sein und das Nichts. Versuch einer phänomenologischen Ontologie*, Reinbek 1993, S. 119-160; 参见: Martin Löw-Beer, *Selbsttäuschung. Philosophische Analyse eines psychischen Phänomens*, Freiburg, München 1990; Allen W. Wood, »Self-Deception and Bad Faith«, in: B. P. McLaughlin und A. Oksenberg Rorty (Hg.), *Perspectives on Self-Deception*, Berkeley u. a. 1988, S. 207-227.

特别是对于他者性(Alterität)，简单化对其采取无视态度。然而如果从更新和变化的角度来描绘实情，那么一种展开着的力量正在拓展自身；但它在此唤起的是一种恐惧，这种恐惧能使得事物变成实际上不同于人们所愿意看到的样子。他异性(Andersheit)仅仅增强了对批判的抵制和对简易化的支持。因此针对批判的偏见并没有额外地被增强，它要求遭受偏见者不直接地、作为批判而遭到打击。放弃直接对抗的要求——而非消除这一要求——赋予了将自身限定于描述的展示性批判以一种反规范性动机。

对于展示性批判而言，核心的东西是其展示活动的自身目的(Selbstzweck)。在对反思性批判和治疗性批判的区分中，假象在此被展示，而并没有包含信念的或者治疗的目标。但是正是对于说服性或治疗性意图的取消，使得——看似是个悖论——展示活动能够真正地成为批判。不过展示活动把自身限定在描述上。这种展示活动的自我目标却释放出一种意义的盈余，它没有让展示活动归并为被展示物。这种超出合乎自身目的的展示活动之规范性盈余，使得偏见能够得到消解；尽管这并不能被强制发生。对象严格地通过对它的彻底展示而得到批判，并且对于一个有偏见的意识也成为可理解的。外部在展示性批判中具有一个规范性意义盈余的形象，它从展示活动的自身目的中被衍生出来。展示性批判以三种具有自我目标特征的展示形式而得到实现：作为艺术、作为对话、作为理论。

在下文中展示和批判的统一体将分别根据——按必

然的图式——艺术作品(第七部分)、对话(第八部分)和理论(第九部分)的线索得到论述。但这并不构成在展示性批判中的“居住权”(Heimatrecht)。展示性要素也可以在反思性的和治疗性的批判中得到实现。例如，艺术作品对于他者性可以扮演一个不可取代的角色。同样，叙述，作为展示性批判的核心构成了精神分析对话的稳固部分。艺术、对话和理论同样蕴含着批判的潜力，这在反思性的和治疗性的批判中并没有被创造出来。

七、批判作为审美的展示活动

艺术作品的自主性——能够摆脱政治的、神学的或审美的自然(Natur)的意图而自由展示现实，构成了批判的审美盈余的基础。为了用艺术的例子来实现对展示和批判的相互把握，我们已经通过此前在文学中采取的关于简单化的例子，而创造了一种根基性的起点。堂吉诃德这一小说形象在其叙述方面也是富有启发的，它对于对话内容的取消确保了形象具有持续的展开力量。关于这种不想如其所是地看待现实而造成的滑稽，小说既没有用一种教导的方式，也没有简单地报道，而是以一种故事的形式来讲述。在科恩(Korn)看来，堂吉诃德的简单化完全不具备能让主人公区分善与恶的道德情感。通过叙述性描述(narrativer Deskription)的抑制，堂吉诃德的假象和简易化在读者的眼光中成为真实可能的

(mögliche eigene)。从相关者的视角看来，被强化的信念在观察者自身那里就已经被质疑了。这种自身关联是作为艺术作品的盈余而发挥作用的，这种盈余并没有被消解在一种接受的目标或者一种认识意图中。观察者并非出于对抗假象的动机，而被共同带入一种持续的追问活动中，他似乎也并未意愿或追求这一点。但是小说在这方面的成功并不是基于任何一种自身所承载的批判诉求，而是因为批判被转译回了叙述。①

当然，为了实现艺术作品的自主性和进一步的审美批判，叙述并不是唯一的，却是一种突出的方式。阿多诺的美学提供了对自主性和批判之间关联的解释基础——与对叙述的解释无关。② 阿多诺把艺术作品的批

① 关于叙述和批判之间关联的问题，在实际的叙事理论中很少得到注意。我在这篇文章中提出了一个建议，参见：Tilo Wesche，»›Wenn ein Bär heult，dann er erzählt er wirklich was‹. Zur Narrativität bei Dylan und Cash«，in：A. Honneth，P. Kemper und R. Klein（Hg.），*Bob Dylan. Ein Kongress*，Frankfurt/M. 2007，S. 160-181.

② 关于阿多诺那里批判和美学的关联，参见：Richard Klein，»Ideologiekritik oder kritische Hermeneutik? Methodologische Aspekte einer Musikphilosophie nach Adorno«，in：O. Decker，T. Grave und F. Haberkorn（Hg.），*Kritische Theorie zur Zeit*，Springe 2008，S. 256-275；ders.，»Überschreitungen，immanente und transzendente Kritik. Die schwierige Gegenwart von Adornos Musikphilosophie«，in：W. Ette，G. Figal，R. Klein und G. Peters（Hg.），Adornoim Widerstreit. Zur Präsenzseines Denkens，Freiburg，München 2004，S. 155-183.

判性盈余（kritischen Überhang）描述为其语言特征（Sprachcharakter）。自主性释放出了艺术作品的雄辩性和类语言性（Sprachähnlichkeit），它也同样对我们说出某些我们基于自身力量无法展开的东西。这种类语言性的批判性内容在于，它释放出了关于现实的"真实经验"，这种经验曾经由于某种"硬化"（Verhärtung）而难以被通达。① 但让艺术作品承担照亮现实的作用，并不是出于一种道德的、社会批判的或者其他某种启蒙的目的，而是相反，出于对描述的限制。我们将对交流意图的消除表达为无目的性（Intentionslosigkeit），它描述了类语言性的显现活动。在对审美自主性和无目的性的讨论中，以下态度却并没有得到讨论：审美展示活动是从中性的视角并且借助不在任何地方的目光实现的。艺术作品让一种生存性的、历史性的或者政治性的现实得到彻底展示，尽管是通过一种不具有交往性的、规范性的和认知的目的的形式。阿多诺因此将自主艺术作品的雄辩性描述为一种"无目的"的语言。② 并非（基于）说教的意图（Überzeugungs-absichten）把现实带入了审美的展示活动，而是让某物得以显明的展示活动，通过

---

① Theodor W. Adorno, *Ästhetische Theorie*, in: ders., *Gesammelte Schriften*, Band 7, Frankfurt/M. 1997, S. 401.

② Theodor W. Adorno, *Ästhetische Theorie*, in: ders., *Gesammelte Schriften*, Band 7, Frankfurt/M. 1997, S. 274.

其内在逻辑实现了这一点。[1] 它既不是命题的逻辑也不是思维的逻辑，而是展示的逻辑，它赋予某物以不具有交流内容的表达。语词、声音和图像各自将自身与一种形式结合起来，借此某物可以因被展示而得到成功表达。

然而自主性并不就是展示的状况，而是其雄辩性的动态可能性条件。艺术作品成功使得现实得到展示，因此它基于与说服性的或交往性的目的相对立的自主性，开启了一个通达现实的入口。它的展示不服务于任何信念的或者劝说的目标，因此也不是被迫使的。但正是这种自足的克制使其能够打破思维习惯，并且让我们向面前的顽固限制敞开自身。正是在美学上对于交流意图的消除——它只是在表面上像是悖论——使得我们能够通达展示内容。

现在人们能够更好地理解，为什么艺术作品远离论证，却与辩护的实践活动交织在一起：正是通过给出根据，这也是批判的特征。然而就其不给出诊断、分析和修正的根据而言，艺术作品本身不从事辩护实

---

[1] 参见：Martin Seel，*Ästhetik des Erscheinens*，Frankfurt/M. 2003；ders.，*Die Macht des Erscheinens*，Frankfurt/M. 2007；Hans Ulrich Gumbrecht，»Epiphanien«，in：J. Küppers und C. Menke（Hg.），*Dimensionen ästhetischer Erfahrung*，Frankfurt/M. 2003，S. 203-222；Günter Figal，*Gegenständlichkeit. Das Hermeneutische und die Philosophie*，Tübingen 2006；Gottfried Boehm，*Wie Bilder Sinn erzeugen. Die Macht des Zeigens*，Berlin 2007.

践。艺术作品不提供根据，但是它的观察者提供。艺术作品能够从观赏者一方开展辩护实践，前提是他们既不回答也不提问。根据(Gründe)首先在自我追问的过程中扮演一个角色。艺术作品的听者、观看者或读者处在一种自我追问的过程中，在其中他自己会针对根据进行追问：为什么他应当以不同于以往的方式来观察事物？

八、作为对话性展示活动的批判

当被削减为只具有进行逃避的反思功能或者对错误的修正时，对话中蕴含的批判潜力就被低估了。相反，当批判被相信能够使人立刻摆脱对交流的严格拒绝，并且使人们进入相互对话时，它又被高估了。如果正确地理解，那么对话性批判的目标在于，在交谈内部采取一种对批判的开明态度。它是被如下问题触发的：如何通过对话、在谈话中实现批判的可通达性？如果有人满足于简单的答案，并且对于反对意见采取封闭态度，那么我们能对他说些什么？

哈贝马斯的交往理论基于三个理由，对于我们理解批判和对话的关系富有教益。第一，将理性从心灵领域向交往实践转移，以言语行为理论的方式确定语言的行动特征。它作为一种理想化(Idealisierung)，总是已经被参与者在话语实践中实际地相互假定了。[①] 第二，嵌入日常生活中的理性包含了一种对错误的避免，正如“批判自欺的力量”所体现的。[②] 自欺、对自己的不真诚和简单化都是同一种现象(减轻认知负担)的名称，它与(用哈贝马斯的话来说)真诚性(Wahrhaftigkeit)和无偏见性相对立。第三，交谈获得了“自我超越的批判性潜能”。[③] 交谈依靠自身的力量修正了对于其有效性诉求的拒斥。

我要针对哈贝马斯思想开端处出现的先验哲学路径，提出以下反对意见。交谈中去中心化的(dezentrierende)理性仅适用于公开、平等、无强制性的实用性(pragmatischen)前提，却不适用于真诚。[④] 后者是对错

---

① Jürgen Habermas, »Rationalität der Verständigung. Sprechakttheoretische Erläuterungen zum Begriff der kommunikativen Rationalität«, in: ders., *Wahrheit und Rechtfertigung. Philosophische Aufsätze*, Frankfurt/M. 1999, S. 102-138.

② Jürgen Habermas, »Richtigkeit versus Wahrheit. Zum Sinn der Sollgeltung moralischer Urteile und Normen«, in: ders., *Wahrheit und Rechtfertigung. Philosophische Aufsätze*, Frankfurt/M. 1999, S. 319-333, hier: S. 311.

③ Jürgen Habermas, »Richtigkeit versus Wahrheit. Zum Sinn der Sollgeltung moralischer Urteile und Normen«, in: ders., *Wahrheit und Rechtfertigung. Philosophische Aufsätze*, Frankfurt/M. 1999, S. 319-333, hier: S. 311, Hervorhebung von T. W.

④ 参见四个实用性论证的前提：Jürgen Habermas, »Kommunikatives Handeln und detranszendentalisierte Vernunft«, in: ders., *Zwischen Naturalismus und Religion. Philosophische Aufsätze*, Frankfurt/M. 2005, S. 27-83, hier: S. 54 f. und 57.

误进行批判的源泉，但不是“对自欺进行批判的力量”之源泉。在持续更具竞争性的和更强大的公开性面前，相对于不断更新的反对意见，为持续扩展的对话场域(Foren)进行辩护的压力虽然能够推进避免错误的进程，却无法推进对自欺的解构。没有被论证影响的人，也不会因为要求重视论证的压力提升而改变看法。这种理性理解低估了简单化的抵抗力量，以及通过简易化的方式抵消辩护压力的可能性。

对于简单化的批判力量大体上把自身规定为一种对话现象，其自身目的(Selbstzweck)在于产生一种意义盈余。这种意义盈余首先创造出一种批判的可通达性，并且使得进行简单化者的论证能够被理解。当某些东西能冲击人们长期以来的一般信念时，一场争论何为更好论证的对话就将被触发。盈余的意义与对论证的自身开放态度有关，它先于陈述和交流沟通。这种意义由自身目的的形式产生，在论证中被展现、代表、替换。在这样的对话中，没有什么不依赖于其交流方式(它被言说的方式)，而能说出的东西在此被交流。论证被说出，既没有伴随着要确定某种洞见的目标，也没有要相信其他洞见的意图。这样的对话并没有旨在从言说者或解释者那里获得知识成果。这种自相矛盾可以从结构上得到描述：一个被说出的论证与交换的和被计算利益的目标都无关，这种目标恰恰能够存在于一种证明或修正中。说出一个论证，其自身目的现在首先释放出了一种让-自身-被涉及(das Sich-ansprechen Lassen)。对话的意义盈余担保了为论证而开放的现象，不是因为它施加了一种辩护压力，并且迫使人持有信念，而是因为它值得被说出。说出某些东西——因为它值得被说出，是一种对自身权利的合乎自身目的的展示，它既不会在一种理解导向的(verständnisorientierten)言语行为中(如提示、通知)，也不会在一种赞同导向的(einverständnisorientierten)(规范性的、授权性的意愿表达，如允诺、宣告、命令等)、后果导向的或者表达性的言语行为中被消解。①

它的自我目的特征体现在，能够从他人的论证和言谈中获得经验。有所盈余的展开力量——它既没有消解在修辞中也没有消解在纯粹论证中——作为在对话中会面的经验而发挥作用。言说者在对话的执行(Dialogvollzug)中以一种表演性的(performativ)的方式，使得针对它的偏见被消除，并且把解释者拉入眼前的对话中。这种接纳的力量从公正廉洁的对话态度(借此论证得到捍卫)，以及无偏见的对话态度(借此对于倾向的自身论证得到确定)中得到支撑。真诚(Ernst)也属于这一类，借此反对意见被考量，坚定也是这样，借此人们能够尝试去理解。这种对话态度的特殊性在于两方面。第一，它

---

① 参见：Jürgen Habermas，»Rationalität der Verständigung. Sprechakttheoretische Erläuterungen zum Begriff der kommunikativen Vernunft«，in：ders.，*Wahrheit und Rechtfertigung. Philosophische Aufsätze*，Frankfurt/M. 1999，S. 102-137.

首先通过对话伙伴释放(freisetzen)出面对批判的开放性，而不是像在一种竞争情境中那样，预设(voraussetzen)这一点；并且因此，这种对话态度的成功也是由于第二点，即对话取消了说服性的意图和策略，也与竞争模型相对立。内在的对话动力能够破坏其中的偏见，并且促使批判——它并非先验地已经被给定的——变得更加开明。此外，展示性批判的观念也使得哈贝马斯对于文化批判和先验哲学的对抗能够发生。[①]“完全假象”的困境以及对它的批判并不适用于这里，因为展示性批判的观念并没有触及哈贝马斯关于自我超越之批评性潜能的基本思想。而在对简单性的批判中，对话的参与者们并没有被假定要遵循一种已经被给定的真理导向。不过它还是回到了一种交流自身内部的规范性盈余上。谈话似乎以自我修正的方式为一种既针对错误又针对简单化的批判创造了前提。通过谈话——由于对话中批判的盈余——简单化也被抵抗，它阻碍了自身的理性进而先摆脱了理性。

---

① 关于哈贝马斯对文化批判和先验哲学的对抗，参见：Jürgen Habermas, *Der philosophische Diskurs der Moderne. Zwölf Vorlesungen*, Frankfurt/M. 1985, besonders S. 130-157; ders., »Kommunikative Freiheit und negative Theologie«, in: E. Angehrn, H. Fink-Eitel, C. Iber und G. Lohmann (Hg.), *Dialektischer Negativismus. Michael Theunissen zum 60. Geburtstag*, Frankfurt/M. 1992, S. 15-34.

九、作为理论性展示活动的批判

对于概念的经验在理论的场域中与审美的类语言性(Sprachähnlichkeit)和对话性的会面相对应。根据黑格尔的观点,“经验”也是在这个意义下被理解的,在其中有局限的意识由于其概念而超出自身。① 正如批判是一种内在于艺术作品和对话的力量,它在此适合于概念性的思维。关于政治危机和社会冲突的单纯经验——黑格尔在《精神现象学》中描绘了其历史和逻辑——并没有开启批判意识。只有当经验及其概念性的“展示”携手并进时,经验才能够为批判所进入。② 借助所谓的绝对知识——它只为了自身而活动——《精神现象学》最终表明,(否定性的)理论观察是其动力源,它将相互冲突的意识形态推动到批判中。批判的力量不是通过辩护策略被制造的,而是“起源于”一种要实现自身目的的认识。③

黑格尔在《精神现象学》“展示非真实意识”的计划中

---

① Georg Wilhelm Friedrich Hegel, *Phänomenologiedes Geistes*, Hamburg 1988, S. 66 (im Original gesperrt), vgl. S. 63.

② Georg Wilhelm Friedrich Hegel, *Phänomenologiedes Geistes*, Hamburg 1988, S. 48.

③ Georg Wilhelm Friedrich Hegel, *Phänomenologiedes Geistes*, Hamburg 1988, S. 66.

勾画了一种几乎是强调性的(emphatische)展示观念。① "最容易的是，对有内容和可靠的东西进行评判；难一些的是对其进行把握；最难的就是将使两者获得统一的东西展示出来。"②对于简单化意识的展示将自身界定为一种"纯粹的观看"，其被动性在希腊文 θεωρείν 中也得到了思考。③ 理论性的展示活动包含了一种对被展示意识的评判，旨在不仅仅作为一种完全从其内在态度中揭示假象的、对意识进行提升者(Steigbügelhalter)而发挥作用。有局限的意识，就像黑格尔说的那样，"在其背后"并且"对它如何发生一无所知"地，从假象中脱离出来。④ 这里的必然性——借此上述过渡得以发生——并不意味着(相对于与此不同的传说)强制，而是意味着一种必然前提的不可消除性：如果一种意识超出了自身的局限，那么只有依靠精神，即以自身为目的的知识，它

---

① Georg Wilhelm Friedrich Hegel, *Phänomenologiedes Geistes*, Hamburg 1988, S. 62.

② Georg Wilhelm Friedrich Hegel, *Phänomenologiedes Geistes*, Hamburg 1988, S. 5. 以下观点受到迈克尔·特尼森(Michael Theunissen)的文章《展示和批判的黑格尔式统一》(*Hegelschen Einheit von Darstellung und Kritik*)的启发，参见：*Sein und Schein. Die kritische Funktion der Hegelschen Logik*, Frankfurt/M. 1980.

③ Georg Wilhelm Friedrich Hegel, *Phänomenologiedes Geistes*, Hamburg 1988, S. 65.

④ Georg Wilhelm Friedrich Hegel, *Phänomenologiedes Geistes*, Hamburg 1988, S. 68.

才能成功。但是一种强制性的过渡并非如此。艺术作品和对话同样不会强制得到一种观点——理论则必然如此——但是它们能够在反对意见反弹之处，将人们导向对批判的开放态度。这里它的推动力量并不是来自理论家的知识特权，就好像他能够凭借更深的和新的洞见，不受偏见蒙蔽而睁开眼睛一样。理论的-概念性的展示更多通过在其自身目的中的盈余而对批判成为可通达的。只有当理论(根据亚里士多德)在其效果和目标关联之外实行时，打破并且超越偏见的推动力才同理论结合起来。[①] 在理论认识中，现实性借助概念手段，以一种无实践利用价值的方式被展示出来。对于企业经济中效益压力的抵制，赋予了理论以顽强、坚持和坚定不移的特质，霍克海默和阿多诺关于"理论的不妥协性(Unnachgiebigkeit)"的思想，以及黑格尔所说的"纯粹思维知识不动心的宁静"都指示着这一点。[②] 在概念性的展示活动中，理论得以在现实中展开自身，而没带有任何说教意图或治疗意图的实践利用价值。它的自身目的由此释放出批判的盈余，这一点使其与自由漂浮的沉思区别开来。

---

① Aristoteles, *Metaphysik*, 982 b 27 f.

② Max Horkheimer und Theodor W. Adorno, *Dialektik der Aufklärung. Philosophische Fragmente*, in: Theodor W. Adorno, *Gesammelte Schriften*, Band 3, Frankfurt/M. 1997, S. 59; Georg Wilhelm Friedrich Hegel, *Wissenschaft der Logik. Die Lehre vom Sein*, Hamburg 1990, S. 23.

现在我们能更清楚地看到，在何种特定的意义上，批判和哲学是一致的。形而上学和先验哲学的设想，即认识兴趣是从本性(Natur)得出的，或者作为自发性(Spontaneität)从自身发端，和我们对于简单化的观察并不相容——人们在简单化的过程中放弃了避免假象的兴趣。从对简单化的诊断出发，人们更需要一种关于理性起源的理论，它解释了在何种范围内理性的真理导向能够出现和首次发端。此外，这种解释也赢得了对批判的重建，它能够消灭简单化。从简单化到朝向批判开放的过渡作为一种理性——真理导向、真实理由优先于虚假理由——的建立得到实行。这样一种理性的源泉是展示性的批判，它一并产生了通达理性的可能性。理性在此和展示性批判合而为一，通过它，简单化就被扬弃掉了。在这种特殊的视角下，用阿多诺的话来说，“把理性的现代概念和批判相提并论的人”①并没有夸大其词。

展示性批判在哲学中以各种方式被应用。当代批判(Gegenwartskritik)通过哲学展示的手段来实现，如克尔凯郭尔的间接交流、尼采的格言体展示形式，以及阿多诺的《美学理论》计划，它与其说是关于艺术作品的理论，毋宁说是一种将艺术作品的自主性与理论的自身目

---

① Theodor W. Adorno, »Kritik«, «, in: ders., *Gesammelte Schriften*, Band 10.2, Frankfurt/M. 1977, S. 785-793, hier: S. 785 f.

的相结合的尝试。对于伟大史诗的哲学解释也同样属于这一行列，如霍克海默和阿多诺在《启蒙辩证法》中出于风格意识(stilbewusst)为其喝彩。[①] 文本解释，特别是当其涉及荷马史诗——如在《启蒙辩证法》中一样——或者古希腊早期[②]歌词的内容时，确实是一种理论自足性的极端体现，它为时代诊断和当代批判加上了密码。对早期现代西班牙骑士小说的解释似乎也是如此。对堂吉诃德所展现的假象的现象分析和概念分析展示出，在多大程度上他关于正义战争的讨论是一种简单化的表达。在这方面，批判和理论的关系并不是一个仅仅在此终结的，而是到达了开端的论题。

---

① 参见《启蒙辩证法》："在讲述的瞬间，是内省(Selbstbesinnung)的力量被中断了。谈话本身、和神秘歌谣相对立的语言、回忆起已发生灾难的可能性，是荷马式逃亡的法则。逃亡的英雄作为讲述者总是不断出场，这并不是没有理由的。"(Max Horkheimer und Theodor W. Adorno, *Dialektik der Aufklärung. Philosophische Fragmente*, in: Theodor W. Adorno, *Gesammelte Schriften*, Band3, Frankfurt/M. 1997, S. 98.)在这类解释中，作者明确无误地表达了哲学性的自我理解。

② 参见：Max Horkheimer und Theodor W. Adorno, *Dialektik der Aufklärung. Philosophische Fragmente*, in: Theodor W. Adorno, *Gesammelte Schriften*, Band 3, Frankfurt/M. 1997, S. 98, Fußnote 1.

什么是批判

——一篇关于福柯美德的论文①

朱迪斯·巴特勒(Judith Butler)

孙铁根　译

从事批判，这意味着什么呢？我断言，我们当中的大多数都是在完全日常的意义上来理解批判的。但是当我们寻求对某一种立场的批判与更加普遍性的批判二者的区别的时候，我们就会感到迷惑。后者并不通过援引

---

① 此文一个简要的版本最初是2000年5月在剑桥大学举办的雷蒙·威廉斯讲座(Raymond Williams Lecture)提交的论文。我非常感谢威廉·康纳利(William Connolly)和温蒂·布朗(Wendy Brown)对之前的论文稿件提出的极其有帮助的评论。〔我们要感谢朱迪斯·巴特勒和译者于尔根·布伦纳(Jürgen Brenner)，他们非常友好地允许把这篇文章发表在本文集中。此文2002年已经发表在《德国哲学》(*Deutschen Zeitschrift für Philosophie*〔*DZfPh* Jg. 50, Heft 2, 2002, S. 249-265〕)上。——编者注〕

某种具体的对象而加以刻画。我们能否在不涉及批判本质——无论这种本质是什么样的——的情况下提出批判的普遍特征这样的问题？而且当我们提供了某种批判哲学的普遍图景，难道我们没有丧失哲学和批判二者之间的区别吗？而正是这一区别承担着对批判进行规定的部分功能。批判总是对某种建制化实践的批判，像某种话语、某种认识或某种制度。当它离开这样的活动而且只作为纯粹普遍化的实践出现的那一刻，它就丧失了其特征。然而即使是这样，这也并不意味着，普遍化(Verallgemeinerungen)批判是不可能的，我们事实上只能处于特殊性批判之中。完全相反，我们这里处于某种受到约束的普遍性领域，它涉及哲学的问题，但又是批判性地与之保持距离。

当前的这篇论文关注的是福柯，但是请允许我首先指出一个有趣的对比，对比双方是雷蒙·威廉斯和阿多诺在“批判”(Kritik/criticism)这一名号下以不同的方式试图实现的东西，和福柯在这一名号下试图理解的东西。在这一比较中得到澄清的是福柯真正的贡献以及他渐进性的(越来越接近)政治哲学这一点。

雷蒙·威廉斯抱有这样的担忧：批判这一概念不正当地被压缩为“吹毛求疵”(Krittelei)[1]这一概念，并且他建议我们吸收特别是文化作品的语言，这样的语言

① Raymond Williams, *Keywords*, New York 1976, S. 75-76.

“并没有接受作出(权利或义务)判断的习惯”。他建议某种像文化作品这种特别的回应形式，这种回应形式并没有轻率地普遍化。他写道：“必须总是要知道的是某种不是判断而是实践的回答(Erwiderung)的特殊性。”①我相信，这样的意见也能用来刻画福柯思想的路线，二者的关联在于，对福柯来讲，“批判”不仅仅是一种悬搁判断的实践，而且建立在这一悬搁(Suspension)基础之上，还开启了一种新的评估性实践(Praxis von Werten)。

对于威廉斯而言，批判的实践也不能还原为判断(及其表达)。阿多诺显然也说出了完全相同的话，当他谈及某种“危险”的时候：“归属性地(subsumierend)、不恰当地、指令性地对精神产品(Gebilde)作出判断，以及将其赤裸裸地包含在某种发挥作用的权力组群(Machtkonstellationen)中，而精神(Geist)的职责就是要看清后者。”②揭穿“权力组群”的任务由于轻率的判断这一典型的批判方式而失败。对阿多诺而言，这恰恰将批判者的判断程序(Verfahrens)与其被给予的社会世界相分离，而这一步就使判断程序所获得的结果失效，意味着“对实践的放弃(Enthaltung)”。关于批判者，阿多诺写道：“这就是他的主权，对对象提出更深知识的诉求，将其实际的概念通过脱离判断而分割出去，削弱这

① Raymond Williams, *Keywords*, New York 1976, S. 76.

② Theodor W. Adorno, »Kulturkritik und Gesellschaft«, in: ders., *Prismen*, Frankfurt/M. 1973, S. 23.

种实事的现实形态，这样的文化批判似乎就依赖于被展示的一系列理念(Ideen)并且对这些孤零零的范畴……产生了恋物癖。"[①]因此批判必须像阿多诺所理解的那样成为实践的一部分，范畴是如何建立起来的，知识的领域如何加以整理以及被范畴压制成似乎本身就具有封闭性的东西如何重新回来。判断对于两位思想家而言都是某种方式和方法，将某种特殊的东西归属到事先构造好的范畴之下，而批判就是要追问范畴这一领域是如何完成这种闭合性的构造的(verschließenden Konstitution)。对福柯而言，思考自由的问题和实际超越判断的普遍性伦理格外重要：批判性的思考就要呈现这样的尝试。

1978年，福柯作了一个名为《什么是批判》[②][③]的演讲，这一工作为他《什么是启蒙》(1984)这篇著名的论文开辟了道路。他不仅追问什么是批判，而且还试图理解批判所引入的提问题的方式，并且尝试性地勾画了它的

---

① Theodor W. Adorno, »Kulturkritik und Gesellschaft«, in: ders., *Prismen*, Frankfurt/M. 1973, S. 13.

② Michel Foucault, *Was ist Kritik?*, Berlin 1982.

③ 巴特勒的整篇文章都是围绕福柯的这篇经典文献展开的，《什么是批判》的中译本有两个：①[法]福柯：《福柯文选(Ⅱ)：什么是批判》，严泽胜译，169～198页，北京，北京大学出版社，2015；②[法]福柯：《什么是批判？/自我的文化：福柯的两次演讲及问答录》，潘培庆译，3～63页，重庆，重庆大学出版社，2017。此文的某些关键术语的翻译主要参考了第一个中译本。——译者注

工作(Tätigkeit)。在这一报告和由此进一步形成的论文的内容中，对待事态的问题方式(Frageform)可能是最重要的。因为正是“什么是批判”这一问题为批判事业提供了范例，并且不仅提出了这一问题(我们从事或追求的批判是什么?)，而且还谋划了某种提问题的方式，这种方式对于实施批判而言被表明是核心性的。

事实上，我的观点是，通过这一问题，福柯将批判看成完全不同于我们通常所理解的东西。哈贝马斯将批判工作变得极其有问题，因为他坚持认为，当在诉诸(zurückgreifen)规范对社会条件和目标进行评价性的判断这样的情况下，我们必须超越批判理论。这一批判视角本身的基础就是有问题的，它得剥夺(denaturalisieren)社会和政治的等级并且自身需要引入一种视角，通过这种视角能够与变得理所当然的世界保持某种距离。但是没有一种这样的活动(Handlungen)能向我们表明，我们应该走什么样的方向，还有它们也不能向我们澄清，我们这样的某个活动能否实现某种正当的规范性目标。因此，为了给出批判理论的首要基础(它使得强的规范性判断得以可能)①，这种视角的批判理论就要让位(weichen)于像交往行为理论这种更强的规范性理论。而且它还有一种意义，为政治赢得了某种有着清楚目标和规

① 关于批判理论如何发展到交往行为理论的有趣阐释，参见：Seyla Benhabib in：*Kritik*，*Norm und Utopie*. *Die normativen Grundlagen der Kritischen Theorie*，Frankfurt/M. 1992.

范性诉求的基础，并且使我们能够以此来评估被给予的实践是否服务于这样的目标。以这样的批判方式，批判在哈贝马斯自己发展出来的规范性(Normativität)的意义面前就是非批判性的。因为我们要做什么这一问题预设了，这个“我们”是被塑造的，而且它还预先断定，这样的活动对“我们”而言是可能的，以及预设了“我们”这种活动被限制和约束的区域。但是如果恰恰是这样的塑造和限制具有规范性的结果的话，我们就必须追问这种行动的价值，而且这对任何批判性事业的规范性问题而言都是非常重要的维度。

尽管哈贝马斯主义者想要获得对这个问题的解答，我在这不想对这个争论作更详细的讨论。我想要澄清两种批判概念的区别，一种是欠缺某种方式的规范性规定的，另一种是我想建议的，并不比通常所接受的批判更复杂的批判概念，我的这个批判概念自身带有强的规范性的职责，这些规范性职责在通常的规范性语法中很难或者不能被理解。实际上我希望在这篇论文中表明，福柯不仅为规范性理论作出了重要贡献，而且无论是他的美学还是对主体的辩护(Begründung)都与其伦理学和政治学以融贯的方式联系在一起。尽管有些人将其视为美学家或者虚无主义者而弃之不顾，我希望能够表明，他关于自我形成这一问题还有生产(Poiesis)本身的工作对于他所提出的压迫(Entunterwerfung/desubjugation)政治学是核心性的。一旦冒险从事某种不受真理支配

(Herrschaft)——或如福柯所说，不受其支撑——的生存方式，自我的形成与压迫以某种悖论的方式同时发生。

福柯从断定存在各种不同的“批判”概念的语法开始他的讨论。他对批判概念作了区分，一个被称为“崇高的康德式的工作”，还有一个被称为“琐碎的争执性的讨论”。因此他事先告诫我们说，批判并不是铁板一块，我们不能脱离各种不同的对象去定义它。通过其职能，批判在福柯看来就宣告为分散的(Zerstrennung)、依赖性的(Abhängigkeit)和纯粹他律性的(Heteronomie)。批判只存在于与其不同的某个他者的关系中。

因此福柯试图对批判进行界定，但是他能够确定的是，只可能对批判作一系列相似性的定义。批判依赖于其对象，只有根据这些对象才能有对批判的准确定义。而且批判的主要任务并不是要评价其对象——社会条件、实践、知识型、权力和话语——的好坏、高低，批判反而应该要型塑(herausarbeiten)评价体系本身。知识与权力处于何种关系中，以致我们的认识论的确定性被表明是对世界的结构化方式的支持，从而拒绝秩序的另外的可能性。当然我们愿意承认，为了能够确定地说这个世界以某种方式秩序化和应该秩序化，我们需要认识论上的确定性。然而某种知识型的确定性能够到达多大程度，才正好将另外一种思想的可能性排除在外呢？现在我们可以合理地问：这样的其他思考为什么是好的呢，当我们事先并不知道这种另外的思想能够产生更好的世界，当我们没有道德框架从而不能确定地断定其他的可能性或方式是否能产生这样的一个世界，我们能够确定性地用已经建立起来的标准去判断这个世界的改善吗？这是对福柯及其信众经常的反驳。我们是否应该承认，我们对福柯-批判的沉默接受，是否标志着他的理论并不能给出安慰的答案？我认为，我们能够从这一点出发，即被给予的答案的首要的目的并不是提供安慰（Beruhigung）。当然这并不会意味着，让人没有安全感的东西，按其定义（per definitionem）就没有答案。实际上对我而言唯一的答案在于，为了能够看清什么不能伴随所提的问题而纳入秩序（in Ordnung）之中，需要重新回到"批判"的更加基本的含义之中，并且为了能够对更加建设性地接近伦理学在政治学中的重要性有所概览，需要重新提出问题。人们可能会问，我这里所说的"建设性"是否要用规范和标准加以衡量，这种规范和标准我已经揭示出来或者当我提出这样的诉求的时候我对它完全掌握。这里我希望诸位有耐心，因为批判是某种需要耐心的实践，这一点已经得到证明了，就像尼采所说的，阅读需要我们要像奶牛一样行动，学会慢慢反刍的艺术。

对于我们这个时代的批判理论和后批判理论而言，福柯的贡献在于揭示出某种僵局（Sackgasse），这种僵局要求将批判作为实践来重新思考（überdenken），在其中我们追问最确定的思维方式的边界。这一思维方式，威廉斯称之为我们的“非批判的精神习惯”，阿多诺称之为意识形态(与“非意识形态思考”相反，后者并不能还原为“操作性符号”，而是致力于帮助事情本身获得其从支配性语言中切割出来的表达)。人们并不是转到对边界的兴奋体验之中，要么因为边界是危险和性感的，要么因为能把我们带入令人激动的邪恶边缘。人们追问认识方式的边界，是因为人们在其生活的认识论领域中已经陷入了某种危机。赋予社会生活规则化的范畴产生了某种不融贯(Inkohärenz)或者完全不能用语言表达的领域。从这样的状况中，从我们认识论之网的破碎中产生了批判的实践，并带有这样的意识：这里没有合适的话语或者我们的话语陷入了死胡同。实际上，强的规范性视角和批判理论之间的争辩，恰恰也会产生话语中止(Stillstand)的形式，而从中批判的必要性和紧迫性就出现了。

对福柯而言，批判是“未来或真理的工具、手段，但它并不了解，也不会碰巧成为这个未来或真理。它俯瞰着它想管辖却无能力控制的领域”①。因此批判就成为对已经建立起来的、规则化的认知方式的透视(Perspektive)，这种透视并不能直接被这种规则化功能所同化。对福柯而言，非常突出的是，这种对认识论领域的界限的揭示与美德的实践是联系在一起的，似乎这种美德与

① 译文引自[法]福柯：《福柯文选(Ⅱ)：什么是批判》，严泽胜译，171页，北京，北京大学出版社，2015。——译者注

统治和秩序是对立的，似乎这种美德自身就在于将已经确立起来的秩序置于冒险的游戏中。福柯非常清楚地表达了这样的关系，他写道："批判与某种美德有关。"他还说了某些可能会让人们吃惊的话："这种批判性的态度就是普遍意义上的美德。"

为了理解福柯将批判展示为美德这一尝试，我们得先有一个准备性的步骤。美德大多数情况下要么被理解为主体的某种特征或实践，要么被限定和规定为某种活动或实践方式的品质。它属于某种伦理，并不是在纯粹遵循某种客观的公式化规则或法规中就得到了实现。而且美德并不只是符合和适应某些事先被给予的规范。它跟这些规范处于一种更加极端的、批判性的关系之中，这被福柯看作是某种特殊的道德风格(Stilisierung)。

福柯在《性经验史》的第二卷《快感的享用》[①][②]的导言中对于他如何理解美德给了一个提示。在此处，他清楚地表明，他尝试做的就是要迈出"超越伦理哲学就是用来确定一系列准则"这一观念的步伐。因此，如同批判与哲学相交叉，但没有沦为哲学那样，福柯在导言中尝试将自己的思想呈现为——比如说是——某种非规约(nichtpräskriptiven)形式的道德考察。他在之后还以同

① Michel Foucault, *Der Gebrauch der Lüste. Sexualität und Wahrheit* 2, Frankfurt/M. 1989.

② 中译本参见[法]福柯：《性经验史》第二卷，佘碧平译，上海，上海人民出版社，2016。——译者注

样的方式追问道德经验的形式，这种形式并不通过基督教律法、规则或指令加以严格定义，似乎自我机械性地或千篇一律地屈服于它们。他告诉我们，他自己对于这个文本的写作就可以作为实践的例子，“通过寻求某种对他陌生的知识这样的方式去考察在他自己的思想中改变了什么”①。道德经验与某种自我-塑造(Selbst-Transformation)有关系，这种自我-塑造是通过某种陌生的知识形式导致的。这一道德经验的形式区别于对某种指令的屈从。实际上，福柯相信，他无论在哪里所寻求的那种道德经验，所从事的对道德经验的研究，首先或根本上都不能被结构化为诫命(Untersagung)和禁忌(Verbot)。

在《性经验史》②③第一卷中，他试图指出，被心理分析和结构主义者当作文化禁忌的理由和根据的原初诫命并不能被理解为历史上的常态。还有，从历史上看，道德体验并不能通过回溯到某个被给予的历史时期中占支配地位的一系列禁忌而加以理解。不过有待研究的规则必须要在与其相符合的压迫/主体化(Unterwerfung/Subjektwerdung，*subjectivation*)的经验形式的关系中加以研究。他断言，十三世纪的法律的管辖权获得了某

① Michel Foucault, *Was ist Kritik?*, Berlin 1982, S. 16.

② Michel Foucault, *Der Wille zum Wissen. Sexualität und Wahrheit* 1, Frankfurt/M. 1983.

③ 中译本参见[法]福柯：《性经验史》第一卷，佘碧平译，上海，上海人民出版社，2016。——译者注

种支配性地位(Dominanz)，而从古典文化中可以发现其在古希腊和古罗马实践或“生存艺术”(Existenzkünste)①中占据的支配性，这种古典文化关心的是自我与其自身的教养关系(kultivierten Beziehung)。

随“生存艺术”这一概念一起引入的是福柯对“有意向和自愿的实践”的引入和强调，特别是“每种实践并不只是为人们确定行为规则，而是让人们在某种特别的存在中加以改变，并且试图将其生活制作成作品”②。这一生活并没有简单地遵守某种道德规则或规范，被视为被型塑的、已经完成的自我适应于某种事先被给予的规则形式。而是自我本身按照这样的规则形成、处于其中并获得具身化，但是在自我塑造意义上的这一规范并不是外在的原则。福柯所说的并不是社会或“意识形态”的行为方式或理念，他关心的是“某种问题化，在其中存在本身并不能视为被思考的东西，而是从其中形成的某种实践”③。

很难完全把握这一诉求，但是他进一步指出，处理某个时代某些确定的问题的实践方式可以产生某种稳定的本体论作为其结果，而且这一本体论领域限制了我们对可能的东西的理解。只有借助这种在一系列实践中确立起来的支配性的本体论视域，我们才能理解已经形成

---

① Michel Foucault, *Was ist Kritik?*, Berlin 1982, S. 18.

② Michel Foucault, *Was ist Kritik?*, Berlin 1982, S. 18.

③ Michel Foucault, *Was ist Kritik?*, Berlin 1982, S. 19.

和有待形成的道德规则的关联方式。比如，福柯致力于详细地研究各种禁欲(Enthaltsamkeit)的实践，而且他将其与男子气概(maskulinem)主体的某种生产方式结合起来。禁欲的实践并没有证明为仅仅是某种固定的禁忌，而是服务于塑造某种明确的自我形式。更准确地说，自我的生产本身就是主体的某种特殊形式，这一自我是代表禁欲美德的行为规则的具身化。这一自我-生产(Selbst-Erzeugung)“是某种表现其权限和发挥其自由的活动的成型化(Erarbeitung)和形态化(Stilisierung)”①。没有阻抑快感本身(per se)的实践，只有快感自身的某种实践，某种在道德经验的语境下的快感的实践。

因此福柯在这一导言的第三部分表明，这里涉及的并不是道德规则(Codes)的编年史，因为这样的历史并不能告诉我们这些规则是如何被体验的，尤其是它没有告诉我们，这些规则需要和要求主体产生的形式。在这里他的分析听起来像现象学(Phänomenologie)②。但是在对把握道德范畴需要诉诸某种体验方式的超越中，我们还发

① Michel Foucault, *Was ist Kritik*?, Berlin 1982, S. 34.

② 福柯的思想尤其是考古学和谱系学的方法与现象学的关系一直为学界所关注。在《什么是批判》这篇文章中福柯提到了胡塞尔晚期对欧洲科学的危机的分析，指出胡塞尔研究意义是如何从无意义中发生的，而他的工作似乎是一条逆向的现象学路径，即追问无意义是如何从意义中发生的。他提醒我们，萨特的《恶心》与胡塞尔的《欧洲科学危机和超验现象学》几乎是同时出现的。参见[法]福柯：《福柯文选(Ⅱ)：什么是批判》，严泽胜译，183页，北京，北京大学出版社，2015。——译者注

现了某种批判性活动，因为主体与这种规范的关联既不是可预测的也不是机械性的。这一关联是“批判性”的，是就其以下意义上说的：它没有遵循事先被给予的范畴，而是自身与范畴领域产生了问题性的关联，并且至少潜在地与认识论视域的边界相关，正是在这个边界之内，实践得以形成。其所涉及的并不是将实践与某种事先被给予的认识论语境相联系，而恰恰是从批判中产生某种实践，这种实践揭露认识论视域本身的边界，并且让其仿佛是第一次在与其自己的边界的关联中出现。

此外还需要强调的是，这种问题性的批判实践与关系行为规则的自我-塑造(Selbst-Transformation)相关。这种自我-塑造是如何导向对边界的揭示的呢？这种自我-塑造是如何理解为某种“自由的实践”，从而理解为福柯的美德这一词的一部分的呢？

我们首先尝试去理解这里一直被问到的自我-塑造这一概念，然后我们去思考它是如何与作为我们思考中心的“批判”产生关联的。很明显，这里与某种行为规则有关，它是另外某种在与伦理规则的关联中所形成的伦理主体(它还是某种对规范的合法性构成危险的东西)。福柯把贞洁规则作为一个重要的例子。它总会涉及某种区分：一方面指违背道德规则的欲望，而不涉及欲望的对象；另一方面则是在某种伦理规划或任务中发展出某种欲望活动的实践。要求屈服于某种规范的规则的这一范例妨碍了我们的某些活动方式，因为起作用的禁忌反对某些欲望的发泄。然而福柯想要在这一范例中理解、体现和呈现的，被认为是形成某种行为方式的道德规定。福柯在这里所关心的似乎是，诫命和禁忌并不必然强制性地形成某种被动或非主动的伦理学，而是参与形成某种伦理的行为方式以及某种行为和快感的塑造形式。

我认为，福柯区分奠基在律令上的伦理学和参与自我塑造的伦理实践，能非常好地理解他在《什么是批判》一文中所阐明的顺从和美德的区别。福柯通过将美德与顺从相对立而对美德进行了定义式的理解，他指出，美德形式的可能性产生于与对某种权威的非批判性服从的界限(Abgrenzung)之中。

反对权威对福柯而言自然是启蒙的标志。而且他提供给我们某种启蒙的版本(Lesart)，它并不仅仅结合其自己的目标而得以开展，而且它还被识别出其在启蒙历史中具有的悖论(Dilemmata)。他向我们解释说，没有思考者愿意接受“启蒙”，但是这种反抗并没有使他对启蒙特征的标画失去价值，因为在这种对启蒙特征的标画中，福柯试图寻找某种在这种概念下还“没被思考的东西(ungedacht)”，由此他的历史书写是批判性的。根据他的观点，批判开始于对绝对服从这一要求的质疑以及对国家强加给主体的一切义务进行理性和反思性的评价。尽管福柯没有转向理性，他却追问了服从之所以可能的理性根据之标准。他特别关注这样的问题，如被限定的领域是如何形成主体的，这样的主体是如何又反过来塑造和改变这一限定领域的根据的。这样一种形成根据的能力与刚刚提到的自我-塑造的关系有本质性的联系。为了能够批判性地反对出现的某种绝对的权威，需要一种通过自我-塑造而得以实现的批判性实践。

然而我们如何从对服从命令的可能性根据的理解中达到对这种根据的真正表达(Formulierung)，以及在这样的表达过程中达到自我的塑造(并且最终质疑理性自身的领域)呢？这里涉及的是同一个问题的不同形式，还是不可避免地导向了另外一个问题？对根据的形式化表达这一自律性(Autonomie)的形成，这种自律性作为接受或拒绝某种事先被给予的法则的基础是不是等同于将规则接受为这一主体自身的自我塑造呢？正如我们所看到的，自我的塑造与某种伦理规范有关，也与被理解为塑造和重演的批判实践的某种"艺术"形式相关，由此可以得出，没有自我的话就没有接受或拒绝某种规则的可能性，自我是在对其所朝向的伦理要求作出的回应中得以形态化(stilisiert)的。

在要求服从的情况下，福柯找到了某种渴求，这种渴求背后的问题是"人们如何不被统治"。[①] 所引起的这种渴求和惊奇构成了批判的核心性的动力。当然这里还不清楚的是这种不被统治的渴求如何与美德相关。不过福柯说得很清楚，他并没有声称某种极端无政府主义的

① Michel Foucault, *Was ist Kritik?*, Berlin 1982, S. 11.

可能性，他也不处理人们如何彻底不受支配这样的问题。这里涉及的是这样一种对特殊统治形式的渴求："人们不受在某种原则名义下的如此这般的目的和程序的支配，以至于人们不被、不为此、不从中受到统治，这是如何可能的?"①

这就成为"批判态度"②及其特殊美德的标志。对福柯而言，这一问题同时开启了某种道德和政治的态度，"不被统治的艺术，即不以某种方式或为了某种代价而受统治"③。福柯也为我们刻画了这里所涉及的美德，它与对权力的强制及其代价、权力实施的形式及其实施者的拒绝相关。人们可以尝试相信，福柯这里只是刻画了某种反对(Widerstand)，但是这里"美德"取代了"反对"这一概念的位置，或者"美德"这个词成为重新刻画反对的手段。此外美德还被刻画为某种"艺术"，作为不受"如此多"(ganz so viel)统治的艺术。那么美学和伦理的关系在这里是什么呢?

福柯将批判的起源追溯到教会权威与对其的反抗的关系中。与教会教条相关意味着，"不想受其统治，排斥、拒绝或限制教会教职；意味着回到神圣文本之中；意味着要追问以哪种方式表达出了文本中的真理"④。而

---

① Michel Foucault, *Was ist Kritik*?, Berlin 1982, S. 11 f.

② Michel Foucault, *Was ist Kritik*?, Berlin 1982, S. 12.

③ Michel Foucault, *Was ist Kritik*?, Berlin 1982, S. 12.

④ Michel Foucault, *Was ist Kritik*?, Berlin 1982, S. 13.

且这一拒绝肯定是以某种可替代性或至少是正在形成的真理和正当性的理由之名义行事的。由此导向了福柯对"批判"的第二个定义的公式化"表达":"不想受统治……不想再接受这种法则,因为它是不正当的,因为它隐藏着某种根本的不正当性。"①

批判就是揭露这种不正当(Illegitimität)的东西,但并不是回溯到某种更根本的政治或道德秩序中。福柯写道,批判的规划"反抗的是统治及其所要求的普遍和永恒顺从的权利,不管是哪一种要求服从的统治,无论是君主、法官、教育者还是家长"②。但是这种批判实践并没有揭示启蒙的理论家所声称的那种普遍性的权利,而是"将其展示出来了"。不过它们并没有展示为实证性的权利。这种展示是某种对法律具有的权力进行限定的行为,是反抗和挑战权力更新程序的行为。这里涉及的是设置界限,从而接受问题的形式,并且在提出问题时能够让提问的权利变得有效。16 世纪以来,"如何不受统治?"这一问题具体化为"反抗的权利的界限是什么?"③"'不想受统治'就是指:不把权威说成是真的就接受为真的,或者,任何情况下都不能仅仅因为权威说是真的就把它接受为真的。这意味着,只有当人们自己认为这

① Michel Foucault, *Was ist Kritik?*, Berlin 1982, S. 18.

② Michel Foucault, *Was ist Kritik?*, Berlin 1982, S. 13 f.

③ Michel Foucault, *Was ist Kritik?*, Berlin 1982, S. 14.

样做的理由是充分的时候才会承认它。"[①]这样的情况下自然不能避免模棱两可，因为：什么能够成为接受权威的有效性根据呢？这样的一种有效性不是要归功于对权威的认可（Zustimmung）和承认吗？果真如此，这种认可所产生的某种理由与其有效性不完全是一样的吗？或者人们可以在之前已经得到揭示的有效性的基础上给出他的认可？这种先前的理由在其有效性中可以将某种认可变成有效的？在认可权威这一可能的情况下，认可成了有效性的判断标准，这样的话，福柯的立场似乎就被归结为某种形式的唯意志论（Voluntarismus）。然而他似乎给我们提供了关于"批判"的某种活动，即自由的实践，它并不能简单地被归为唯意志论。因为这种对绝对权威设定界限的实践根本上要依赖于知识所作用（Wissenseffekte）的视野，而这种实践就是在其中施展的。批判性的实践并不是从灵魂天生的自由中产生的，而是在一系列（已经存在的）规则（或准则）与行为的风格之间的互动性（Austausch）的熔炉（Schmelztiegel）中得以成型的，从而扩展和革新了事先已经存在的规则和准则。这种着眼于规则的自我的风格化被称为某种"实践"。

福柯关于认可行为的观点在弱的意义上与康德有点关系。认可的行为是一种反思性的活动，正是在其中人

① Michel Foucault, *Was ist Kritik?*, Berlin 1982, S. 18.

们赋予或剥夺权威的有效性。而这样的反思并不是在主体之内发生的。福柯认为这种行为带有风险，因为这种反思活动所涉及的并不是针对国家某项要求提出抗议，而是对使得这种要求合法和可能的秩序的质疑。如果这种抗议针对的是治理的有效性规则以之为基础的认识论上的命令，对这种命令“说不”就是要拒绝已经确立的有效性根据及其所标画的边界。它与将某种被给定的要求视为无效这一行为完全不同，而且更加危险。通过这种区分，我们就进入了与这种命令的批判性关系中，并由此产生了伦理上的原则。福柯称这种命令为“不合法”的根据，问题不在于它是不是完整或自相矛盾的或者导致了某种虚伪的道德立场。真正的问题在于，认识论上的命令为了要扩张自己的权力从而将道德和政治判断组织成总体性领域，从而完全排除了其与批判性的关联。它自身整理并穷尽了确定性的领域。我们如何既能质疑这种关于确定性秩序规则的无所不包的审查权，而同时又不陷入无知的危险和犹疑的理由中，因此让我们避免受到不道德、邪恶、唯美主义这些道德谴责呢？追问规则的边界这一批判态度并非道德性的。它自身如何行事才能够避免陷入其所批判的自然主义和道德概念之中呢？

通过区分治理和治理化(Regierungintensivierung)，福柯试图指出，被刻画为治理的装置(Apparat)已经侵入了被统治者的实践中，渗透到了他们的认知方式即存在方式中。被统治不仅意味着被强加给我们的存在的某种形式，而且还意味着对我们可能或不可能的生存条件的规定。某一主体形成于与某种已经确立的真理秩序的关系中，但是为了能够反过来悬置他自己的存在论根据，他也能获得把握已确定秩序的某种视角（Blickwinkel）。“当涉及的是治理化——使个体屈服于某种社会实践，而且是通过以真理为依据的权力机制——的时候，我想说的是，批判就是一场运动，主体赋予自身某种权利，从而去追问真理所产生的权力效果以及权力所产生的真理话语。”①

需要注意的是，这里所说的主体“自身获得权利”，是通过自我-分配和自我-权威化的方式，从而又凸显了诉求反思性的重要性。当主体激烈反对某种反作用的权威的时候，这是不是只是一种自动产生的运动？如果是的话，是怎样的区别让这种自我-分配和自我-关系作为“艺术”出现？福柯说：“批判是自愿不受奴役（Unknechtschaft）、反思性的不服从（Unfügsamkeit）的艺术。”②如果它在这一意义上是一种“艺术”的话，那么它就不是简单的行为，而且它不能完全归属于某种主体领域，因为它与所朝向的诉求处于塑造关系之中。而且其风格也是批判性的，因为它事先并没有完全确定在多大程度上在超越时间过程中包含某种偶然性，这种偶然性标志着所质疑的领域的秩序力量的界限。“意愿”的风格

---

① Michel Foucault, *Was ist Kritik?*, Berlin 1982, S. 15.

② Michel Foucault, *Was ist Kritik?*, Berlin 1982, S. 15.

化产生了这样的主体，它在某种已经存在的真理秩序中并不太容易知道什么东西。福柯更极端地解释说，批判本质上确保主体在“真理的政治”语境下去服从化（Entunterwerfung）。[①]

真理的政治属于权力关系，它事先已经确定了什么适合作真理，什么不适合作真理，从而把世界朝着某种规则和控制加以组织，并将其作为知识的被给定的领域而接受。我们能够理解到这一点的意义，当我们开始问：谁适合做人？什么可以作为内在的性别属性？谁可以有资格作为公民？谁的世界是真正合法的？作为主体我们可以问：在主体存在的含义和界限都已经确立下来的世界中，我是谁？当我开始问我是谁的时候，我有哪些约束性标准？当我开始变得在已经给予的真理体系中没有位置的时候，发生了什么？这是不是就是“在真理政治的游戏中对主体的去服从化”所说的意思？

这里所关涉的是本体论和认识论的边界的关系，我可以成为什么和我冒风险获得的知识这二者边界的关系。与康德意义上的批判相关，福柯提出了这样的关于批判自身的问题：“你可以意识到你的知识所达到的极点吗？”“我们的自由就在这里。”自由就产生于到达可能知识的边界这一时刻。以下面的形式开始一种问题实践

---

① Entunterwerfung 一词在中译本中译为“解除主体的屈从状态”，参见[法]福柯：《福柯文选Ⅱ：什么是批判》，严泽胜译，177页，上海，上海人民出版社，2015。——译者注

的时刻，就是在真理政治之内实施主体的去服从化："我，这个属于人类的东西，在屈服于普遍和特殊的真理的权力之下的这个边界、这个时刻、这个瞬间，到底是什么呢?"[①]换言之："当我面对当前存在的秩序的时候，我能成为什么?"如果在这一问题中涉及自由的游戏，那么这一自由的游戏参与(Spieleinsatz)就与福柯所说的美德有关系，其与某种思想和语言的冒险有关系，通过这种冒险，当前存在的秩序到达了其边界。

然而我们如何理解当前存在的这一秩序呢，我自身也参与到游戏之中了吗？福柯这里所刻画的受历史制约的存在秩序以某种方式与法兰克福学派的批判理论相关；他将"理性化/合理化"(Rationalität)等同于治理化对本体论产生的效果。结合后康德式的、左翼-批判传统，福柯写道："从黑格尔左翼到法兰克福学派都有对实证主义、客体主义导致技术和技术化之理性化的批判，它是对知识和技术的基础性规划之间的关系的批判，它试图指出，科学的天真妄想是如何与同时代社会本质性的统治形式结合在一起的。"[②]对福柯而言，当理性化致力于生态权力(Biomacht)的时候就获得了一种新的形式。对大多数行为者和批判者而言，他们很难认清"合理化和权力"的关系。纯粹认识的秩序，作为某种世界秩序的形式，没有简单承认其产生所受到的约束性。

---

① Michel Foucault, *Was ist Kritik?*, Berlin 1982, S. 27.

② Michel Foucault, *Was ist Kritik?*, Berlin 1982, S. 20 f.

我们很难看清理性化的效果的加强和总体化导致权力的加强所采用的形式。福柯问道，这种理性化是如何导致权力的狂暴(Furor)的。这种理性化能力在所有生命之流中的无处不在并不仅仅指某种科学实践的方式，“而且还有像国家组织、经济实践以及个人行为等社会关系”①。理性化能力获得了它的“狂暴”及其权限，在这一范围之内它征服、控制和渗透到主体之中。权力所确定的是主体能够“是”什么，它关系的是某种界限，超出这个界限它就不“是”了或者它陷入到某种悬置本体论的空间中。然而权力试图通过强制为主体划界，而对这种强制的反抗就产生于已确立存在边界处的自我的塑造之中。

批判的第一个任务在于识别“强制性机制与认识要素之间”的关系②。这里我们似乎也面临着认知的界限，这种界限不建立在任何必要性的基础上而实施着某种强制性(Nötigung)；这种界限只有某种在现存的本体论之内的安全性被置于冒险之中的时候才能被触及和追寻到：“如果不与某种特殊规则和强制性的体系(如某个时代的科学话语的体系)相符，就不能出现什么知识要素。如果强迫或奖励的能力不是科学的或者理性的或者是直接可以理解的话，也不会出现知识要素。”③而且福柯还

---

① Michel Foucault, *Was ist Kritik?*, Berlin 1982, S. 15.

② Michel Foucault, *Was ist Kritik?*, Berlin 1982, S. 31.

③ Michel Foucault, *Was ist Kritik?*, Berlin 1982, S. 33.

进一步指出，知识和权力最终是不能分开的，而是合谋(zusammenarbeiten)为思考世界建立了一系列精细和清晰的标准："这里所涉及的并不是描述知识是什么、权力是什么以及二者是如何相互压制或滥用的，而是要确立权力-知识纽带(Nexus)的特征，从而可以理解某个体系的……可接受性。"①

批判具有两重任务，除了考察为了在"体系的可接受性条件"下建立多少是体系性的世界的秩序方式，知识和权力是如何合作，从而在"体系的可接受性条件"之下建立世界体系性的秩序形式的，还要表明二者的"破裂及其形成过程"。这里所涉及的不仅仅是分离和识别出权力和知识的特殊的交汇点，正是从这一交汇点中产生了可理解事物的领域。而且它还要追踪通过什么样的方式，这一领域达到它破裂的点、不连续性的时刻、失去其可理解的要素的地方。也就是说，人们除了追问对象领域的构成条件之外，还要追问这一条件的界限，在哪一时刻这样的条件暴露了其偶然性和可塑性。用福柯的话讲就是："它还概要式地表明某种永恒的变动性，某种本质性的脆弱性：某种保持的过程(Prozeßerhaltung)和改变的过程(Prozeßumformung)之间的纠缠(Verstrickung)。"②

的确，这种在批判之内的动态实际上可以表达如

---

① Michel Foucault, *Was ist Kritik?*, Berlin 1982, S. 18.

② Michel Foucault, *Was ist Kritik?*, Berlin 1982, S. 39.

下：合理化在去服从化之中找到了其界限。如果主体的去服从化产生于这一时刻，在其中展示出了构成认识的理性化的界限，那么去服从化也恰恰标志着对权力认识的脆弱性和可塑性。

批判一开始就预设了治理化的强化以及主体总体化的失败，后者试图把握主体并使其屈服。而对这种关系的表述手段被福柯以一种令人不安的方式描述为虚构(Fiktion)。为什么是虚构呢？在哪种意义上说是虚构？福柯指的是"历史-哲学的实践"，其所关心的是"自己历史的构成：历史似乎也是虚构地制作(fabrizieren)出来的，就其贯穿真理话语的合理化结构和与之相结合的压迫机制二者之间的关系而言"[①]。也有方法论本身的维度，这种方法论参与了虚构，集中于虚构在合理化与去服从化之间、知识-权力的纽带与其脆弱性和界限之间的线索。我们并没有体验过这种虚构的方式，但当福柯诉诸尼采尤其是其谱系学(Genealogie)中虚构方式的时候我们就比较清楚了。

大家可能会想起，尼采——虽然道德谱系学对他而言似乎是去发现价值的起源——实际上试图找到，起源(Ursprung)这一概念是如何被建构起来的。而他用来澄清起源的方法就是虚构的。他讲了几则寓言，关于高贵的人(Vornehmen)的，还有关于社会契约的，还有奴隶

---

① Michel Foucault, *Was ist Kritik?*, Berlin 1982, S. 26.

在道德上造反的，还有一个是关于债权人和债务人关系的。这些寓言中没有一个能够在时间和空间上具体化，而且任何去找尼采谱系学在历史上的对应物的尝试都必然宣布为失败。实际上我们能够获得某种解释，发现价值的起源或起源的起源，从而能够弄清在价值起源的方式上历史是如何被虚构出来的。一个高贵的人宣称情况是这样的，它就成为事实：这种说话行动为价值奠定了基础并且是价值起源的某种超时空的动机（Anlass）形式。事实上，尼采自己的这种虚构的发明（Erfindung）也反映了这种创造价值的奠基行为。他不仅仅描述了这种过程，而且这种描述本身也是价值创造的一个例子，他描述的这个过程实际上是他导演（inszeniert）出来的。

这种意义上使用的虚构与福柯的批判概念是如何能够产生关系的呢？让我们想想，福柯尝试去把握在合理化之内去服从化的可能性，而没有预设在主体或某种奠基模式中反抗的起源。那么这样的一种反抗来自哪里呢？福柯是不是将其看作被合理化权力所束缚的人类自由的冲动？当福柯说到不被统治的意愿的时候，我们如何能够理解这种意愿的状态呢？

在回答这个方向上的一连串质疑的时候，福柯谈道："我并不认为，不受统治的意愿可以被视为某种原初的渴望。不受统治的意愿就是不为了某种代价而受人们支配的意愿。”[①]他进一步让我们警惕意志的绝对化，而这总是哲学尝试做的。他想避免他所说的“这种不受如此这般统治的意志在哲学和理论上的发作(Paroxysmus)”[②]。他说得很清楚，对这种意志的说明需要与其起源问题纠缠在一起，他几乎已经开始完成这种工作了，但是某种尼采式的固执仍然占据了优势。福柯写道：

> 我指的并不是某种原教旨的无政府主义，某种原初的自由，从根本上完全反对任何统治形态。我并没有这样说，但是我也不想完全将之排除。我的说明到此为止：因为我已经花了很长时间了；但我还是想问，人们是否想要寻找这种批判维度，这一维度对我而言非常重要。由于这一维度是哲学的一部分但同时也不是哲学的一部分……人们就必然不能关注批判态度的基础(Sockel)吗？这种批判态度要么是反叛的历史实践、对现实统治的不接受，要么是拒绝统治现实的个人经验。[③]

人们反抗治理化的支撑就是某种像“原初的自由”和“某种与反叛的历史实践相似的东西(Verwandtes)”。这

① Michel Foucault, *Was ist Kritik?*, Berlin 1982, S. 52.

② Michel Foucault, *Was ist Kritik?*, Berlin 1982, S. 52.

③ Michel Foucault, *Was ist Kritik?*, Berlin 1982, S. 52 f.

里说的是“相似”，很明显说的不是“完全一样”。福柯提到“原初的自由”的时候就已经放弃了它。在他已经说完之后，在他要表明他几乎要说之后，在他嘲讽式地都开始要接近这样的表达之后，他说：“我并没有说。”什么样的话语差点儿欺骗了他，差点儿让他屈服于这一概念？他从他所拒绝的概念中赢获了什么？对某种艺术形式而言，开展某种可伸缩的批判距离意味着什么？这里所涉及的距离是不是构成了惊奇和质疑的实践？批判的开场中包含着“自愿反抗的艺术”，这里所说的就是自愿或“原初自由”，但却是以一种揣测的方式，它是某种悬置本体论并让我们处于怀疑的悬搁(Schwebe des Zweifels)中的艺术形式。

福柯找到了一条被称为“原初自由”的道路，我认为，他是带着戏谑来说这个词的，带着快感和担忧。他的确这样表达，但是恰恰是在这个词出场的那一刻，使他豁免于本体论的责任并且同时释放出了这个词的特殊用法。这里他说的是原初自由吗？他想在其中找到避难所吗？他已经发现了原初自由的根源并享受其中？还是说他只是设定了它、提到了它、在没有真正用它的情况下用到了它？他引入它是为了让我们再一次感受到它的共振和知道它的力量吗？这个词的出场并不代表着对它的肯定，反而我们可以说，对它的这种表达充满了技巧，它之所以被表达出来是因为它经历了本体论的悬搁。我们可以说，这一言说方式使“原初自由”这一表达暂时性地脱离了认识论政治，而在后者中他能够体验同时也能够开展在真理政治之内主体的去服从化。因为当人们这么说的时候，人们同时可以不受这么说出的话的支配和影响。当然政治并不只是说话的事情，我在这里肯定不是以福柯的形式来恢复亚里士多德(尽管我承认这样做很有诱惑力，在这里我愿意将这一步作为某种可能性，而我自己还没有触及)。他报告结束处的这种表达态度体现出某种典范性的自由，这种表达并不是通过对某种不需要奠基的概念的提示，而是通过艺术性地从人们习惯性的话语限制中解脱出来的演示，这种话语限制指的是人们的某种自负，即人们只能在已经知道某种话语的基础的情况下才能表达它。

我认为福柯的这种态度是少有的无畏，因为这种态度知道，它并不能为原初自由这一断言进行奠基。而正是这样的一种不知道(Nichtwissen)，才使对其话语的某种特殊使用成为可能。任何时候他都冒着这种风险，这种叙述、这种坚持成了准备在认识论领域的边界上冒险的寓言(Allegorie)。可能这就是一种美德的实践，而不是像他的批评者所说的那样是一种道德绝望，因为这种实践预设了某种表达行为的价值，尽管这种实践不能被奠基或得到确保，但还是要设定它；而且这种设定表明了某种可理解性(Intelligibilität)可以超越权力-知识发挥作用的界限。正是由于这种实践向主体指明了对已经确立的权威保持批判性距离这一视角，这一实践就是最低限度的美德。但它也是勇敢的行动，它在没有保证的前提下行动，而且将主体置于其秩序边界的冒险游戏之中。如果这样表达的话，谁是福柯呢？通过这种表达，他为我们开展了什么样的去服从化呢？

获得相对于已经确立的权威的批判性距离，对福柯而言，并不仅仅意味着要弄清知识在主体塑造中所发挥的强制性的作用方式，而且还要将主体的自我塑造纳入游戏之中。所以福柯在《主体与权力》①中说："权力作用到我们直接、日常的生活中的方式是将个体进行范畴化分类并由此表明与其自我认同相关的个性。这种权力方式承担了获得承认以及承认他人这一真理的法则。"这一法则动摇或者破碎之时，就是承认的可能性自身陷入危险之时。当我们问我们如何说"原初自由"以及应该如何带有惊讶地说的时候，我们就是在质疑主体能否奠基于原初自由之上，并且以悖论的方式进入某种冒险的解放之中，这种冒险能够给予这一表达新的内涵和可能性。

最后我想回到《快感的享用》的导论中去，正是在那里，福柯将其感兴趣的实践称为"生存艺术"②，并且将其与自我和自身的塑造关系联系起来。这样一种表达方式更加接近被福柯解释为反基础主义这一特殊的美德形

---

① Michel Foucault, »The Subject and Power«, in: H. L. Dreyfus und P. Rabinow (Hg.), *Michel Foucault: Beyond Structuralism and Hermeneutics*, Chicago 1982, S. 208-226, hier: S. 212.

② Michel Foucault, *Was ist Kritik?*, Berlin 1982, S. 18.

式。就像上文所述，福柯引入“生存艺术”这一概念还表明了，生存的艺术产生了某种主体，它“让人们在某种特别的存在中加以改变，并且试图将其生活制作成作品”①。人们可能会认为，这一点证实了福柯将生存审美化从而压倒了伦理这样的指责。但我认为，他只不过是向我们表明了不诉诸某种单一意义上的生产就不会有伦理学和政治学。根据真理话语的原则塑造的主体还不是关注自我塑造的主体。参与到这种“生存艺术”中，指的是主体不仅是被塑造者（gefertigt）同时也是塑造者（fertigend），而他的被塑造形式（Geformtsein）和塑造形式（Formen）之间的界限，如果有的话，是很难划出的。因为主体并不是突然不被塑造而开始自我塑造的。与此相反，自我的形成建立了某种反思性，这种反思性不区分性地预设了塑造的重担。界限的这种“不可区分性”恰恰就是社会规范和伦理要求交汇的地方，这两者在自我塑造（Selbst-Bildung）的背景下形成但又不完全经由自我而形成。

尽管福柯在这个文本中非常直率地指出了他的意图和思考，但他也表明了通过对意图和思考的某种常规的概念性把握很难理解这种自我-形态。为了理解他在使用这一概念时对之做的修正，福柯引入了“服从方式或者服从/主体化”这样的表达。这一概念所表达的并不仅仅

① Michel Foucault, *Was ist Kritik?*, Berlin 1982, S. 18.

是主体如何塑造，还有它是如何自我-塑造的。伦理主体的形成并不仅仅是自我认识或自我注意的问题；它指的是“某种过程，在这个过程中主体的某一部分被划上了界限并成为道德实践的对象”。自我为自身划界，并且决定自我形成所需要的材料，但是自我所实施的这种划界是按照已经存在的不可争辩的规范进行的。如果我们认为这种自我塑造的审美形式是在伦理实践中得以具体化的，那么福柯想要提醒我们的是，这种伦理工作只能发生在某种更大的政治背景、某种规范政治学的框架之下。他说得很清楚，除了某种服从/主体化形式之外，并没有自我-塑造，也就是说，除了赋予主体塑造可能的规范之外，并没有自我-塑造。

我们默默地从关于主体的推论性概念过渡到了带有更多心理学意涵的“自我”概念，对福柯而言，后面这一概念带有更多的行动能力。自我是自身塑造的，但它是在塑造-实践的框架中塑造的，这种塑造-实践被刻画为服从/主体化的形式。塑造的可能范围尽管一开始就被服从/主体化这一形式所限定，但这并不意味着自我不能塑造自身或者意味着自我是完全被塑造的。完全相反，它不得不自我塑造，但是得在或多或少已经被给予或被标画的形式之中。人们也可以说，主体不得不在或多或少已经存在的实践中形成自身。然而可能这种自我-塑造并不服从加于自身的塑造原则，这样它就成了某种实践的美德，通过这种实践，自我在去服从化之中塑造自身，也就是说，它可以冒险塑造主体，并采取一种本体论上更加不确定的立场，这一立场重新提出了这一问题：这里的主体是谁？什么可以算作是生命？这种伦理问题的出现难道不是要求我们为了从事更加冒险的实践而打破思维惯性，从而尝试超越局限性（Zwängen）而获得一种艺术化的成就吗？

于尔根·布伦纳（Jürgen Brenner）译自英文版

谱系学的批判

马丁·萨尔(Martin Saar)

韩骁　译

要回答关于批判的本质、权利和可能性的普遍问题，那么思考一下批判的各种特殊形式就有重要的意义。因为关于批判的哲学理论就要使得如下事实变得正当，即有大量充满变化的批判实践，它们之间的相互关联无法通过它们自身得到理解。从对批判思维和批判写作的个别案例之具体描述出发，我们能够评估，借助何种成果、在何种限度内，这种形式的个别案例能够作出评价性的区分，即实现批判。因此哲学传统不仅仅追问它包含何种“批判的”和“非批判”的思维形式，而且同样把自身理解为不同批判模型的丰富蕴藏，并且总是能从当前目标出发去评估其可利用性。

弗里德里希·尼采和米歇尔·福柯各自在特定的工作阶段和在一些文本中实践了某种他们共同称作“谱系学”的东西，乍看上去首先这是一种书写历史的特定方式。但同时，他们在这一范畴下的哲学的-历史的著作——如尼采的《论道德的谱系》(1887)和福柯的《规训与惩罚》(1975)——显然不仅仅是一种历史传记性的(historiographische)计划；它们同时是对于其社会价值、实践、机制的卓越否定和拒绝，这些社会价值、实践和制度的历史在这些著作中得到叙述。《论道德的谱系》显然践行了一种激进的道德批判，《规训与惩罚》则显然是一个社会-制度批判的文本。因为这些文本所完成的，是一种对于其对象的挑衅性书写。它们激发起了一种目光-视角的转换，据此它们所处理的内容(“现代”的道德、“现代”的惩罚系统)不再像从前那样被看待。它们产生了这样的效果：虽然根据形式它们是纯粹的历史展示，但是它们包含了关于价值和制度的起源、发生和来源的论题与思辨。

谱系学的文本展现了批判的效果，在这个影响背后，我们可以断言：它实际上产生了一种特定的批判形式。谈论作为批判的谱系学或者作为一种自成一类的(sui generis)批判形式的谱系学的批判，就预设了批判的效果是此文本的本质特征，并且它的实现本质上也依赖于它的特殊文本性质和哲学论证。由此观之，谱系学批判的程序就和其他某种内在的、解释性的或者重构性的批判程序不同，并且它也表现出某种和这些程序不同的东西。①

要兑现这一论断，首先就需要对以下问题进行阐明和准确的描述：这些文本被其作者称为“谱系学”的文本要“做”什么。这要求对于尼采的和福柯的文本进行一种准确的和系统的阅读，同时对于这些能够对谱系学文本有构成性作用的动机进行规定。随后是从普遍意义上追问谱系学批判的可能性，以及其方法论的、体系性的和形式的意蕴，即追问作为批判的谱系学的效果。所提出的问题是：凭借何种方式，依据何种权利，谱系学的文本能够做出如下事情——它明显做出的事情——即通过历史化(Historisierung)和情境化(Kontextualisierung)撼动某些事物的有效性。在历史化和批判之间的关联不是直接的，因为来源和价值、发生和有效性在逻辑

① 关于批判的各种形式的讨论，参见：Michael Walzer, *Kritik und Gemeinsinn*, Berlin 1990, bes. S. 11-79, und Mattias Iser, *Empörung und Fortschritt. Zur Idee einer rekonstruktiven Gesellschaftskritik*, Frankfurt/M., New York 2008, Kap. 1. 关于谱系学批判特殊性的追问，参见：Rudi Visker, *Michel Foucault. Genealogie als Kritik*, München 1991, Axel Honneth, »Rekonstruktive Gesellschaftskritik unter genealogischem Vorbehalt. Zur Idee der ›Kritik‹ in der Frankfurter Schule«, in: *Deutsche Zeitschrift für Philosophie* 48∶5, 2002, S. 729-737, und Martin Saar, *Genealogie als Kritik. Geschichte und Theorie des Subjekts nach Nietzsche und Foucault*, Frankfurt/M., New York 2007, besonders S. 293-346.

上是不相互依赖的，并且从纯粹的事实变化来推断其有价值或无价值，是得出了一种“发生学的错误结论”。

在下文中我们将提出一种重构的建议，据此在谱系学的文本中恰恰能够得出一种历史性和价值性的复杂关联，由此这些文本能够成为一种具有批判效果的哲学性历史书写的裁判者(Instanzen)。根据这种解释，狭义上的“谱系学”，在尼采和福柯所实践的意义上，是一种批判性历史化的形式，因而也是一种与其他程序不同的、最高的特殊批判程序；并且如他们的文本所展示的，这种批判程序对于特定的对象而言，能够以特别有效的方式承担批判的功能。为了粗略描绘这种重构的和解释的建议，首先应当使谱系学文本的构成性要素得到规定(本文第一部分)——在如下事实得到展示之前：尼采和福柯的文本隐含地追随着批判性展示的这种谱系学逻辑(本文第二部分)。最后要讨论的是，何种特征使得谱系学批判能够充当今天社会理论之问题设置(Fragestellungen)的有效手段(本文第三部分)。

一、谱系学的要素

什么是谱系学，它如何发挥作用？在很多评注里，尼采——在其《历史的用途与滥用》(1874)中针对历史学知识本身的价值，对历史学的教化理想(Bildungsideal)

之早期批判，就已经说明了——都澄清了，在其著作中，关于道德价值之所谓“起源”的谱系学-历史学叙述发挥着一种特定的作用，并且只能从它们出发进行理解。[1]在《论道德的谱系》的重要纲领性前言中，尼采将针对“道德之价值”的问题看作他自身的(eigentliche)目标，是他“心中的关切”，并且相对于“关于道德起源的自身或者外部(fremdes)假说而言”，是“某种重要得多的东西”。“更[准]确”([G]enauer)地说，关于历史起源的假定知识(Hypothesenbildung)似乎恰恰是“为了实现一个目标”的“多种手段之一”，此目标即提出关于价值的问题。[2] 这一问题指向归根结底在于，要处理“作为问题的道德”。[3] 但是关于这个问题，一种就“何种社会在历史学中(historisch)遵循何种准则和规范”而展开的、纯粹经验的-比较的资料收集，还不能给出任何答案。并且关于道德体系事实上的多样性——要么是基于其隐含的具

---

① Alexander Nehamas, »The Genealogy of Genealogy: Interpretation in Nietzsche's *Second Untimely Meditation* and in *On the Genealogy of Morals*«, in: R. Schacht (Hg.), *Nietzsche, Genealogy, History: Essays on Nietzsche's* Genealogy of Morals, Berkeley 1994, S. 269-283.

② Friedrich Nietzsche, »Zur Genealogie der Moral« (1887), in: ders., *Kritische Studienausgabe* (KSA), Band 5, hg. von G. Colli und M. Montinari, Berlin, New York 1988, S. 245-412, hier: S. 251.

③ Friedrich Nietzsche, » Die fröhliche Wissenschaft « (1887), in: KSA, Band 3, S. 343-651, hier: § 345, S. 579.

有普遍性的核心内容，要么是基于每种道德间完全的无约束性和相对性——而提出的其余哲学解答，也是不充分的和在哲学上不被允许的普遍化(Verallgemeinerungen)，它们对于尼采来说是“[两]种同样巨大的幼稚行为”。①

对于道德的谱系学-历史学研究因此自身并不构成目标(Selbstzweck)，但同样它们也不是为了对道德作出相对主义的质疑或者普遍主义的奠基而提出的论证。对于道德者的非自明价值的严肃追问，或者换言之，对于道德的问题化来说，它是功能性的——“多种手段之一”。但仅当它超出对于道德的或多或少合理并且可校验的历史书写时，关于起源或来源的假说才能实现其目标。同样，尼采在文本中所展现的半格言体和论战的形式表明，只有借助一种哲学和修辞手段的新型武器库(Arsenal)才能解决对于“道德价值”的追问。即使确实不可能在严格意义上，把尼采这里得到筹划和实践的谱系学书写方式称作一种“方法”，但正如在对尼采19世纪80年代的著作和首先对《论道德的谱系》的详尽解释中所展示的，至少这种谱系学具有一种特殊性，我们在很多福柯的著作中也能在相关的类比意义上再次发现这种特殊性。②

① Friedrich Nietzsche, » Die fröhliche Wissenschaft « (1887), in: KSA, Band 3, S. 343-651, hier: § 345, S. 579.

② Martin Saar, *Genealogie als Kritik. Geschichte und Theorie des Subjekts nach Nietzsche und Foucault*, Frankfurt/M., New York 2007, S. 97-157.

从原则上说，谱系学的历史化从当前出发，书写其假定的、虚构的或者思辨的前历史，这是完全普遍可行的。在历史化的迂回道路上应当显露痕迹的“问题”，因此也是一种现实的问题；表述它的手段是通过对于起源和来源场景的建构，来保持一种历史学的距离(Distanzierung)，在此与当前疑难相关的某些东西能够得到展示。为了能够达到这种效果，谱系学的历史化开展了一种哲学的和修辞学的高阶且具有丰富前提的复杂展示机制，它可被分为三个中心要素。第一，谱系学预设了一种“自我”(Selbst)的或者主体的特定历史学面貌，并且因而预设了一种关于“自我”的历史性和可变性的主题。第二，它也包含了如下主题，即主体性和权力间的构成性关系或者“自我”的权力规定性。第三，这些展示和论题也将在一种确定的叙述-修辞和赤裸的(drastischen)形式中得到呈现。看起来，似乎在这种形式中，如下论题获得了一种紧迫性，即与在发生学上可理解的、强力的或具有暴力形式的主体性特征相关的论题，它促使我们对于如下信念进行表态或者检验，这些信念涉及对主体性的权力交织的特殊形式之证明。

从尼采《论道德的谱系》的典范案例中我们能看到，在展示程序之要素的复杂交互作用中，一种批判的效果如何被生成。道德的谱系学历史书写因此不仅仅(tout court)是简单的历史，而是一种“自我”(Selbst)的或者自我形成的和自我塑造的程序、价值和制度之历史，且指示着权力的随机效果；这是一种在“自我”(Selbst)的权力历史形式中的自我历史，它在一种特定的夸张-戏剧化方式中被阐述。因此尼采的谱系学被证明为一种特殊文本形式的案例，它在历史的和发生学的场景中，有着复杂的主体和权力理论的意蕴，以一种特殊的方式得到呈现，并且指向一个潜在的读者群体，他们把这些主题理解为关于其自我生成(Werden)的可能真理，并且希望通过一种夸张的技艺激起一种生存论的表态。

根据这种重构，以上所说的三种要素(主体理论、权力分析、展示形式)就构成了谱系学文本中本质性的和不可还原的组成部分：如果没有在权力场域中关于主体的历史性(Historizität)及其实践的被建构性(Konstruiertheit)的高阶理论前提，从支配(Unterwerfung)和争辩的社会动力学角度提出的、对道德价值和道德态度形成基础(Entstehungsgrund)的谱系学阐释就是不可信和无动机的；但是如果没有其特殊的表演性和煽动性的展示形式，抽象的和历史的主题在生存论上就没有影响。“自我”或者主体是在全部三个层次上展现的：它在谱系学中以三种方式和一种“自我”关联。第一，关于它首先可以断言，它是以特殊方式生成的；第二，它是通过权力形成和瓦解的；第三，它自身应当作为谱系学书写的一个杰出对象而在文本中重新被发现。因此尼采的谱系学包含一种对于主体性和主体化实践的多重问题化和批判性展示。谱系学因而是“自我”之生成批判(*Gewordenheitskritik*)的历史化，是偶然的权力效果对于主体的权力批判的指向，但是它在所有的“自我”-批判(“Selbst”-Kritik)或者对一种自我的批判之案例中所展示或讲解的是自我如何生成或者能够如何生成。

当人们从这个建议，即(研究)谱系学的结构或者论证-文本的机制如何能得到重构出发，就能从潜在的读者群角度(叙述所指向的主体)，形式性地制定一项关于如何撰写有效力的谱系学的建构指导。对于一种谱系学的作者而言，任务是指向其读者的：“向我讲述关于我的自我理解和自我关系发生的历史——一段权力的历史，也就是说，以这种方式，即我在倾听的时候，我不再意愿像我以往相信的那样，必须不可改变地存在，并且当我在倾听的时候也认识到，我并不必须这样存在。”在一种谱系学文本任务的制定中，包含了上述三种要素：文本应当是一种历史或者一种阐述，其中，“自我”的生成(die Gewordenheit des Selbst)在阐明(explikativ)中关联于权力的作用。在“自我”的如是-存在(So-Seins)之随机性中产生的上述洞见，会导致使其必然性发生动摇的怀疑。从这里也会产生一种在生存论的紧迫性中实行的、要进行反身性(reflexiven)自我审视和自我转化的呼吁，它的可设想性和可能性都会从谱系学的文本本身中得到敞开。[①]

当人们调转视角，并且形成了对如此被建构的谱系学叙述(指向在其中被主题化并且与其关联的主体)的要求时，在其中被包含的谱系学测试或者律令才能作为一种对自我审视(Selbstüberprüfung)的呼唤而得到表达。因此，谱系学的文本是面向其读者的，并且包含了一个很难被接受的消息："你要掌握一个关于你自身的真理，即你仅仅是在所指明的权力作用的基础上而成为你所是的，你应当追问，是否你必须要承担它或者另一个他者。"因此，在自我理解(Selbstverständnis)的过程中，谱系学的批判目标是一种在技艺层面(künstlich)引发的危机，使自我理解面临着一种来自外部的、难以被接受

① 对于这种尝试性解读模式(Formeln)的进一步阐发，参见：Martin Saar, *Genealogie als Kritik. Geschichte und Theorie des Subjekts nach Nietzsche und Foucault*, Frankfurt/M., New York 2007, S. 127-130. 一种对于尼采文本和思想游戏的律令特征(Imperativcharakters)——当然是在同"永恒复归"(Wiederkehr)的惯用概念相关联的意义上——的类似强调，主要体现于：Bernd Magnus, *Nietzsche's Existential Imperative*, Bloomington 1978, und Alexander Nehamas, *Nietzsche: Life as Literature*, Cambridge 1985. 关于谱系学"测试"(Tests)的反身性样式的最清晰表达，参见：Raymond Geuss, »Nietzsche and Genealogy«, in: ders., *Morality, Culture, and History: Essays on German Philosophy*, Cambridge 1999, S. 1-28, und von Bernard Williams, *Truth and Truthfulness: An Essay in Genealogy*, Princeton 2002.

的解释。[1] 在最好的情况下，这种解释能够激发什么，是对于自我理解和自我关系的一种检验——在它们与本己的“自我”(eigenen Selbst)和权力作用历史相交织的知识之一致性的层面。

对于谱系学及其律令特征之方向性的阐释，表明了尼采的谱系学叙事在本质上与接受者的关联性(die wesentliche Adressatenrelativität)。它是面向主体写作的，这些主体在其中应当作为被叙述的对象而得到再认识。它们，并且只有它们(且不存在外部标准)规定了何种谱系学的假设会引起矛盾或者契合(Zugeständnis)，以及何种假设会促使它修正其自我图像。作为“律令”或者“呼吁”(Appellative)，谱系学的文本与道德的或者智慧的规则(Klugheitsregeln)相比，在一种较弱的意义上发挥作用：它们所要求的所有东西，就是它们得到关注，并且作为一种自我反思的动因得到理解。它们所要求或者命令的，是一种争论，而不是对于规则的遵守。谱系学的文本向其读者发出的召唤，在生存论或伦理学方面既是紧迫的，又是未得到充分规定的。它揭示了，它恰好能够触发(motivieren)何种行动或者态度变化。在动摇了一种被规定的道德意识之后，有一种对于“转变”(Transformation)的一

---

① 雷蒙·盖斯(Raymond Geuss)在一种类比的关联——通过对意识形态批判程序的阐释——中谈到，是否根据问题化，特定信念“在反思中是不可接受的”。(*The Idea of a Critical Theory*, Cambridge 1981, S. 62.)

般性呼唤，而非对一种新形式的伦理转向的具体建议。

但是，谱系学的文本只有基于以下动机才能实现生存论的和伦理学的效果，即不仅仅关联于其内容——关于起源(Ursprünge)和来源(Herkünfte)的假设和思辨，而且也关联于其展现形式。除了前引的意蕴(Implikations)和讲话结构之外，谱系学最重要的修辞或者文体特征无疑是其夸张特征。谱系学的写作自身一般而言被理解为一种夸张的艺术，它依赖于对其处理对象的戏剧化和"超额认购"(Überzeichnung)：在主体之中的权力的历史性印迹。尼采和福柯启用了修辞学手段的整个武器库，这赋予他们的文本和论题一种不可抵御的锋利。凭借压缩和强调技术、统一化和简单化机制、划时代事件和匿名权力集团激发作用的帮助，谱系学的起源场景以一种赤裸的方式得到塑造，在这种方式下采用的是关于支配的思想图像和寓言，而非冷静的历史学论证。[①]

---

① 关于尼采的谱系学风格，参见：Bernd Magnus，Jean-Pierre Mileur und Stanley Stewart，*Nietzsche's Case：Philosophy as/and Literature*，London 1992，und Martin Saar，*Genealogie als Kritik. Geschichte und Theorie des Subjekts nach Nietzsche und Foucault*，Frankfurt/M.，New York 2007，S. 130-142. 关于哲学、批判和夸张的关系的一般性讨论，参见：Bert van den Brink，»Gesellschaftstheorie und Übertreibungskunst. Für eine neue Lesart der *Dialektik der Aufklärung*«，in：*Neue Rundschau* 108：1，1997，S. 37-59，und Alexander García Düttmann，»Denken als Geste. Übertreibung und Philosophie«，in：ders.，*Philosophie der Übertreibung*，Frankfurt/M. 2004，S. 32-53.

在谱系学书写中，文本的形式和内容、行为句（Performative）和记述句（Konstative）以特殊的方式联系在一起，这当然在其对象中也有相应根据。因为它们自身的对象，即在权力的历史场域中对主体之起源和主体性的特殊形式的叙事，已经建立了一种巨大的抽象、比喻和压缩，因为文本表明，人们能够将主体性的生成和起源展示为一个可描述的进程。但是，除此之外，如何通过修辞学的手段，使得这些形态各异的、在时间和空间上被多元决定（überdeterminierte）的一般影响因素和转化阶段（Transformationsphasen）之束（Bündel）作为一个历史性事件得到描述？因此，谱系学的叙事（从尼采的"道德上的奴隶起义"到福柯的"全景敞视的社会"）不仅阐述和分析了"历史"，而且导演和组织了社会寓言（Allegorien）的复杂进程，这个社会寓言既被赋予了具体的同时也被赋予了虚构的历史定位。

主体性的建构和虚构的-假设性的原场景（Urszenen）——借此谱系学能够对基于神圣和无辜来源（Herkünften）的、占优势的自我理解作出反应——超越了历史事实的空间，因为相对于尚未变成历史的当前而言，它更少指向过去。在谱系学的视角中，历史仅仅被算作前历史，也就是说，在这方面它是我们自身的历史，是由我们自身制造并且使其成为可能、在我们的行动和自我理解中得到划界或赋能的（befähigt）。但因为对我们来说，这个本己的生成性（Gewordenheiten）并不像某些在无兴趣的、中性认识中的外部对象一样，（所以）在我们的本己历史——这个历史[①]，因此还有谱系学的假设，总要成为一个权力的历史——的复杂性或纠葛性之中，需要一种陌生化和距离化。为了支持和强化关于权力本身的洞见（它在内容上通过假设性的和虚构的历史化被获得），文体上的、修辞学的夸张和尖锐化（forcierten Zuspitzung）技术促成了制造距离和进行分离的过程；促使其能以另一种方式被看待。关于我们起源的另外图像必然附着在某种暴力性的，却又是技术性的东西之上。因为这些场景是技术性地被裁减并且耀眼地被照亮的，以展示某种迄今为止被置于习俗、传统和合法性叙述的阴影中的东西。谱系学，如尼采和福柯所描述的那样，是一种以批判的方式被驱动的、进行赤裸展示的技艺，它应当有助于使我们能够以另外的方式进行感知，这样它就能够展示而不仅是言说某种未被预期的和令人震惊的东西了。[②]

---

① 指“本己历史”。——译者注

② 关于批判与观看的关联，参见：John Rajchman，»Foucaults Kunst des Sehens«，in：T. Holert（Hg.），*Imagineering. Visuelle Kultur und Politik der Sichtbarkeit*，Köln 2000，S. 40-63，James Tully，»Political Philosophy as a Critical Activity«，in：*Political Theory* 30：4，2002，S. 533-555，und David Owen，»Kritik und Gefangenschaft. Genealogie und Kritische Theorie«，in：A. Honneth und M. Saar（Hg.），*Michel Foucault. Zwischenbilanz einer Rezeption. Frankfurter Foucault-Konferenz* 2001，Frankfurt/M. 2003，S. 122-144.

二、行动中的谱系学

谱系学描述的全部三个所谓的要素，即主体理论的解释、权力分析的论证和特殊的展示形式，现在在尼采和福柯的很多著作中，都以典范性的方式被包含在内。这提示我们，可以在事实上谈论谱系学文本这一类别(Genre)，它对应着在其中被实践的批判的特殊形式(Form)。当然这种批判样式(Kritikmodus)在相应的文本中并没有(或者仅仅是随意地)得到方法论的澄清；毋宁说，当文本批判性地采取历史学的-谱系学的叙事时，这种批判样式处在这些文本所“做”(tun)的层面上。因此，它们不是关于主体性之历史性或社会被建构性的宣传小册子，而是主体以特殊形式实现的批判性历史书写。所以它也采用了关于历史、主体和权力的相对高阶的理论前提，并且运行在文本的伦理学-生存论效应之复杂模型的基础上。换言之，在谱系学的展示背后，有着哲学前提的全部整体，这些前提在这一程序的两个奠基人那里很容易被确定下来。

第一，不仅尼采，而且福柯都把一种实践的或者“人类行为学的”(praxeologisch)主体性观念筹划为形而上学的或者先验主体理论的选项之一，也就是一种关于历史变量的、在实践和过程中起源的主体性形式的理论。两者都从复杂的日常实践出发——在日常实践中自我理解和自我关系第一次得到形成——对主体加以主题化。在这样一种视角中，语言、知识、权力、技艺和身体实践不再是一种已经完全被建构的主体在其中活动的领域，而是"自我"构造的竞技场。尼采对于后唯心论主体思想之核心内容的破坏，以及福柯对于知识和权力之纠缠关系的制度批判性（institutionskritische）历史编纂学，至少在这一点上汇合了：从过程和行动出发去实践性地思考主体的尝试，在此主体作为反身性的统一体被塑造，并且是自我塑造。

这样一种视角必须同整体性的"主体批判"区分开，在后者中，主体性现象或者进行自我否定，或者被还原为与它异质的现象。与此相对，一种主体的谱系学思想把主体性现象理解为不可被还原的经验法庭（Erfahrungsinstanz），这种主体性现象同时处在实践的和权力的形式之张力场域中，后者赋予了它特殊的形态。恰恰是各种历史性的主体性形式间令人印象深刻的对比，允许谱系学在面对"自我"-存在的当前形式时能够采取一种外部视角。

这样一种意图也特别适用于福柯的晚期作品，它们长久以来都被阅读为一种后批判的"伦理学转向"的征兆。但是福柯通过遍历古希腊伦理学史而获得的体系化主体理论的成果，并不是对于生活技艺（Lebenskunst）或者个体化自我修炼（Selbstkultivierung）的恢复，而是这样一种洞见，即伦理（或道德）是构成了主体形式之位置和语境的生活形式（Lebensformen），这种主体形式也就是主体理解自我并且与自我关联的方式。① 因此正如在福柯早期著作中被研究的知识秩序和权力制度被历史性的变化取代，在他最后的著作中，自我关联（Selbstbezugs）形式也显现为历史性的特殊形态。如果知识和权力结构的历史已经构成了主体谱系学的一个方面——因为它展示了在主体性的生成中总是起到支配性作用的框架秩序和语境——那么“历史”或者“伦理学的谱系学”和伦理（Ethos）的谱系学，即伦理性的自我主题化和自我谓述，正是这样一种主体-谱系学，它根据一种从实践形式出发的补充性视角得到叙述，伦理的主体性也由这种实践形式得到塑造。② 因此福柯从历史编纂学意义上提供了一种对尼采思想的具体化，后者提出一种反实体主义的思想，将“自我”理解为过程，摆脱了哲学上的“主体和自我的迷信”。③ 主体性在自我规定（Selbstbestim-

---

① 这一点尤其在分析以下著作时使用：*Der Gebrauch der Lüste. Sexualität und Wahrheit* 2（1984），Frankfurt/M. 1986，und *Die Sorge um sich. Sexualität und Wahrheit* 3（1984），Frankfurt/M. 1986；vgl. Martin Saar，»Nachwort：Die Form des Lebens. Künste und Techniken des Selbst beim späten Foucault«，in：Michel Foucault，*Ästhetik der Existenz. Schriften zur Lebenskunst*，Frankfurt/M. 2007，S. 321-343.

② Michel Foucault，» Zur Genealogie der Ethik：Ein Überblick über die laufende Arbeit«（Interview mit H. L. Dreyfus und P. Rabinow，1983），in：ders.，*Schriften in vier Bänden. Dits et Ecrits*，Band IV，Nr. 344，Frankfurt/M. 2005，S. 747-776.

③ Friedrich Nietzsche，» Jenseits von Gut und Böse «（1886），in：KSA，Band 5，S. 9-243，hier：S. 11.

mung)和被规定(Bestimmtwerden)的张力间以各种特殊方式塑造着自身，只有借(mit)助一种复杂的谱系学的主体概念，才能理解这一点，这个主体概念从不同维度获得其独立性，并且基于其独立性，主体能够同时作为支配和对抗的场所得到理解。

第二，不仅尼采，而且福柯都筹划了高度细分的权力与权力作用的概念化和类型学。在尼采这里出现了《论道德的谱系》中关于(单数或复数)“权力意志”的复杂定理，它们在应用的形式上被提出；在该书的三个不同“章”中，权力对于主体的作用方式以三重形式被展示，权力对于道德行动者自身的不同深刻效果也得到了揭露：权力的印迹一方面被理解为物理的、赤裸的暴力作用，它在社会斗争和支配的进程中发生，在此过程中由他人构成的群体强行使人接受其价值；但另一方面洗脑和操纵这类更加精细施予的影响也得到了揭示；并且最终尼采在“禁欲主义的理想”这一标题下描绘了一种文化-伦理价值的强力形式，它使得个体与一种特定的自我认同方式绑定在一起，并且由此使权力扩张到“自我”的内在领域中。[①]

在福柯的著作——特别是 20 世纪 70 年代的著作，

---

① 这三个启发式(heuristisch)、可区分的权力形式或类型根据一种可靠的图示，被描绘为“实在的”“符号的”和“想象的权力”。(Martin Saar, *Genealogie als Kritik. Geschichte und Theorie des Subjekts nach Nietzsche und Foucault*, Frankfurt/M., New York 2007, S. 117-125.)

它们与尼采有着清晰的方法论关联——中，同样出现了基于相似动机的，尽管不是按照相同方式得到划分的谱系学的权力观念，在其核心处有一个关于权力的构造成果的复杂论题。虽然福柯有名言，即他只有对权力的“分析”，而不会建议一种权力“理论”，但其谱系学著作中的每个更精确的课程和篇幅更短小的方法论文本都能表明，他的确在着手进行一种普遍化（Generalisierung）的尝试。[①] 这种尝试尽管总是从历史分析的特定语境出发，但始终贯穿了要对权力现象进行一般性论述的意图。这也并不同如下事实矛盾，即根据唯名论的信念，权力并不具有“本质”或者实体。[②] 在一般性的层面，权力能够具有关系性（Relationalität）、意向性和生产性特征；这也能由关于权力与知识、权力与主体之内在关联的附加论题所补充。这种对权力概念的理解既被解释为对尼采“权力意志”形而上学的推进和细化，也被解释为

---

① Michel Foucault, *Der Wille zum Wissen. Sexualität und Wahrheit* 1 (1976), Frankfurt/M. 1979, S. 102.

② Michel Foucault, *Der Wille zum Wissen. Sexualität und Wahrheit* 1 (1976), Frankfurt/M. 1979, S. 113-119; Paul Patton, » Foucault's Subject of Power«, in: J. Moss (Hg.), *The Later Foucault*, London 1998, S. 64-77, und Thomas Lemke, »Nachwort: Geschichte und Erfahrung. Michel Foucault und die Spuren der Macht«, in: Michel Foucault, *Analytik der Macht*, Frankfurt/M. 2005, S. 317-348.

一种历史编纂学的具体操作(Operationalisierung)。[①] 由此，福柯的谱系学也书写了“自我”(Selbst)的权力历史，但是它不同于尼采的案例，后者根据历史的细节研究而展开书写，这种细节研究被看作一种手段，以实现对于当前主体化(der Subjektivierungen der Gegenwart)的分析。福柯的权力理论解释在一种极端建构性的且在尼采这里就已经得到的预备的洞见中达到顶峰，这种洞见就是权力的“生产性”功能，也就是其“把人变成主体”的能力。[②]

第三，最终，尼采和福柯利用了相近的、尽管是有区别的展示手段和书写方式，通过对自己或者他们的“自我”之权力历史的叙述，这些展示手段和书写方式应获得动摇(Destabilisierung)自我理解和自我关系的有意效果。这种对于激情(Pathos)和个体的惊愕状态(Betroffenheit)具有直接针对性和指向性的形式特征，凸显了两者的文本。在尼采这里，它甚至采取了一种向读者讲话(Leseransprache)的明确形式，它通过诸多的风格手段，如直接谈话、惊叹和设置问题，合乎情理地融入场景之中。福柯的文本在事实的层面进行展示，但它们也是按照以下方式组织的：它们准确地指向特定读者群

---

① Mark E. Warren, *Nietzsche and Political Thought*, Cambridge 1988, S. 1-12, und Michael Mahon, *Foucault's Nietzschean Genealogy: Truth, Power, and the Subject*, Albany 1992.

② Michel Foucault, »Subjekt und Macht« (1982), in: ders., *Schriften in vier Bänden. Dits et Ecrits*, Band IV, Nr. 306, Frankfurt/M. 2005, S. 269-294, hier: S. 269.

体的自我理解。为了让其历史书写能够显得像是社会科学所描绘的权力的真实历史，福柯抛弃了尼采谱系学中明显虚构的或者假设的要素。但同时，这一历史叙事也是创造性的、建构性的和内在假说性的；它的目标是从权力理论的角度，让人们习以为常的价值和理念图像变得陌生化。无论是尼采，还是福柯的谱系学书写，其效力都构成性地依赖于其特殊的文本形式，如果没有这些形式，文本中所阐述的论题就变得软弱无力了。权力分析和自我-批判都要求一种特殊的形式和展示，它们明确进入一个领域之中，这个领域与可能的权力纠葛中"自我"(Selbst)的历史性生成相关，与当前的生活、自我图像及其身份(Identität)相关。谱系学的批判性核心在于，通过基于权力以阐述自我之生成的文本，对怀疑和对分解性反思进行情绪动员(affektiven Mobilisierung)。①

三、谱系学批判的特征

这里对谱系学程序的概要性重构，在这种抽象的形式中，只具有一种有限的价值。但是，上述阐释的第一个，毋宁说是语言学上的贡献，至少体现在以下方面：得

---

① 关于谱系学的情绪性-修辞性特征，参见：Alexander Nehamas, *Nietzsche: Life as Literature*, Cambridge 1985, S. 18-24, und David Owen, *Nietzsche, Politics and Modernity: A Critique of Liberal Reason*, London 1995, S. 47-52.

益于从主体理论的、权力分析的和修辞-形式的动机出发而被建议的配置(Konstellation),已准备好一个关于尼采和福柯著作的方便网络可供阅读,并能在具体的解释中得到证明。因此得到展示的是,尼采和福柯的代表作能够被这样解释,使其通向一种谱系学的"自我-批判",即一种关于主体化方式的谱系学的-历史学的批判。第二个成就与对批判形式的系统追问相关。尼采和福柯的文本都被当作遵循自身法则的批判模型得到阅读。由他们两人得以实践的谱系学批判虽然不是普遍的、可替换的方法,但仍是一种针对特定对象领域(所有在最广泛意义上自我形塑的、主体化的实践),以及针对特定出发点(自我和其自我关系)之局部批判的有效的独特形式。只有对于这些对象,凭借这一出发点,作为谱系学之基础运作的历史学书写才成为一种批判,也就是一种伴随着否定或者拒绝效力的权力理论的历史学化。只有对于这些对象,即对于将自我反过来作为对象的实践,谱系学才包含了其身份批判的(identitätskritische)和颠覆性的力量。

谱系学的批判总是在主题上局限于对实践中和通过实践活动形成的自我进行批判,这个表面上的缺陷,却天然适合于对现象进行批判性的全面修正,由此,因为在权力结构中主体的相互纠葛,明确的和非过程性的(nichtprozessuale)评价是不可能的。对于这些案例,谱系学已经为其假设的场景准备好了保持距离、进行对抗、重新评估的模型,它基于人为导致的对自我之基础的脆化(Brüchigwerden)。我们可以从五个方面简要地论述，为什么这样一种谱系学的批判模型——它对于社会批判之可能性和形式的追问来说，或许有着尼采式动力的持续贡献——对于当前社会哲学的和社会批判的问题设置同样有着方法论上的吸引力。

第一，谱系学批判的历史学特征使其严格地同当前批判(Gegenwartskritik)的展示性(präsentistischen)和遗忘历史的形式相区别，这种当前批判使得政治和社会斗争的历史性深度渐渐消失。后者总是力求在当前问题以及当前政治和社会身份的来源和语境上构造假设，努力赋予社会批判的目光一种景深，它能够彻底拓展现实之物和可能之物的理解领域。因为它的方法论出发点是对价值、实践和制度的彻底历史化，这扩展了其背后可追问的和成问题内容的领域，因此也使得投向早已熟悉之物的另一种目光成为可能。历史不仅仅是自我证实的来源，而且也能成为自我陌生化和距离化的来源，印证着令人惊讶的、揭露真实的证据，后者是通过以谱系学的方式被制造的、历史传记性的配置(Konstellationen)产生的。正是在这种光照下，知识形式、生命形式与权力实践、支配实践的纠缠才第一次被展示出来。①

---

① 关于谱系学的历史思想，参见：Ulrich Brieler, *Die Unerbittlichkeit der Historizität. Foucault als Historiker*, Köln 1998, und Mathieu Potte-Bonneville, *Michel Foucault, l'inquiétude de l'histoire*, Paris 2004.

第二，谱系学的建构主义基本特征针对的是在已建立的制度和已经历的身份背后的过程。因为它在假设性的场景中描绘实践、制度和身份的产生、变化、实行和消逝。由此它在对社会进程的一般对抗图像进行描绘时，使用了一套构造理论的（konstitutionstheoretisch-es），也就是本体论的语汇。在谱系学的视角中，社会世界是这样一个空间，在其中它的各种要素首先产生于权力的和斗争的过程中。谱系学的批判在如下意义上是“深层的”或“彻底的”批判，即它使得这些生活形式和社会实践的构造成就普遍成为其批判叙事的对象。因此，谱系学并不像其他批判形式那样，只倾向于对当前要求一种单纯的表面变更，实际上当前的整体基础、其社会现实的建立都需要批判。①

第三，谱系学思维所具有的主体性理论的以及从本体论解释中得到支持的核心，使这种批判形式获得了一种描述性的和分析性的审阅权（Zugriff），它指向每个社会基础批判的焦点处都应出现的那些现象：未实现的自由，伴随支配关系的复杂性，不可觉察的外在规定。因为谱系学使得主体性和权力的纠葛，也就是作为主体化

---

① 关于福柯方法论的（社会）建构主义的核心，参见：Ian Hacking，»Historical Ontology«，in：ders.，*Historical Ontology*，Cambridge 2002，S. 1-26，und Paul Veyne，»Michel Fou-caults Denken«，in：A. Honneth und M. Saar（Hg.），*Michel Foucault. Zwischenbilanz einer Rezeption. Frankfurter Foucault-Konferenz 2001*，Frankfurt/M. 2003，S. 27-51.

的权力成为可见的，使生活形式的可能性条件得到透视，在此领域中，他律现象得到了固化，精神性的支配关系也被确立。在自由化的、西方的民主政治中，就其社会现实而言，这种描述和分析是不可或缺的；相较于公开的利益冲突和明显的社会分裂，这种民主政治更多在褒扬(wertenden)和贬低(abwertenden)之认同(Identifikationen)的不易觉察的实践中受到影响，因此相较于公开斗争，也更多受到常规性的和渠道化的社会参与之霸权的影响。因此，在主体化方式(Subjektivierungsweisen)的问题上，也就是对政治秩序中的自我而展开的追问，和对政治主体性从中起源的程序而展开的追问中，谱系学的关注焦点在于确立一个紧要的出发点，以对社会的组织建立(Einrichtung)进行审查和修正。①

第四，相对于具有强论证工作(starken Begründungsprogrammen)的建构性批判方法，具有局部(Lokalen)特征的谱系学更具优势，即便这种优势(从它的视角看来)可能显得像一种缺陷。它在规范性方面是相对节制

① 关于政治和主体(批判)的关系，参见：Tracy B. Strong，»Introduction«，in：ders.（Hg.），*The Self and the Political Order*，New York 1992，S. 1-21，Wendy Brown，»Politics without Banisters：Genealogical Politics in Nietzsche and Foucault«，in：dies.，*Politics Out of History*，Princeton 2001，S. 91-120，und Martin Saar，»Subjekt«，in：G. Göhler，M. Iser und I. Kerner（Hg.），*Politische Theorie：22 umkämpfte Begriffe zur Einführung*，Wiesbaden 2004，S. 332-349.

的，因为尽管它具有一些高阶理论的和描述性的前提，但并不依赖于任何道德理论的扶手。它不会产生任何结论，也不产生任何对于其批判标准的独立辩护，而是把批判的姿态从寄生性的东西提升为一种原则：在前者的理解中，相对于社会现实——在其中社会秩序总是已经被建立，规范也总是已经行之有效——批判的行为被理解为次要的或附属性的；在此也体现了它与解构(Dekonstruktion)在方法论上的接近之处。[①] 在这种理解中，作为实践的批判总是反应性的(reaktiv)，是一种防御的或者反攻的或两者皆有的次级姿态：一种“不这样被支配”的意愿。[②] 谱系学不沉溺于任何无权力之空间(machtfreien Raum)的幻梦，在此空间中人们能够围绕规则相互团结，人们也能据此衡量一种和平的、从容的现实，并且借其帮助筹划一种理想的组织制度。

第五，谱系学叙事的实验性和假说性特征至少从极具压迫性的要求当中——成为一种科学地被奠基的社会分析——解放了这种社会批判的形式。相反，一种以谱系学的自我-批判方式进行的社会批判在本质上是戏剧性

① 关于这一类比和重要区分，参见：Christoph Menke，» Genealogie-Dekonstruktion-Kritik. Drei Formen der Moralbefragung «，in：ders.，*Spiegelungen der Gleichheit*，Berlin 2001，S. 49-86.

② Michel Foucault，*Was ist Kritik*?（1978），Berlin 1992，S. 12.

的、大肆渲染的，是一种过分的要求。[①] 借助谱系学而实现的主体化批判，只有通过一种夸张描写的、非现实的炫目展示，才能达到其效果。谱系学是一种有意陌生化的、否定性的世界展开。使尼采和福柯被抬高为批判理论或者批判实践鼻祖的倡议，尤其是一种对方法论上的夸张的赞扬，这也是很多其他非正统社会批判家(从阿多诺、霍克海默，经过涅格特、克鲁格到哈特、内格里)所采用的方法。

但是谱系学的夸张方法，对于主体历史和权力分析的戏剧化，是相对于现实的必要解毒剂，它显得如此强大和无可争辩，似乎无法给出其他可能性。在回顾的必要性中被一种偶然性之彻底思维所采用的修辞术(“因此我们成为我们现在的样子”)，仅仅是开启另一种存在可能性的第一步，因此也是开启一种未来的自由，能够以不同于我们之曾是的方式存在。谱系学使得规定的生成变得戏剧化，将其搬上舞台，为了实现另一种规定的可能性。在今天的权力制度下，对于表面上看似不可避免的如此-存在(So-Seins)作出的晦暗谱系学诊断的背后，是对另一种可能-存在的预测(Prognose)。并非所有东西都必然要保持其曾是的样子，对此的希望，是这一批判形式的真正动力。

---

① Judith Butler，»Was ist Kritik? Ein Essay über Foucaults Tugend«，in diesem Band S. 221-246.

什么是意识形态批判?[①]

拉埃尔·耶吉(Rahel Jaeggi)
武潇洁　译

在这篇文章中，我主张把意识形态批判重建为社会批判的一种形式。虽然意识形态批判这个概念不能完全归属于马克思主义，但它的确在马克思那里达到一定程

---

① 此文是我关于意识形态批判的思考的一个修改版，收入祖恩(C. Zurn)和德·卜瑞恩(B. de Bruijn)所编的《政治哲学新浪潮》(*New Waves in Political Philosophy*)一书。我要感谢罗宾·赛利卡茨(Robin Celikates)、斯特凡·戈斯帕斯(Stefan Gosepath)、阿克塞尔·霍耐特(Axel Honneth)、马丁·萨尔(Martin Saar)和法兰克福社会哲学学术研讨会，以及祖恩、德·卜瑞恩提供了有益的建议和评论。

度的“成熟”[①]，更重要的是，在从“西方马克思主义”一直到当代批判理论的各种思潮中，意识形态批判都大受欢迎。现在形势已经发生了变化，但是就没有意识形态了吗，还是只是说不再有对意识形态的批判？我之所以主张重构一种意识形态批判，源自如下发现：一方面，我相信还存在着需要进行意识形态批判的诸社会关系和社会控制的诸形式；另一方面，为了重新连接意识形态批判的概念，不仅需要重新研究意识形态批判到底是如何运作的——就像流行的定理一样，即使在它们最受欢迎的时候也往往是不清楚的——还需要对它的一些基本假设进行批判性重构。因此，这既事关让意识形态批判重回当下，也涉及对其进行重新定义。

如果现在重新连接意识形态批判的计划值得“不厌其烦”去做——与理查德·罗蒂的看法[②]相反——那么在我看来，这是因为通过意识形态批判，当代关于社会批判的诸形式的讨论中，一些非常现实的问题就可以从一个新的角度来看待。我将坚持认为，作为内在批判的一种特定形式，意识形态批判超出了那种被广泛讨论但没有结果的、在内在批判和外在批判之中择其一的模式。意识形态批判一方面反对试图外在地设

---

① 正如乔治·莱茵(Jorge Larrain)所说。参见：Jorge Larraines aus，vgl. ders.，*The concept of Ideology*，London 1979，S. 34.

② Richard Rorty，»Feminism，Ideology，and Deconstruction：A Pragmatist View«，in：Slavoj Žižek (Hg.)，*Mapping Ideology*，London 1995，S. 227-235，hier：S. 232.

想批判的标准，以免落入黑格尔对“单纯的应当”的道德主义批判的陷阱，另一方面也不信任某个既定共同体的伦理和道德资源，而是包含着一个超越这些资源的环节。还有一个方面与之相关：意识形态批判以一种有趣的方式处在政治哲学中规范主义(normativistisch)立场和反规范主义立场的对立之间。如果目前这一冲突出现了疲惫的迹象，那么意识形态批判就能够被重构为一种不同于上述两种选择的立场，它可以追求一种独立的规范性。按照我的观点，这是由于意识形态批判(作为一种内在批判)依赖于分析和批判之间的某种特定关联，该关联无论是在规范主义还是在反规范主义那里都被割裂了。

接下来我将首先说明，意识形态批判的具体特征是什么。在对概念内涵的相似性进行介绍(本文第一部分)之后，我会进而关注对意识形态批判方法所特有的两个悖论的解决：正如阿多诺所说，意识形态“既是真的也是假的”，而且似乎既是规范性的(normativ)也是非规范性的(本文第二部分)。如果始终把意识形态批判同以黑格尔为基础的内在批判的方法关联起来(本文第三部分)，则两者都可以理解。这既揭示了意识形态批判方法的规范独立性，也揭示了它的问题(本文第四部分)。

一、何为意识形态批判?

那么，什么是意识形态批判呢?[①] 乍一看很简单：意识形态批判就是批判意识形态。但是，什么是意识形态呢? 一开始也很容易回答：意识形态就是观念(Ideen)，但是它们不仅仅涉及某人可有可无的、彼此无关的观念，还涉及那些在特定的社会关系中(必然地或至少系统地)存在和产生的观念。就此而言，意识形态是信念的体系，具有实践的效果。它们发挥实践作用，

---

① 此处我在广义上把意识形态批判理解为批判性思维的一种方法。赫伯特·施耐德巴赫在其同名论文《何为意识形态批判?尝试澄清一个概念》(Herbert Schnädelbach in seinem gleichnamigen Aufsatz »Was ist Ideologiekritik? Versuch einer Begriffsklärung«, in: Das Argument 50, 1969.)中给出了一个简明但极富教益的导引。特里·伊格赖顿在《意识形态》(Terry Eagleton, Ideology, London, New York 1994.)一书中为坚持意识形态批判提供了一个全面的讨论和有利的辩护。雷蒙·盖斯在《一种批判理论的概念》(Raymond Geuss, *Die Idee einer kritischen Theorie*, Bodenheim 1988)一书中对意识形态概念进行了最清晰的分析阐释，并且提供了一个很有用的网格用来对各种意识形态概念或意识形态概念的各个方面进行分类。

反过来又是某种特定的社会实践的效果。[①] 此外，意识形态似乎有一种奇怪的地位：如果有人声称某物是“意识形态的”，就不仅仅意味着它是虚假的(falsch)或者是一个错误，而且，错误的特征仍然是意识形态的一部分。受到意识形态影响的人不仅仅受制于一种错误的状态(Zustand)，而且还“陷入”对该状态的误解。换言之，意识形态构成了我们同世界之间的关联，并进而构成了我们理解自身和社会关系，以及我们在其中的行为方式的解释视野。如果根据这种观点，意识形态是居于统治地位的社会关系借以“支配大众的头脑从而成为‘物质力量’”的手段(如斯图亚特·霍尔所说[②])，那么意识形态批判就揭示或破解了使得该统治地位得以实现的条件(Umstände)。

---

① 因此意识形态不仅隐藏在观念体系中，也隐藏在实践和习性(Habitus)形式中。那么就有发挥意识形态作用的实践，反之，也有实践性的意识形态批判，更确切地说是意识形态批判性的实践：从居伊·德波(Guy Debord)到朱迪斯·巴特勒(Judith Butler)，从情境主义国际(Situationistische Internationale)的破坏行为到当代的“酷儿”理论试图破坏二元性别结构。阿尔都塞的创造性至少在于他已经发现，意识形态是一个生活关系的问题。而且，显而易见的是，布迪厄对“习性”和“信念”(doxa)的分析按其内容也可以视为对意识形态批判的贡献，即使布迪厄与意识形态批判相关的词保持着距离。(此外可参见齐泽克选编的《图绘意识形态》一书中对布迪厄的访谈：Slavoj Žižek (Hg.), *Mapping Ideology*, London 1995, S. 265-278.)

② Projekt Ideologietheorie (Hg.), *Die Camera Obscura der Ideologie*, Berlin 1984, S. 99.

1. 意识形态批判的四个方面

无论如何，我想在这里进一步探讨意识形态批判的传统，并且是在那个我在此处想要探究的意义上(在这个意义上，意识形态表示某种否定的东西，也就是说，这个词是用作贬义的，意识形态批判则致力于克服这个否定的状态①)，至少在这个传统中，意识形态批判是一种非常明确的批判类型。② 该类型有四个方面的特点。

(1)意识形态批判是对统治的批判(Herrschaftskritik)。但是它在一定程度上从更"深处"开始。在此意义上，意识形态批判就是对被称作"不言自明"(Verselbständlichung)或"不言而喻"(Selbstverständlichmachung)的机制的抨击，这种机制造成了社会关系和自我关系一样是不容置疑的(Unhintergehbarkeit)印象。其中包括了自然化现象，即某种被社会"制造出来的东西"被呈现为自然的或者不可还原的"给定物"，但是也包括诸如特殊事物的普遍化等过程，这在马克思的分析中被突出地揭示为市民社会的合法化机制。因此，意识形态批判就是对统治的批判，

---

① 关于对意识形态做中性的或肯定的理解，雷蒙·盖斯在《一种批判理论的概念》中提供了很有帮助的类型学(Typologisierung)。(Raymond Geuss, *Die Idee einer kritischen Theo-rie*, Bodenheim 1988.)

② 那么，去问意识形态批判是否算作批判的一种特定样式或者是否具有一个特定的对象即意识形态，就是多余的。意识形态批判作为一种批判形式，其特别之处就在于把其对象理解或解读为意识形态。在进行意识形态批判之前，看不出来某物是一种意识形态、是意识形态的。

即对这种自知之明或不言而喻的批判，反过来则是把这些机制解读为统治机制。

(2)意识形态批判从内在矛盾或者自相矛盾，即从某个给定的情况的内在不一致出发。因而意识形态批判并不直接把错误的同“正确的”对立起来，它并不使用适用于给定物的外在标准，而是(在一种更复杂的意义上，稍后我会进一步研究)使用其自身的标准。

(3)意识形态批判(在上述传统中)总是基于一种“怀疑解释学”，正如保罗·利科所说。在它揭露个人对自身和世界的理解以及社会实体的自我理解中的歪曲时，它对社会实体和个人的自我解释，包括对个人的表面利益，持保留态度。

(4)意识形态批判的方法的另一个特点是分析和批判之间的关联。在这里，对事实的分析推动了对它的批判。在这个意义上，分析不仅仅是批判的工具性前提，还是批判过程本身的组成部分。

2. 意识形态批判的现实性

现在有很多迹象表明，“意识形态的”或者统治的“意识形态的”运作模式在今天的社会中并没有减弱。认为统治没有意识形态做中介而直接发挥作用的假设在我看来是站不住脚的。[①] 例如，当在欧洲的范围内讨论社

① 鉴于有组织的资本主义中关系的“透明性”，阿多诺已经做出了这个假设。参见：Theoder W. Adorno，und Walter Dirks，*Soziologische Exkurse*，Frankfurt/M. 1956，S. 170.

会保障体系的重组时，生活条件的不安全（Entsicherung）和不稳定（Prekarisierung）（常常被批评为“新自由主义的”）也是通过援引自主性和创造性这些难以抗拒的理想来达成的，即使很显然，如今正是这些理想被用来证明排他过程的正当性。即使像“我-股份公司”（Ich-AG①）（在德国被称为“哈茨Ⅳ”的劳动力市场改革的背景中）这样的新造词看起来不仅仅委婉，甚至是公然的嘲讽，但是如果我们注意到以不确定性为标志的存在形式被公然提升为范本，这就丝毫改变不了如下事实：这些新词也从它们同独立性、自主性和主动性的联系中获得了意识形态力量，那些不指望从社会体系的不安全中获得任何积极东西的人在社会中也分享了这些观念。鉴于这类现象，可以说，上述情况呼唤意识形态批判。

3. 意识形态批判的困难

然而，在理论上，出于不同的理由，“意识形态批判的困难”普遍存在。我们是否还没有失去批评所需要的真实的东西或未被粉饰的现实作为参照点以揭露某些东西只是“单纯的意识形态”？如果意识形态批判想要通过消解虚假的自我形象和世界观来克服统治，从什么角

① 即德文 Aktien Gesellschaft（股份公司）的缩写。——译者注

度来看，它能够做到这一点？[①] 这里的问题不仅仅在于意识形态批判者和被意识形态所蒙蔽的人之间出现了看似难以克服的不对称[②]和随之而来的家长制的后果；意识形态批判究竟是否能够成为一种自成一体（sui generis）的批判，还是要依赖必须独立于意识形态批判建立起来的规范标准，这也是意识形态批判的方法有待讨论的问题。

二、意识形态批判的悖论

我想以两个论题作为我思考的出发点。第一个是阿多诺的论断：在意识形态中，“真实和非真实总是交织

---

① 正是一种怀疑解释学的逻辑和对虚假意识的谈论被怀疑为使其自身免于批判，并隔绝相反的证据。这种隔绝策略最显著的例子也许是弗洛伊德《梦的解析》中的一个段落，在书中，西格蒙德·弗洛伊德这位“怀疑的大师”把一个病人的梦——该病人的梦完全不符合弗洛伊德关于梦是愿望的达成的理论——解释为，病人希望弗洛伊德是错的这一愿望的达成。（Sigmund Freud，*Die Traumdeutung*，in：ders.，*Studienausgabe*，Band 2，Frankfurt/M. 1982，S. 167.）

② 关于不依赖这个方面而重新实现意识形态并克服随之而来的受影响者的内部视角和意识形态批评者的外部视角之间的不对称问题的尝试，参见：Robin Celikates，»From Critical Social Theory to a Social Theory of Critique：On the Critique of Ideology after the Pragmatic Turn«，in：*Constellations* 13/1，2006，S. 21-40.

在一起”[①]。第二个是安东·莱斯特的(批判性)观点：意识形态批判声称自己是一种“非道德化的和非规范性的批判”，“但是却有规范意义”[②]，这是“意识形态批判的神话”。现在，乍一看，这两个特征如果是真的，都会把意识形态批判的问题笼罩在一片晦暗之中：按照通常的理解，某物应当既是真的又是不真的，这就像主张一个既要批判性又没有规范性的立场一样，是一个悖论。但是，恰恰在这个看似悖论性的结构中，隐藏着意识形态批判的意义和创造性。

(一)第一个悖论：真实与虚假相互渗透

那么我们转向第一个悖论，即真实与虚假相互渗透。一个意识形态怎么可能既是真的又是假的呢？它实际上是在同一个方面既为真又为假吗？这怎么可能？还有：如果意识形态应当同时是真的和假的，那么是不是也可以同样(或更确切地)宣称，它们既不是真的也不是假的？那么，就意识形态而言，我们不仅要处理一种内在的相互渗透，还要处理真理标准的一种内在的不足。我们先来看看阿多诺的论断所涉及的内容。

---

① Theodor W. Adorno, »Beitrag zur Ideologienlehre«, in: ders, *Gesammelte Schriften*, Band 8, Frankfurt/M. 1972, S. 457-477, hier: S. 465.

② Anton Leist, »Schwierigkeiten mit der Ideologiekritik«, in: E. Angehrn und G. Lohmann (Hg.), *Ethik und Marx*, Stuttgart 1986, S. 58-81, hier: S. 59.

1. 作为意识形态的自由和平等

我们举一个著名(尽管复杂)的意识形态批判的例子①,即马克思所主张的资产阶级市民社会中出现的自由和平等理想的意识形态特征。② 按照马克思的理解,自由和平等的意识形态其实(也是根据马克思的解释)"既真又假"。资产阶级市民社会据以作为其真正的组织原则的自由和平等的自然法观念,一方面符合市民社会的现实。资本主义劳动合同是在(形式上,即在法律上)自由和平等的双方之间订立的。毕竟在这里出现的是独立的缔约双方,他们在某种意义上是作为自由平等的双方行动的:雇员不是农奴,也没有封建身份的束缚。然而,另一方面,资本主义劳动关系的现实似乎驳斥了这些资产阶级规范。不仅如此,事实上大多数雇员是(以挨饿为代价)被迫进入这种关系的;而且,按照马克思的分析,在缔约双方之间还存在着事实上的物质不平等,这不是偶然的,而是系统地造成的。

现在有人会说:看到了吧!所谓"既真又假"的说法充其量只有修辞上的效果,但是除此之外,这个悖论很容易解决。自由和平等的理念在参与者的法律和政治地

---

① 这里我把马克思对资本主义的批判整体上视为意识形态批判,所以总体而言,我不是指那些马克思自己有条不紊地阐释了意识形态的术语的、不充分的段落。

② 在这里我只是以马克思的意识形态批判为例来研究其论证模式(*Argumentationsfiguren*),而不涉及其实质性论断的内容的真假。

位方面是“真实的”，即在这个方面它充分描述了它应当描述的事实。现在可以与之区别的第二个方面可被称为物质实现的方面。在这个方面，断言资产阶级社会中自由和平等已经实现显然就是错误的(falsch)。

然而，为了使问题更复杂，这里还要指出另一种情况：根据马克思的观点，自由和平等的意识形态自身就是导致压迫和不平等出现的一个因素。也就是说，以这样一种方式，它们是富有成效的或具有如下效果，即它们本身就参与了对它所表达的观念的颠倒。因此，规范性的理想不仅仅尚未完全实现，它们还在实现过程中被颠倒了。自由和平等绝不仅仅是“单纯的观念”，它们还成为具有社会效果并且已经沉淀在社会制度中的观念。它们的有效性——马克思视之为并非偶然而是必然的效果——在于在其实现过程中似乎削弱了自身。(何以见得？按照乔恩·埃尔斯特对马克思的分析的总结，如果在资本主义剥削中“经济不正义是通过自由的市场交易产生的”①，那么劳动合同，作为市场交换的前提，既是自由和平等的体现，也是产生不平等的手段。这里不是指自由和平等只是说说而已——“谈论自由”——而不实现它们，而是说它们在资本主义生产条件下[必须]实现的方式会产生一种新的、尽管是隐蔽的不自由和剥削形式作为效果。)

---

① Jon Elster, » Exploring exploitation «, in: *Journal of Peace Research* 15, 1978, S. 3-17.

某些观念和它们所渗透其中的社会实践之间的那种系统性矛盾体现在，意识形态被概括为“必然的虚假(falsch)意识”一词。这个说法比初看起来要复杂得多。①一方面，这个意识(相当传统的)是错误的，因为它包含了对现实的错误解释和理解。②但是如果从另一方面来说，这个意识应当是“必然的”，那是因为它同时也与现实相符合。③但是，它并非只是一方面是错误的，另一方面是必然的，而是同时两者兼有：它必然是错误的，即这种错误是有必然性的。意识必然是错误的，因为它不能不是错误的，这不是因为意识必然会犯错(因为它那边有认识上的缺陷)，而是因为它与一个虚假的(falsch)现实相符合。就此而言，它不仅仅涉及虚假意识，而且涉及由社会引起的虚假意识。[①]（因此，意识形态也不能被理解为有意识的欺骗。即使不同的社会主体

---

① “虚假意识”的说法已经受到多方面的攻击。然而，正是那些针对在意识中寻找意识形态错误的指责，和那些认为某种过时的(表象论的)认识论在此处起作用的人，都没有认识到这里谈到的“意识”一词是非常含混的。在这里说“意识”几乎是误导性的，因为这种经由社会实践建立起来并且自身具有实践效果的意识，就不再是处在与“存在”的传统对立中的意识(或者与“基础”对立的“上层建筑”)，而是一个两者相互渗透的结构(Gebilde)：一个规范、理想和实践相互影响的复杂网络。同样，意识形态处在真实和虚假之间的独特状况也表明，意识形态概念引入了一种不符合传统的表象论模式的对真与假的理解。因此，无论如何都不确定，在虚假或扭曲的意识形态背后，是否存在着一个未建构的、非概念化的真实的现实。

以不同的方式从意识形态中受益，某种意识形态结构也会对双方都产生影响。）

2. 悖论的解决

意识形态批判的（表面上的）悖论现在已经有了明确的含义。

第一，意识形态“既真又假”，就其对于“现实”来说（无论这个现实是什么，无论人们如何设想这种对应关系）既是充分的又是不充分的，既是恰当的又是不恰当的而言。既然是由社会引起的，它们就不是单纯的欺骗或者认识错误，而是在某些方面有根据的错误，因为它以现实的特性（Beschaffenheit）为基础。①

第二，意识形态“既真又假”，因为与其相关的规范具有尚未实现的真理内容。意识形态的批判者并不批判自由和平等的理想本身，而是批判它们有缺陷的实现。然而与此同时（我将在后文回到这一事实，这对批判与其标准之间的关系很重要），规范没有实现也并没有使其真理内容不受影响。因此，意识形态（平等的理想）中的“真实要素”在其未充分（或扭曲的）实现的条件下并不仅仅是真实的。它受到了与不真实的纠缠（阿多诺）的影响。

① 此处也可参见哈贝马斯在《关于马克思和马克思主义的哲学讨论的文献报告》一文中的话：“它自身（意识）是对一个错误的现实的——所谓正确的——反映，因而是错误的（falsch）。”（Jürgen Habermas, *Theorie und Praxis*, Frankfurt/M. 1978, S. 387-456, hier: S. 437.）

那么，第一个悖论向我们展示了什么呢？阿多诺所发觉的真与假的相互渗透使我们意识到，这里涉及一个规范和实践之间多方面的复杂(且相互构成的)关系。这对意识形态批判带来如下后果。

(1)它必须既批判对某种状况(Situation)或(社会)事实的错误理解，又批判该状况本身的特性。意识形态批判不仅仅是“既真又假”，它还(如盖斯所强调的)总是同时是认识论和规范性的问题。意识形态批判揭示了，我们误解了某种(社会状态)，并且，该事物本身是虚假的(falsch)。①

因此，严格来说，意识形态批判不仅仅批判意识形态，还批判那种通过意识形态维持或由意识形态构成的实践。在这方面，它的目的不仅是纠正认识错误，还要“解放性地”改变现状。而且它相信，每一方对另一方都很重要。因此，对于这种批判我们不仅需要“勇气、同情心和好眼光”，正如瓦尔茨对社会批判所声称的那样，还需要一个好的理论。②

(2)现在，如果意识形态批判不是简单地揭露通常

---

① 意识形态批判并非单纯讨论这两个方面；它依赖于这个并不完全自明的论断，即认为在误解和社会关系的虚假性(事实的规范性错误和对其含义的认识错误)之间有某种系统性关联。现实自身在某种意义上看起来是虚假的，这导致了误解，以至于我们对现实有误解这一情况就表明该社会关系本身是虚假的。

② Michael Walzer，»Mut，Mitleid und ein gutes Auge«，in：*Deutsche Zeitschrift für Philosophie*，48/5，2000，S. 709-718.

意义上的错误和虚假(Unwahrheit)，即试图用正确的理解替换错误的理解，那么，另一方面，它也不包括关于正确行动的规范性观念。它是某种实践性的改造过程的酵素，该过程既关系到(社会)现实，又关系到对它的理解，在这个过程中，社会现实和对它的理解都必须改变。

但是意识形态批判如何指导我们的行动呢？换言之，它如何回答这个实践的问题：我或我们应该做什么？

(二)第二个悖论："一个具有规范意义的非规范性批判"

这样，我们来到前文提到的第二个悖论：主张意识形态批判是"一个具有规范意义的非规范性批判"。安东·莱斯特(Anton Leist)批评该论断为"意识形态批判的神话"，因此这是一种虚假的自我理解，尽管是诱人的。

1. 意识形态批判的规范的-非规范性地位

现在，意识形态批判实际上在多大程度上是"一个具有规范意义的非规范性批判"，即是批判性的？或者更确切地说，它在多大程度上声称自己是如此？

至少，该主张的第二个部分[①]似乎容易得到证实。意识形态批判不是规范性的，因为它没有对某物应当如

① 即"非规范性"。——译者注

何发表看法（如某种社会制度如何设置才是好的或者正义的，或者如何设置是坏的或不正义的），而只是分析它所遇到的社会制度和实践具有什么属性。只要进行意识形态批判，首先都要收集证据（Indizien）。它阐明联系，指出内在矛盾，揭露那些有助于掩盖矛盾的机制，分析统治利益（Herrschaftsinteressen）或者统治机能。这里表明，一个状况不同于它所声称的：某些特定规范的功能与人们最初认为的不同，或者说它们的起源和效果与人们所想象的不同。

因此，在我们的例子中，意识形态批判分析了在剩余价值生产模式下，自由和平等的交换在多大程度上系统地产生了不平等，“市民”自由在多大程度上系统地产生了不自由。① 意识形态批判在自由和平等的规范性理想与寻求这些理想为指引的社会制度的实际情况之间建立了联系。它揭露了使私有财产与契约有可能作为自然的东西而非历史的或社会的构造物出现的那个机制，它指出，在这里，某个特定阶级的特殊利益冒充普遍利益，并提出了对谁有利（cui bono）的问题，从而表明，

---

① 重要的是要弄清楚，意识形态批判并不增加我们对世界的知识，而是一种能以新的视角来看待我们对世界的“知识”的路径。因此，马克思的价值理论并不仅仅是一个“外在的”客观理论，它本身就是意识形态批判的，很可惜，在这里无法对其作用进行论述。这种非科学性的理解，当然可能与马克思、恩格斯的著作的其他解释和其他方面相矛盾，其中包含这样的见解：“政治经济学”的对象并不独立于它被理解的方式。

例如，对契约自由的意识形态理解在什么意义上使契约的其中一方处于优势地位。

因此，意识形态批判在追求怀疑的逻辑中收集证据。但是它没有建立规范(至少这是批评者的指责)，也没有(至少不明确)涉及规范性标准。从而一个真正规范性的“批判立场”无论如何还没有被提出或成为有效的，更不用说在得到证实的意义上去实行了。也就是说，它既没有明确论证(继续用马克思的例子)“没有实现自由和平等是坏事”，也没有提供一个理由来说明自由和平等应当是规范性的。

因此，更加困难的是如何实现意识形态批判主张的第一个部分[①]，并回答这样一个问题，即意识形态批判在什么意义上能够是批判性的，因为批判不仅仅在于能够说某物是什么，还必须包含一个对某物应当如何或不应当如何的立场。至少还不清楚，从意识形态批判的分析/解读/揭露中究竟能够得到什么规范性后果，以及它如何做到这一点。掩盖某种社会实践或社会制度的功能、作用或起源，难道不是在这个作用或功能被拒绝的时候才是有问题的吗？对“谁从各自的世界观中获益”这个意识形态批判问题的回答，难道不是只有在假设这种获益在某种意义上是有害的或者错误的时候，才能有批

① 即“具有规范意义”。——译者注

判性的力量(Biss)吗？①

2. 意识形态批判的规范性是寄生的吗？

对意识形态批判存在“自我误解”的责难似乎得到了证实。可以总结出以下结论：意识形态批判在规范性方面是一项“寄生的事业”，依赖于并非由它自身产生的规范性标准。② 这意味着一种“分工”：强意义上的规范理论提供了规范；意识形态批判有助于揭露不合规范的情况。换言之，意识形态批判以其典型的解读和揭秘的方式，最终只能是“材料提供者”，或者是对批判的“真正”

---

① 人们当然可以宣称，指明存在矛盾本身就已经是一种规范的介入。但是意识形态批判不能是揭露矛盾本身。进行意识形态批判解读的同时，还对该矛盾的效果有否定性的评价。如果设想一种——当然难以想象——社会状况，在这个社会中官方宣扬的是不平等，但是实际上存在着充分的平均分配，这一点就很明显了。意识形态批判者可能会觉得这种情况很奇怪。然而，对社会状况的分析也可以缺乏意识形态批判标志性的尖锐语气。其中一个原因是，人们想要维护这种现实状态，即使他们在这里想要谨慎地消除自我欺骗，但是在相反的情况下，消除意识形态欺骗应当有助于改变现状。而且，难道不是每一个矛盾都可以从两个方面得到解决，以至于无法马上清楚，应该修正的是规范还是不符合规范的实践？

② 雷蒙·盖斯也讨论过一个类似的反对意见，尽管他正面提到了意识形态批判的方案：如果意识形态发挥特定的功能，具有特定的起源，难道我们就不需要一个补充论证(Zusatzar-gument)来表明意识形态在规范性上是错误的吗？如果一种特定的意识形态有助于维护统治，那么要想以实践规范的方式从中得出些什么，就必须论证(这种)统治是错误的。参见：Raymond Geuss, *Die Idee einer kritischen Theorie*, Bodenheim 1988.

任务的一种修辞上的补充。但是，这样一来，意识形态批判实际上将是一种可能具有实践意义的批判形式，而并非一种具有独立规范性的批判形式。传统上，“分析”和“批判”会被分开，分析处在意识形态批判一边，而真正进行规范决断的批判工作却超出了意识形态批判的范围。那么，从道德哲学家以这样或那样的方式建构起来的不偏不倚的立场和某种预设的关于良好生活的客观理论来看，批判的标准就会以这样或那样的方式成为“外在的”。但是，即使这样一种“分工”也可能值得尊重：它仍然与意识形态批判的自我理解相矛盾。它对独立性的要求依赖如下断言：它同时是作为分析的批判(而不是对现状的单纯描述)和作为批判的分析(而不是对现状的单纯要求)。

3. 意识形态批判是消融(Verflüssigung)还是改造?

那么，意识形态批判是不是贸然犯了某种“自然主义谬误”，即从存在推论出应当?实际上，意识形态批判(以及分析和批判之统一性的观念)的可能性依赖于描述和评价相互渗透的假设。意识形态批判声称它同时是对社会既定现实的不同理解和不同评价。意识形态批判之所以认为能够使这样一种联系变得可信，是因为，意识形态批判的对象即意识形态也总是两者兼而有之。意识形态作为理解世界的方式，是规范性的。作为世界观，意识形态定义了哪些是可能的行动选项，从而规定了——以一种非常基础的方式——要做的事情。因此，意识形态界定了行动的可能性空间，意识形态批判所提请注意的这种对可能性的界定、规定和限制本身就是一个规范性事件。因此，意识形态批判尤其要揭示(某些?)描述的规范性特征。

那么，意识形态批判的特点是一种可以暂且称为“二阶规范性”的东西，这种规范性在于明确某些特定立场(Setzungen)的建构性和视角性特征。因此，意识形态批判作为使现状消融的方式，或者作为对社会实践和制度的“可变性的指示”①，即作为对前面概述的“不言而喻”的机制的扬弃，而发挥作用。这种方法“具有规范意义”，因为它开辟了新的行为方式，从而为能够提出“实践问题”创造了条件。意识形态批判通过使规范成为可识别的，就剥夺了它的强制性力量。

然而，意识形态批判不能简化为这项工作。理解世界的每种方式都是(更确切地说，尤其是从意识形态批判的角度来看)有视角的，是“被建构起来的”和建立规范的，因为没有对意义空间和可能性空间的定义，就不可能有(社会)现实。然而，指出这一点本身还不是批判性的。单纯指出现状是“被造物”、不自明和原则上可变，这并没有提供任何标准来说明某些制度和某些对社

---

① Ruth Sonderegger in »Wie diszipliniert ist (Ideologie-)Kritik? Zwischen Philosophie, Soziologie und Kunst«, in diesem Band, S. 55-80.

会现实的理解是否是错误的，以及为什么应当改变。[①]这样，意识形态批判仍将是“否定性的”，因为它只能批判各自的社会实践和制度安排对可能性空间的限制。但是，它最终批判的还是每一种特定的社会实践或制度本身，而不再是批判特定的社会实践是错误的。然而，这样一来，意识形态批判对“现状的消融”将会破坏自身。这会导致意识形态怀疑的总体化(Totalisierung)，这已经成为卡尔·曼海姆知识社会学研究的问题。意识形态批判如果想继续批判虚假意识或错误的社会实践，而不是只描述每一种世界观的特征，它就必须能够说明对解释空间和可能性空间的充分规定与有问题的或不充分的规定有什么不同。然而，这就意味着意识形态批判与诸如从阿尔都塞到巴特勒的意识形态理论思潮不同，后者倾向于把每种形式(Formierung)都理解为一方面是不可避免的，但另一方面又是有局限的，意识形态批判则必须指出必然的影响(Prägung)和歪曲之间的区别。

---

① “作为批判的谱系学”也面临类似的问题。在这个方面，谱系学在一定程度上是意识形态批判的反模式或继承模式，但它与意识形态批判有一些共同特点，并“继承”了后者的一些要素。参见把谱系学作为批判方法的马丁·萨尔的《谱系学批判》和《作为批判的谱系学》(Martin Saar, »Genealogische Kritik«, in diesem Band, S. 247-265, und ders.: *Genealogie als Kritik*, Frankfurt/M. 2007.)。参见：David Owen, »Kritik und Gefangenschaft. Genealogie und Kritische Theorie« in: A. Honneth und M. Saar (Hg.), *Michel Foucault. Zwischenbilanz einer Rezeption. Frankfurter Foucault-Konferenz* 2001, Frankfurt/M. 2003, S. 122-144.

换言之，意识形态批判的规范性必须被“更有力地”概念化。如果意识形态批判想作为一个独立的规范性事业而存在，那它不仅要关注“消融”，还要关注对现状的改造性克服(transformierende Überwindung)，使其成为一种新的更好的状态。①

4. 对悖论的克服

那么，意识形态批判的具体问题在于，它自称是这种改造性克服的酵素，却没有一个既定的外在标准，甚至没有一个现存的积极方案来替代它所批判的实践。②不过，在这一点上，其解决方式也可以理解：作为分析和批判的统一，意识形态批判根本就不要求外在的标准，而是从被批判的关系自身之中发展出标准。批判是从分析所推动的过程中发展出来的(在分析不仅仅是批判的单纯前提的意义上)。这样的批判同时是规定的和否定的：不同于前面遭到批判的“消融立场”，它批判的是特定的社会实践的缺陷；但是，它是按照规定了的否定(或某种“辩证发展过程”)的模式，即按照对内在批判

---

① 这里再次涉及曼海姆所提出的克服意识形态的总体概念的问题。参见：Karl Mannheim，*Ideologie und Utopie*，Frankfurt/M. 1985，S. 49-94.

② 在这里，意识形态批判(不同于其他批判形式)如何理解批判和实践之间的关系会是另一篇文章的主题。“中介”或“诱因”这些说法应当仅仅意味着，此处的批判一方面作为批判自身应当是“实践的”，即作为批判发挥作用，并且是改造过程的一部分(不同于单纯的指导，也不同于立足于立法和执行之间关系的模式)，但是另一方面批判当然不同于实践，也不会取代实践。

的黑格尔式变体具有决定性意义的原则来做的：正确来自对谬误的“扬弃性”克服。

现在，“自身非规范性但是具有规范性意义的批判方法”①的悖论可以解决如下：意识形态批判的确“具有规范性意义”，但是它并不是规范主义的（normativistisch）。在迈克尔·特尼森（Michael Theunissen）引入的对这个词的用法中，“规范主义”是指建立用以衡量现实的外在的规范性标准，即用“抽象的应当”来衡量现实。现在，既然意识形态批判用内在于现实的标准来衡量既定现实，那么它就能够不用规范主义的方法而保持规范性意义。② 因此，根据其自我理解，意识形态批判隐含的规范性，不需要一个外在于批判过程的标准，也并不会因此失去其批判-规范性特征。因为它从既定规范和既定现实的自身冲突中得出克服它们的标准。

但是，这样一来，分析本身就获得了一种独立的规范性，不再仅仅具有工具性。因为这种批判的规范性标准不能独立于对现实的正确理解而建立。据此，现实被

---

① Anton Leist, »Schwierigkeiten mit der Ideologiekritik«, in: E. Angehrn und G. Lohmann (Hg.), *Ethik und Marx*, Stuttgart 1986, S. 58-81, hier: S. 59.

② 艾米尔·安戈恩在类似的意义上认为：“马克思的理论所隐含的伦理学表明它属于某种特定类型的伦理学，而不是狭义的规范伦理学。”（Emil Angehrn, »Sein und Haben. Zum normativen Fundament der Entfremdungskritik«, in: ders. und G. Lohmann, *Ethik und Marx*, Stuttgart 1986, S. 125-149, hier: S. 146.）

严格理解为某种不能通过单纯的“观察”(Hinsehen)来说明的东西。如果内在批判正是一种建立关联的方法，如果对这些关联的认识和它们的存在是能够认识到其中矛盾的前提，那么它以之为出发点的那些矛盾就不是无条件地给定的，它们只有通过分析才能得到理解。而且，意识形态批判所针对的社会实践和社会制度所隐含的规范性也不是完全显而易见的。那么(正因为如此)，对作为内在批判方法(Verfahren)的意识形态批判来说，做出分析性的区别(*Unter*scheiden)和做出批判性的规范判断(*Ent*scheiden)——分析和批判——是同一个过程的两个方面。(据此回到那个悖论，规范性的和非规范性的环节不可分离地缠绕在一起，描述性的成为规范性的，规范性的成为描述性的。)

三、作为内在批判的意识形态批判

现在，在什么意义上意识形态批判是“内在的”，以及对意识形态批判的真理标准和正确标准的追问有什么后果？要回答这个问题，我必须继续深入探究。毕竟，对批判标准之“内在性”有很多不同的理解。最简单也最明显的可能是(在理论上最突出的代表是迈克尔·瓦尔茨①，但

① Michael Walzer, *Kritik und Gemeinsinn*, Frankfurt/M. 1993, und ders., »Mut, Mitleid und ein gutes Auge«, in: *Deutsche Zeitschrift für Philosophie*, 48/5, 2000, S. 709-718.

是在日常理解中也很普遍）如下版本，即认为特定的理想和规范属于某个特定的共同体的自我理解，但实际上并没有在其中得到实现。这样人们就能批评美国在当前的外交政策中背叛了民主、人权和自由等价值——但在其社会政策中也是如此——这些都是美国宪法的基本价值。（这大概就是奥利弗·斯通式的爱国主义模式，在他的电影中，他的爱国主义高举着关于更美好的美国的已经没落的理想，反对某种堕落的政治现实。）在这些情况下，特定实践和制度的现实是用从事这些工作的人的"没落的"理想来衡量的。这无疑是一种常见的、有时候也有效的批判形式，其优点在于能够与既有的规范性期待联系起来。但是其缺陷同样明显：它仍然特别依赖某个共同体（而且它把该共同体想象成自身封闭的）的既有规范。①

---

① 但是，除此之外，在有疑问的情况下，它还取决于额外的规范性论证。因此，面对不断变化和多元化的社会现实，所要求的理想和现实的统一应该走向什么方向，这并不是不言而喻的。我们应该放弃规范或理想，还是改变我们的实践？人们会因为能用基督教的仁爱理想来反对政治避难权的限制而感到高兴；然而，在另外的情况下——我们想到天主教的性道德——人们反而会以实际习惯的改变为理由，要求朝相反的方向调整。除此之外，尚不清楚的是，在那些可能相互冲突的理想中，究竟应该把哪些作为参照点。在《对诸生活形式的批判》(Rahel Jaeggi，*Zur Kritik von Lebensformen*，Ms. /Frankfurt/M. 2008.）中，我对内部(intern)批判和内在(immanent)批判的不同类型和规范结构进行了更详尽的研究。

相反，根据我的理解，内在批判(而且我想把它同这里描述的内部批判的变体区别开)有更强的诉求。一方面，正如霍耐特把内在的或(对他而言)“重构的批判”的“解释学”版本同其“黑格尔左派”的版本区别开时所强调的那样，内在批判不仅仅从事实规范，还从合法性规范出发。但是除此之外，我想说(至少对于同意识形态批判相关的变体而言)，尽管它一开始是内在的，但是它与其说是关于规范性潜能的重建或解决，不如说是某种特定的社会组织(Konstellation)的内在问题和矛盾所要求的对现状的改造。那么，正如马克思所说，内在批判“不是以某种预定的理想来面对现实”，但是它也不是单纯把理想从现实中抽离出来，而是从矛盾着的“现实的运动模式”自身中发展出这个理想。这是内在批判的——某种程度上是“否定主义的”(negativistisch)——版本，按照我的观点，它是意识形态批判的基础。

1. 何为内在批判?

简言之，这种形式的内在批判有五个特征。

(1)内在批判以内在于某种现存(社会)状况中的规范为出发点。然而，这些规范并不只是我们或“我们这个共同体”偶然地或传统地具有的价值观。内在批判所依赖的这些规范以特定的方式构成特定的社会实践及其制度设置。根据这种理解，规范存在这一事实也不是偶然的：所讨论的规范——以一种有待阐明的方式——不仅仅是在事实上给定的，还是有根据的、合理的规范。

(2)内在批判并不遵循内部(或解释-重构的)批判的典型论证模式，即认为共同体已经同它的理想失去了联系。它不认为它所批评的状况中的规范和现实之间的关系已经被消解了或削弱了，而是被颠倒或翻转了。也就是说，它们是(就像前面提到的、构成市民社会价值观的自由和平等一样)有效的，但是作为效果，已经变成了矛盾和缺陷。

(3)因此，内在批判关注的是现实及其构成规范的内在矛盾。一个社会的制度现实可能是"自相矛盾的"，因为它构成性地体现了相互冲突的主张和规范，这些主张和规范不可能无矛盾地实现，或者必然会在其实现过程中违背其初衷。(在我们的例子中，这适用于自由和平等的理念，在当代，这可以在社会进程中观察到。例如，既赋予责任又削弱责任，既需要创造性又追求一致性。)[①]随之而来的是这一——并非没有问题的——想法，即这里涉及的不是一个偶然的矛盾，而是一个在某种意义上具有强制性的、必然的矛盾。根据这一假设，从规范的特点和相应的实践以及制度的特性可以解释为什么这些规范不能无矛盾地得到实现。(那么奥利弗·斯通式的对道德净化的呼吁在这些情况下就是徒劳的。)

---

① 参见法兰克福社会研究所最近的研究计划，以及霍耐特所编的《资本主义现代化的悖论》〔Axel Honneth (Hg.), *Paradoxien kapitalistischer Modernisierung*, Frankfurt/M. 2002.〕中的文章。然而在这里，对"悖论"的讨论取代了对"矛盾"的关注。

(4)内在批判是改造性的(transformative)。其目的与其说是恢复现存秩序和现行的规范和理想，不如说是改造它们。因此，它并不是恢复之前在规范和现实之间运作的对应关系，而是以将矛盾的状况转换为新事物的需要为指导。

(5)但是，这必要的改造包含两个方面：有缺陷的现实和规范本身，这是至关重要的。规范会因为在某种既定的环境之下无法实现而受到影响。因此，内在批判既是对基于规范的实践的批判(实践不符合规范)，也是对规范自身的批判。因此，内在批判——而且这一情况在其后果中往往被忽视——不只是以规范为标准来批判某种有缺陷的现实，而且还反向进行批判。也就是说，矛盾的现实(在此种现实中，规范只能以矛盾的方式得到实现)要求对现实和规范双方都进行改造。不是单纯地使现实适应于理想[无论是恢复还是实现(Einlösung)某种潜能]。①

例如，在我们从意识形态批判的内在视角对资产阶级市民社会进行的观察中，平等的自然法规范和社会现

① 按照我的理解，在内在批判过程中，理想同实现之间的关系是很复杂的。如果内在批判所唤起的理想的实现同时意味着对理想的改造，那么这里所要进行的就不是对既有规划(Angelegtes)的静态实现，而是某种不断增强的运动。这里要实现的东西在实现的过程中才会出现。对潜能和实现的哲学主题的这种〔“行事(performativ)建构”〕解释认为，潜能和实现之间不可能完全一致，但是二者之间的动态关系仍然是有意义的。

实之间的矛盾只能通过一种新的经济社会组织原则来解决，那么，自由和平等的概念就会变成一种对自由的更充分或更全面的理解，即“积极自由”，或者变成一种“关于平等的物质观念”。因此，批判的标准在批评的过程中自身也会发生变化。(或者更准确地说：标准在变化的同时也保持不变。)

2. 过程的规范性

因此，意识形态批判的规范性基础或规范性参照点就处在它所启动的过程的规范性和合理性之中。规范性正义(以及认识真理)不是“外来的东西”，而就是只出现在这个过程的执行中，在最宽泛的意义上，可以把这个过程理解为一个解决问题的过程。

内在批判的动态-改造特征导致了一个关键的后果：被内在批判所中介的上述改造应当被理解为一个发展或学习过程。[①] 对于这个过程的特点来说，有三个方面很重要。

(1)内在批判所针对的内在矛盾不是逻辑矛盾，而是实践矛盾。这意味着，这种矛盾不是“不可思考的”，而是会导致危机，导致关于失败或缺陷的经验。以这样一种方式被危机所决定的现实——这是黑格尔和马克思

---

① “精神现象学之路”就是这样一种经验过程，即被缺陷和危机的经验所丰富的过程，但是，如果可以把精神分析的活动理解为一种“变化的辩证法”，精神分析也可以被视为这样一种过程。(Gottfried Fischer, *Dialektik der Veränderung in Psychoanalyse und Psychotherapie*, Heidelberg 1989.)

的共同假设——不仅仅在道德上是错误的，在某种程度上也“行不通”。

(2)作为这样一种经验过程的酵素，内在批判不只是破坏性的，它也是建构的或肯定的。在这里，“新事物”总是“旧事物”转化而来的，旧事物“扬弃”(该词有否定、保存和提升三义)于其中。用黑格尔式的简短表达即为：内在批判以规定了的否定(bestimmte Negation)的方式实现自身。

(3)现在，正是由于对危机的经验及其解决在这个经验过程中被扬弃了，这种经验过程可以(在最初不是特别强烈的意义上)被理解为一个进步的过程——改善的过程。

因此，意识形态批判的有效性主张基于这样的观念，批判过程的结果，或者该批判所引导的改造过程的结果，是对同时具有系统的必然性(关系中固有的)和生产性的(提供解决危机的手段)危机的充分的解决方式。因此，意识形态批判的真理或有效性建立在某种“历史指数”(historischem Index)的基础上，从而建立在某种学习过程和经验过程的合理性之上，该过程必须被理解为解决和克服缺陷和危机的历史，理解为一个解决问题的过程。反过来说，对矛盾和危机的关注就会使得“运行不灵”(Nichtfunktionieren)的标准成为认识错误和规范性错误的标准。因此，我们的假设是，实践冲突的存在会导致实践障碍。那么，意识形态就是那些对现实

“不公正”并阻碍我们的社会实践的东西〔或者如卡尔·曼海姆所说，意识形态“落后于(einholen)现实”[①]〕。

3. 意识形态批判的困难

尽管我在这里刻意以一种实用主义精神重新表达了黑格尔的模式，但正是在这里(或者说最迟是在这里)，“意识形态批判的困难”再次出现了。如果人们不想追问历史或相关过程的终极目的，那么究竟如何将这种发展(以及被内在批判所中介的改造过程)描述为一种改善呢？另一方面，恰恰是对历史发展的观察表明：危机(及其解决方式)并不是“客观给定的”，而是取决于解释、自我理解的过程以及由这些解释和过程所激发的行动链条和行动组合，那么，如何能把“危机”理解为这种发展的动力呢？因此，意识形态批判的规范性参照点的问题似乎只是被转移了。实践冲突和危机及其“解决方式”到底是什么，这个问题并不是自明的：物质不平等在多大程度上和法律不平等是“矛盾的”？正如黑格尔所言，市民社会就其全部财富而言，仍不足以解决贫困和排斥(Ausschluss)的紧迫问题，这一情况在多大程度上意味着这种社会形态的“危机”？当某些东西在这里起作用的时候，到底是什么东西没有起作用？

---

① 参考卡尔·曼海姆的“评价性的、动态的意识形态概念”，根据该概念，可以说：“从这个角度看，如果某种意识的取向没有跟上新现实，因而实际上是用过时的范畴掩盖了它，这样它就是错误的和意识形态的。”(Karl Mannheim, *Ideologie und Utopie*, Frankfurt/M. 1985, S. 85.)

我在这里只能给出解决这些问题的几个关键词。[①]

第一，问题是如何确定什么算作“功能”，什么算作“问题”，这表明在谈论“内在规范”的时候存在模糊性。这些可以是功能上的规范或者伦理规范。在第一种意义上，规范只是说，某种行为方式对某种社会实践的存在是“有利的”，即在功能上对它是必要的。在第二种意义上，规范的实现是指对有效性的伦理诉求，它使相应的实践成为广义上“好的实践”。

现在这里提出的概念似乎破坏了这种区别。所采用的规范显然既是运作(Funktionieren)的规范又是关于良好东西(Gutsein)的规范。就这里考察的社会过程而言，“运行”不仅仅指事件顺利进行，即在功能和伦理的意义上始终“运行良好”。那么，“实践冲突”的特点就是，其中出现的障碍或危机在两种意义上都成问题：①某物不(好好)发挥作用，并且②它发挥作用的方式也不好。(在狭义上或者伦理意义上)规范性和功能性的内在交织考虑到了这样一个情况，社会中压根就没有独立于良好东西的功能。反过来说，这与有争议的论点有关，即良好的东西源自(社会)的功能或社会的功能要求。这里不是深入讨论这个问题的地方。不过，对于问题的标准以及解决问题的标准，从中的确可以看出一点端倪：这样一来，问题也总是规范的问题；但是反过来说，规范性

---

① 我在我的任教资格论文《对诸生活形式的批判》(*Zur Kritik von Lebensformen*)中对此进行了详细阐释。

问题也总是功能失调的问题。那么，确定这些问题在一定程度上就必须从两个方面①入手，并且希望能找到二者的连接点。

第二，作为(意识形态批判的)内在运动基础的有关发展过程不应当被描述为一个封闭的过程，而应该被描述为一个容易出错的(fallible)、总在改善的、“开放”的发展过程。因此，判断何为“总是更好”的标准是它解决出现的问题或危机的能力。该解决包括(采纳麦金太尔的想法)能够理解危机是如何产生的，并能够提供一个可信的解释，使得这个解决可以被理解为对问题的解决。这就表明，严格来说，这种解释到底是“建构的”还是符合“现实”的，是无法确定的。(也许这个区别会被证明并不那么重要。)

第三，如果意识形态批判和内在批判一样是“一种建立联系的方式”，那么我们就应该赋予这种建立联系的实践以某种“建构-行事”的转向：构成这种批判的运动原则的联系和矛盾既是“给定的”又是“被制造出来的”。这也许意味着：意识形态批判性分析既不是简单地揭露社会现实的矛盾关系，也没有自由地建构这些关系。即使这里所说的矛盾并不像在意识形态批判的语境中有时候被赋予强制性力量，但它们仍然是实践问题的结果，它们虽然并不独立于解释，但是却——像症状一样——以某种方式“呈现出来”(melden)，即产生实践上的后果

① 指规范性和功能性。——译者注

和歪曲(Verwerfung)。因此，意识形态批判既不能将其分析和评价建立在强制性的“终极理由”上，也不能将其建立在独立于主体的、对社会现实的终极解释上。所以，意识形态批判总是会既分析也制造问题和矛盾。这种方法不是任意的，它取决于一种观点或解释上的平衡，取决于主观(主体)和客观视角的契合。虽然如此，如果按照上述方式把(社会)现实理解为某种阻碍我们的东西，即便该现实不是“给定的”，这仍然不会使我们失去标准。

第四，意识形态批判必须考虑到矛盾的多样性。因此，今天的问题不能再是揭露资本主义社会的一个矛盾或者其核心矛盾，而是揭露多重矛盾相互叠加、有时候相互冲突。这样做的后果之一是，人们将面临这种冲突和矛盾的持续存在或导向矛盾的那些冲突。因此，意识形态批判不是束缚在无矛盾的浪漫主义和谐理想，即最终克服一切矛盾的理想上，而是直接依赖这些矛盾和冲突。但是，不同于那些把矛盾性永久化的立场，意识形态批判把矛盾看作一种迫切需要——通常是暂时的——克服的动态要素。

四、结　语

我最后的思考与如下情况有关：它试探性地为意识形态批判开辟了一个领域，这个领域在某种意义上又是一个中间领域。如此看来，的确，意识形态批判不仅仅处在社会现实的“给定的”和“被制造出来的”概念之间；

它作为我所描述的意义上的内在批判，首先也处在客观主义和主观主义之间，也就是处在单纯客观和单纯主观的有效性主张之间。这让我最终回到了似乎对普遍存在的“意识形态批判的困难”负有主要责任的那一点：不对称问题，即受制于意识形态的人和批判的立场，或者说和洞悉到该状况具有意识形态性的批评者的立场之间似乎不可避免地存在着不对称关系。

当我在一开始就肯定地提到利科所谈到的“怀疑解释学”的时候，我认为这个方法一方面——怀疑的环节——打破了受[意识形态]影响者(die Betroffene)的绝对解释权。在隐藏的利益和功能关联并不明显且无法直接表达的情况下，寻找这些关联尤为重要。要指明自我理解机制和自然化机制，很显然也需要完全与已经成为第二天性的、对自我和世界的认知决裂。但是另一方面，这种怀疑解释学还是解释学。因为它试图重建受影响者的视角，理解他们的理解，不是外在的、客观的、从外部而是从他们的观点来重建某个事件的问题。然而，它不只是把主观视角从扭曲或操纵①中“净化”出来

① 不仅葛斯在其《一种批判理论的概念》(*Die Idee einer kritischen Theorie*)中暗示过这个意识形态批判的概念(尽管他并未停留于此)，而且在那些具有完全不同的理论基础、把意识形态视为对偏好的非理性扭曲的立场中，也可以找到这个概念。例如：Beispiel Jon Elster，»Belief，Bias and Ideology«，in：M. Hollis und S. Lukes (Hg.)，*Rationality and Relativism*，Cambridge/MA 1997，S. 123-149.

(这个立场与如下问题有关，即它必须说明操纵和影响的区别)；它处理问题和危机的方式使其成为这样一个过程的酵素，在这个过程中，不再有客观外在的标准，而只有一个过程的进展，就像精神分析的过程一样，这个过程没有它所批评的立场(及其主体)的参与是不可能的。因此，意识形态批判并不在被它批判为意识形态的那个关联之外；批判者和被批判者(以及受到后者影响的人)不是分离的，而是“一直在进行着的社会性自我理解的一部分”[①]，但是批判者被严格理解为某种欺骗关系(自我)消解过程的一部分。那么，意识形态批判就不是站在被视为颠倒错乱的社会现实之外的；它是以某种方式让我们面对社会现实的问题和矛盾的一个实例，它同时也是变革社会现实的酵素。由此，意识形态批判具有一种特殊的地位：它在一定程度上既是主动的又是被动的。由于它总是以意识形态批判所带来的行事-实践性冲击为目标，所以它和它批判的东西一样，既是理论又是(作为理论的)实践。而且，受制于内在批判的方法，意识形态批判就像每个解放过程一样，是一个“只认识其参与者(Beteiligte)的过程”(哈贝马斯语)。

现在我们为什么需要意识形态批判？意识形态批判不仅仅让我们看到其他现象，如在统治关系不显著和几乎看不到的地方，它也能把它们揭示出来。其特殊性还

---

① 关于这种概念，参见：Robin Celikates，*Gesellschaftskritik als soziale Praxis*，Frankfurt/M. 2009.

在于，它以不同的视角看待那些不公正或统治特征十分明显的现象。所以，意识形态批判的特点就在于，其目标不是(个别)错误行为，而是作为关系的关系。因此，意识形态批判是为了批判结构性统治和对统治进行结构性批判而产生的。

第四部分
批判的解释学和科学

搭档和批判者

——对心理治疗谈话的批判解释学

约阿希姆·屈兴霍夫(Joachim Küchenhoff)

阿思汗　译

首先，我们必须限定接下来进行的思考的范围。精神分析在多种意义上都被当作批判性的科学来运用——无论就阿多诺的批判理论而言，还是就德里达的解构主义而言，都是如此。同样重要的是，将精神分析重构为一种对主体的批判理论：本文的要求则更为谦逊，更为有限。本文将完全限定在对精神分析的临床运用上，而不探讨它对于社会分析和文化学而言的批判功能。我们将借助分析者的临床活动来描述内在批判与外在批判的关系。在这里，我们只将分析者作为批判者来研究。这样，本文在两个方面是片面的：它只关注精神分析治疗的临床活动，而在这之中，又仅仅关注分析者。

论证分三步进行。①我们将创造一个基础，以便能够描述内在批判与外在批判的关系；就此而言，确定分析者使用批判的目的是什么，以及在何种程度上，一般的分析活动可以被视作批判，是非常重要的；因此，我们首先要论证分析性批判的目标(本文第一部分)。保罗·利科的最后一部著作《承认的过程》[1]，可以提供一个线索，让我们能够系统地探讨可能的诸目标。②我们站在分析者的立场上描述批判；在这里，我们会展示外在性与内在性，或者内在的层面(本文第二部分)。③第三部分比较短，它将指出，这些立场是摇摆着的，这并不是说，它们会驳倒自身，而是说，我们不得不总是接受这一事实：这些立场彼此否定，又彼此相关联。

一、分析者的批判目标

分析者用他的批判想达到什么目标呢？一般来说，分析行动的目标在于拓展自我认识，即强化或者拓展被分析者的身份认同(Identität)与自我性(Selbstheit, ipséité)，但也将他习以为常的身份认同预设和自我形象相对化。初看上去，将批判的目标与非批判的目标分开非常容易。如果分析者确定了诊疗的框架，并为他的行动要求一份酬金，那么，事情就与暂时批判的功能没什

① Paul Ricoeur, *Wege der Anerkennung*, Frankfurt/M. 2006.

么关系了。另外，这个约定肯定也具有一种动态的意涵，可以用批判的视角加以观察。因为，这个约定面向被分析者，确切一些，面向着他关于对实在性进行限制的期待："我不可能在任意的事态中，而是只可能在某一个特定事态(Setting)中为你在此；当我把我自己为了你安置在此地的时候，我也有自己的旨趣，而这种兴趣并不属于诊疗任务。"诊疗框架的约定因此也就是一种对于理想化倾向或者说"万能要求"(omnipotenter Ansprüche)的初步批评。因此，将批判与非批判的功能区分开来，并不是那么简单的。只要我们不是不假思索地接受了事态，而是将它纳入分析之中，那么对于特定事态的追问就获得了一种批判的功能。这就同时涉及分析批判的一个本质特征。批判以自身反思的态度为基础，这种态度并不单单关乎被分析的个人，也尤其关乎主体间的关系，以及构成这种关系的诸要素。就此而言，分析者在同样的意义上也是(自我—)批判的对象。在分析中的批判永远是对于系于所有在诊疗中的表达之上的事情的追问。

不过，我们清楚地知道，在那些没有稳定的身份认同，反思能力又被限制的病人被分析的时候，恰恰是诊疗帮助病人们加强了他的能力：它增强了精神能力的可用性，拓宽了想象的空间；分析者在分析中帮助病人更准确地进行判断，更好地指认情感状态，并将自己与其他人分开来。这样，我们还能讨论分析的批判功能吗？

回答这个问题并不容易；如果说，促进活动，作为一种赋能的作用(ermöglichende Funktion)，是批判的另一面的话，那么我们对于这个问题的回答是肯定的；我进行批判，这个批判的结果是，我为改变创造了可能性条件。但是，这些条件往往是由被分析者自己创造的。弗洛伊德不厌其烦地强调，进行综合并不是分析者的任务，而仅仅是被分析者的事。① 而如果我们认为，那种赋能的作用并不是批判的另一方面，而是它的对立面，即它不是要被理解的东西，而是被操纵或者推介的东西，那么，对这个问题的答案就是否定的。

那么，现在分析者的批判活动的目标何在呢？如前所述，这种活动拓宽了被分析者的自我想象，以及他对于自己身份认同的想法。为了能将这个尚显笼统的认识目标进一步划分，应着手研究保罗·利科在他的最后的著作《承认的过程》中对于自身认识的诸环节的看法。利科在《健全人的现象学》(*Phänomenologie des fähigen Menschen*)一文中提出了以下要点："能说"(Sagenkönnen)，对于我自己能做某事的指证，能够解释并且解释自己，最后是某个行动或话语能够被归于自

---

① "但我不能相信，我的先生(原文如此!)，在我们的心理综合中增加了一个新的任务……在分析性处理中，心理综合是不经我们干涉，自动地，不可避免地发生的。"(Sigmund Freud，» Wege der psychoanalytischen Therapie« (1919)，in：ders.，*Gesammelte Werke*，Band 12，Frankfurt/M. 1999，S. 181-194，hier：S. 185 f.)

己的特性。除了这些能力之外，属于自我认识的还有对于在回忆过去和许诺未来的时候，对自己的身份认同的联结(能力)。利科明确地将自己的观点与针对回忆进行的精神分析联系起来。精神分析的效用范围(Kompetenzspielraum)必须被拓展，因为不只是回忆，利科指出的其他自我认识的条件，也被描述为精神分析任务的目标，具体而言，被描述为精神分析式批判的对象。随之而来的是这样一个观点：分析性批判的目标可以为这些维度所刻画，但并不为它们所穷尽。分析致力于自我认识的能力，因此，它也想要通过自己的批判性功能，构建或拓展属于一般而言的批判的功能。

1. 能说

当我们按照保罗·利科的观点，在分析人类能力的时候关注言说，即一种陈述的能力时，会发现，它只能以间接的方式表达。我们是通过关注对象的陈述，将推理回溯到表达行为以及表达者的。①

人格和主观身份认同通过“说”来展示自身，主体从语言中展现出来。这个命题同样也适用于对“能说”的分析，正如拉康的精确表述，在分析之中，字里行间的主体将自己展现为能指(Signifikanten)的连接②。因此分

---

① Paul Ricoeur, *Wege der Anerkennung*, Frankfurt/M. 2006, S. 127.

② Hans-Dieter Gondek, »Subjekt, Sprache und Erkenntnis«, in: ders., R. Hofmann und H.-M. Lohmann (Hg.), *Jacques Lacan-Wege zu seinem Werk*, Stuttgart 2001, S. 130-163.

析性的批判要求自我性即通过(分析者的)倾听——再次引用拉康的话——达到充分的言说;① 在这里提到的,并不是某个被审问的人格的无意识的神秘或神圣的表达,而是一种底层的言说,是一种这样的表达,提示我们,一种别样的欲望,破坏了有意识的表达。分析性的批判是一种对在分析中被说出来的东西的仔细倾听。关于这一点,弗洛伊德在《梦的解析》②《诙谐及其与无意识的关系》③中所做的努力,以及后来的拉康所做的努力,是无人能及的。为了达到这样的目的,我们使用了怎样的手段呢?(例如,拉康推荐利用沉默以及朗读的手段,还有安排约谈的时间,采用不同的结束方式,等等):这些手段的目的在于,让不言说的,空的言说以空洞的方式进展,以期我们可以听到一开始沉没于这种空洞语言中的渴望。④

---

① Jacques Lacan, »Funktion und Feld des Sprechens und der Sprache in der Psychoanalyse (Bericht auf dem Kongress in Rom am 26. und 27. September 1953 im Istituto di Psicologia della Università di Roma)«, Abschnitt I, in: ders., *Schriften I*, Weinheim 1986, S. 78-131, hier: S. 84.

② Sigmund Freud, *Traumdeutung* (1900), in: ders., *Gesammelte Werke*, Band 2/3, Frankfurt/M. 1999.

③ Sigmund Freud, *Der Witz und seine Beziehung zum Unbewußten* (1905), in: ders., *Gesammelte Werke*, Band 6, Frankfurt/M. 1999.

④ Nicolas Langlitz, *Die Zeit der Psychoanalyse. Lacan und das Problem der Sitzungsdauer*, Frankfurt/M. 2005.

2. 我能做，以及，我将行动算作自己的

主体不仅仅是在说话的时候，在行动的时候，也体现着将自己视为行动过程的原因的能力，因此，这使得我们能够区别单纯发生的事情，和我们使得它发生的事情。“借助‘这是我做的’这样的澄清，主体可以将自己认作‘使其发生’的原因。”[①]对于利科来说，英语词“行动者”(agency)意味着行动主体，这是一个提纲挈领的重要概念。

在关于主体的精神分析与批判的功能中，各种失误(Fehlleistungen)可以被视作“使其发生”的好例子，它在病理学上的严重状态就是强迫症。众所周知，强迫症患者的心理防卫机制围绕着“未使其发生”(的认定)：根本什么都没有发生，这件事不关我事，我对此没有任何责任。

分析性批判假设主体性的无意识部分，即使在被意识和自我否定的地方，它也以行动主体的形式存在。这样，进行批判的目的不是为了揭示，而是为了拓展个人行动主体的基础。因此，与精神病理学相比，精神分析理论中对症状的分类完全不同：后者关注的并非是陌生的病理性行为，而是行为的动机、充分的理由和行为的意义。其结果是，在自我反省的冲击之后，可以有一种充实的，与自我能力的认知相关的感觉。对婴幼儿的研

① Paul Ricoeur, *Wege der Anerkennung*, Frankfurt/M. 2006, S. 129.

究已经表明，对于自我的早期发展来说，这种对于自我能力的感觉是多么的重要，它甚至在整个人生中都保持着重要性。因此，分析性批判不单单解释，而且扩展了主观经验行动能力的范围。

应当顺便指出的是，在今天的心理治疗中，甚至在精神分析治疗谱系中，正是这种主体的回归遭遇了威胁。我观察到，被缩短了的创伤治疗周期希望保全，保护与安抚明显受到创伤的人，这很好，但问题在于，在这个过程中，严重受创者身上经常出现的自我毁灭倾向却被当作一种已经从外在接纳到自身之内的破坏性品质，未能得到分析：如果创伤只是一种外在的恐怖，而没有被接纳到主体之中，那它可能就没那么糟糕了。①

提到对创伤经验的处理，就会引出另一个方面，如果不进一步说明，这个方面也许并不显明，也难以理解，因此必须着重解释。分析性批判允许将看上去匿名的行为归于一个主体，反之亦然；换句话说，它不仅允许将行动归于主体，而且允许将行动与主体进行区分。更重要的是，正是考虑到创伤的代际传播，分析也针对共情显象：主体将某物归于自己，而这东西并不是主体自己的意向、愿望或者过失；相反，它展现了被接纳过

① Joachim Küchenhoff, »Trauma, Konflikt, Repräsentation«, in: ders., *Die Achtung vor dem Anderen*, Weilerswist 2005, S. 309-327.

来的别人的过失或者愿望，等等。[①]

3. **讲述和能够讲述自身**

利科用一句话漂亮地总结了对新经验的批判性接受和叙述性身份认同的筹划之间的关系："学着讲述自身，就意味着学着向他人讲述自身。"[②]

在分析中，被分析者向分析者讲述自己的故事。分析性的批判首先指出，被分析者，就和其他所有人一样，"被编织进众多故事之中"[③]，而个人生活的真相，就是自我讲述的真相。因为分析并不是独白，而是讲话，因此，在分析之中就出现了自身-讲述（Selbst-Erzählung）。自由联想的基本规则旨在对于主要叙述和重点叙述线索的批判性相对化。如果在分析者的讲述中，所有被说出来的东西都是重要的，在原则上都被当作叙述的一部分的话，那么这意味着，主要的叙述已经被整理过了。利科想要提醒我们的东西，在分析中是很明显的：叙述在自我和他人，在叙述者和聆听者之间展开。听者完全地参与到叙述方式的变化中去：他首先单纯地注意叙述片段，尚未用配合的方式呈现叙述的同一，以通达主要叙述。之后，叙述者参与到交互中，借

---

① Haydée Faimberg, *The Telescoping of Generations*, The New Library of Psychoanalysis, London 2005.

② Paul Ricoeur, *Wege der Anerkennung*, Frankfurt/M. 2006, S. 134.

③ Wilhelm Schapp, *In Geschichten verstrickt*, Frankfurt/M. 2004.

助自己的想象，在聆听的同时丰富这个历史。分析者成为讲述者陈述模式的参与者，从现在开始，他能感受到，在自我叙述——这一叙述也总是对被创造的经验关系的叙述——中，有什么被省去，又有什么不完整。除此之外，他也将能够发现，在何时，这些故事成为针对理想听众的理想化的自我筹划；在自己的故事中，被分析者勾画了一幅自己的图像，即拉康所说的“想象”，而用这个图像，被分析者希望让他人接受这个产生对理想图景的投射的图像。这样看来，努力对他人讲述，也意味着平息自我理想化(的冲动)，不去按照自己推测的他人的希望调整自我叙述，接受在叙述中的断裂和不和谐部分。

4. 回忆

利科强调，关于回忆，精神分析一方面令人不安，另一方面又使人安心。所谓令人不安，是说它会压抑一些重要的经验，将它们排除在有意识的可用空间之外；而所谓令人安心，是说这些经验并不会被彻底遗忘。分析性的批判，就其致力于消除压抑而言，就是一种对回忆的回收工作。分析性的批判是对于防卫的批判，即针对压抑行为的批判，因为它总是指向欲求的历史，而欲求在叙述中往往已经被省略。对于早期弗洛伊德来说，将被压抑的情境、情绪和经验解放出来是至关重要的，而再回忆的力量，尽管一直被视作必要的，却并不那么为晚期弗洛伊德以及所有后来的精神分析学家所信任。

在最近几年的，对于正在消失的19世纪的创伤研究回顾中，对于回忆的发掘才又一次重要起来。当然这里说的仅仅是对于原始事件的回忆，对于真实经验的回忆，我们有充足的根据对它加以怀疑，因为什么是真实经验，什么是对于早年生活经历的幻想，是很难回答的，甚至是一个虚假的问题。不仅仅为了能再次经历未能实现的愿望和期待构成的故事，也为了追问自我执着于某一个愿望或期待的原因，回忆都是很重要的，因此，当下的限制和幻想才能被理解，进一步被克服。对于回忆的批判性分析致力于对抗防卫，对抗自我限制，对抗对于冲动的限制，这对于自我叙述来说当然是有充足理由的，但我们却并不必然要让它进一步发挥作用。防卫、压抑和反抗恰好标记了精神分析批判最明显的构成部分。精神分析正是在针对意识的成果和被自恋所捆缚的自我之时，成为批判。

5. 批判的能力作为分析的目标

不过，精神分析的成果并不是完满的自我认识，也不是将前文提及的能力发展，直达某个特定边界或臻至完善，也不是对自我反思的完善运用，而是——在这里请你们注意，将分析行为描述为批判有重要意义——对于批判功能的接纳。从有限的批判中生成无限的批判①，

① Sigmund Freud，»Die endliche und die unendliche Analyse«（1937），in：ders.，*Gesammelte Werke*，Band XVI，Frankfurt/M. 1960，S. 57-99.

这不是说，批判不能结束，而是说，被分析者获得了批判的能力。这种能力会贯穿不同的其他能力，比如说，之前提到的防卫活动。技术上所谓的防卫分析，成为对于自身批判的批判，即对于按照被自我预设的选择所接纳的经验和愿望的批判。

批判预设了拉开距离的可能性。在精神分析技术理论中，空间比喻能占据重要角色是有原因的：关键总是在于，不完全沉浸于自己的语言和行动，而在于寻找定位它们的可能性，以及能够对他们表态的可能性，尽管这种界定可能是补充性的——这就是无意识欲望关涉的东西。这样就给态度、“心灵撤退之处”①、“过渡空间”②、“心灵空间”③等概念留下了空间。

这样一来，从分析中的交流中提取到个人反思内容的，就不仅仅是一种关于自身经验的技术。批判的能力不可避免地与认识相关，换句话说，并没有所谓批判的彼岸。批判并不是过渡状态，而正是通过分析所能达到的结果本身。弗洛伊德认为，当被分析者获得了对于无

---

① John Steiner, *Orte des seelischen Rückzugs. Pathologische Organisationen bei psychotischen, neurotischen und Borderline-Patienten*, Stuttgart 1998.

② Donald Winnicott, »Übergangsobjekte und Übergangsphänomene«, in: ders., *Vom Spiel zur Kreativität*, Stuttgart 1974, S. 10-36.

③ Salomon Resnik, *Mental space*, London 1994.

意识的洞见，分析的任务才算完成，[①] 而这意味着，分析并不是永久地取消了无意识状态，而是识破了无意识的机制。拉康非常明确地提示我们，分析使得我们有能力消除幻觉，灵活调整我们的定位和身份认同筹划，并且让我们把对不可能重新赢回的东西的索求相对化。分析帮助我们进入一个更大的身份认同筹划的空间，丰富我们自我讲述的潜能，由此产生新的未来筹划和新的"许诺"。痛苦地失去幻想，这就是批判能力的收获和长期要求。精神分析批评连带着一种建设性的"失-望"(Ent-Täuschung)[②]：分析者就算没有在它的帮助下摆脱对想象的、理想化的对象的追求，也可以认识到它们是想象。在对客体的夸大中，精神分析带来了一种逐步的，有时很有说服力的洞见，以及过高的，对于自己和他人的期待。这样的失望在两种意义上具有建设性，"它让人从抱怨和缺失感中脱离出来，去发现，最高的善并不是一劳永逸的现成之物，用黑格尔的话来说，并

---

① Siehe Sigmund Freud, »Die endliche und die unendliche Analyse« (1937), in: ders., *Gesammelte Werke*, Band XVI, Frankfurt/M. 1960, S. 95.

② 写在一起的 Enttäuschung 意为"失望"，而 Täuschung 意为"欺骗，幻觉"，"Ent-"前缀意为"远离……"。作者在这里玩了一个文字游戏，同时表达了"失望"与"消除幻想"的含义。——译者注

不是已经被挣来的硬币，这就是分析最值得的成果之一”①。失望取消了对于(由我们自己创造的)幻觉的追求，这样，它就解放了创造力。失望也是否定性的，因为他并没有完全替代幻想对象，而是创造了对于缺憾的经验：“对于迄今为止的显明缺陷的取消，这种被弗洛伊德称为次压抑的清除过程，目标只有一个，就是用不妥协的态度，再次经历缺憾与缺陷本身。”②

二、批判的诸形式

已经阐释的内容，已经说明了，分析性批判的目标是什么，它能达成什么，它又如何能够正当地探讨批判的功能，现在还必须说明的是，批判如何实现它们。对于分析者来说，区分“充实”和“空洞”的话语是如何可能的呢？如何认出一个无意识渴望的来源并且将它凸显出来呢？如何在一连串的症候中找到一个主体呢？我们如何认出隐藏在叙述性身份认同背后的东西呢？对于回忆的工作是如何被保障的？我们只有懂得，批判是如何在

① Peter Widmer, »Zwei Schlüsselkonzepte Lacans und ihre Bedeutsamkeit für die Praxis«, in: H.-D. Gondek, R. Hofmann und H.-M. Lohmann (Hg.), *Jacques Lacan-Wege zu seinem Werk*, Stuttgart 2001, S. 15-48, hier: S. 26.

② Hermann Lang, *Die Sprache und das Unbewusste. Jacques Lacans Grundlegung der Psychoanalyse*, Frankfurt/M. 1973, S. 298.

分析中进行的，才能明白，它在多大程度上是内在或者外在的。内在是说，针对在被分析者提供的材料中显露出来的踪迹进行批判，即展示身份认同建构中的断裂之处；而外在(我们在这里避免“超越”的概念，因为对于我们的要求来说，它过于宽泛而且具有多重含义)是说，用既成的规范性标准考察被分析者的身份认同筹划，用这些从外在于患者命运的诊疗规范和科学知识中得出的标准来批判患者。接下来我用从外在运动到内在的方式来阐释这个主题。

(一)外在立场，对于分析者的批判

1. 分析作为医疗保险

分析并不在社会的飞地或者无人岛上展开。只要分析者参与被公共健康体系所支持的精神治疗项目，他们就要服从由疾病保险法或者类似的法律与组织建立的标准。与此同时，在瑞士，任何形式的精神治疗都越来越被明确要求出具鉴定，其中包含诊断、治疗目标和治疗计划〔在几小时内(最多六小时)，这些内容只能基于外在标准给出〕。作为健康保障的一分子，分析者受制于规范性要求，而这些要求会影响到分析。这已经使得许多分析者认为，在这些规范下不可能进行分析。不过，此类看法背后有一些错误的前提，因为它暗示，分析情境可能具有一种不受影响的内在性。在我看来，重要的是去了解那些压抑着被分析者的行动和自身描述的规

范性。

2. 经验研究和精神分析

当下关于精神治疗的医疗保险财政的焦点问题还提示了另一些内容。如果没有经验性的精神治疗研究，那么在健康政策看来，分析就没有存在的正当性了。换句话说，精神分析者可以接受或者拒绝的那一部分社会立法，就是对于影响、效用和效应的规范。这里的矛盾是显而易见的：分析的经验成果不能说服任何健康政策或者经验精神诊疗研究者，声称自己已经向分析者“如其所是地展现了在他固执重复中存在的漏洞和缺陷”，就像我们刚才认真刻画过的那样；人们不得不说，这是可笑的。在有些人看来，精神分析的成果就是切实减轻患者的负担，提升工作能力，等等。通过诊疗研究，影响分析的外在标准又会被制定出来。这样看来，我们究竟是否有切身为被分析者服务的能力呢？比起在对症治疗之后可能更严重的近距离冲突（Nähe-Distanz-Konfliktes）的严峻挑战，逃入饮食障碍是不是反而更好呢？这样的想法又一次导致，精神分析在评价经验时，将自己限制在竞争性的进程之中，因为分析者不能或者不愿将自己的治疗活动与视角转换结合起来。另外，一个社会的健康规范，对于治疗的结果要求是既成的，它影响着被分析者对于分析者的要求，以及分析者对于自己的要求。我们不可能简单地回避这些规范；或者说，在我看来，比起忽略外在立场来说，将它与内在的批判形式沟通起来，会更符合现实、更困难，但也更好。由此可见，分析性的批判也是对于批判进程的自身批判，而这就在于批判地将外在影响纳入考量，这意味着不单单考虑纯粹的内在性，而是澄清内在与外在进程的交互作用。

3. 心理机制的实操诊断

每个心理病理学诊疗过程都将心理健康的规范标准视为批判的外在要素。诊断是医学交流的一部分，它从健康和疾病的角度判断痛苦。心理机制的诊断借助实操的心理机制诊断标准界定了冲突与结构，或者说，允许我们评估关系模式。这就更接近精神分析的内容；尽管如此，在这里，置身于诊断学的视角上，基于被规则系统把握的分析理论，有这样一个判断，它的目标是识别现成的标志，或者说是认识心理学事态。不过，诊断的视角并不仅仅基于观察，而且也基于同情和联系，否则各种分析视角就无法呈现自身。在这样的情况下，外在批评跨过界限，进入内在，而并不掩盖内在部分。

(二)批判的内在视角——基于分析者的立场

那么，内在批判从何处开始？我们应当区分内在批判的两个不同的层面；在一个汉德克式的语言游戏中，我们可以将它们区分为内在世界的内在世界和内在世界的外在世界。我们将要展示，它们如何被区分开来，以及它们是如何彼此依存的。

1. 内在世界的内在世界

内在世界的内在世界是分析者所描述传达的；可以

说，批判就在于内在批判的内核，它致力于理解、辨认、同情、体会，从被分析者的视角重构体验世界。因此，传达的概念就是一个至关重要的视角。分析者设身处地地考察被分析者，因此，前者会在分析的过程中切身地体验到患者描述的感觉。换句话说，被间接但有力地强迫着，实现患者的描述。听取传达并且理解它的决心需要诸多前提；比昂(Bion)认为，分析者必须在分析的时候去除记忆和期望。[①] 因此，他必须尽最大的努力，去除先入之见，无论它是理论，还是迄今为止的分析经验。

下定决心进入一种传达关系，将它作为分析意义的最重要的部分，会改变批判的基础。就算这种决心本身并非是批判的，而是批判的前提，但它确实触及了批判的核心功能以及分析者的批判立场。因此，我们现在来进一步刻画它。[②]

精神分析解读的对象并不先行于精神分析情境，它并不先在于说明。说明与无意识的、有情绪意义的材料相关，而这样的材料并不是现成的，并非简单地由被分析者通过叙述或者举止呈现出来。材料，也就是精神分析意义的对象，被组织在复杂的精神分析情境之中；当下，各种取向的精神分析学派都同意，传达是精神分析

---

① Arbeitskreis OPD, OPD 2, Bern 2006.

② Wilfred R. Bion, *Attention & Interpretation*, London 1984.

工作的本质性环节，也是叙述任务的本质性环节。我们在这里说“组织”，因为其他的表达，诸如“产生”或者“使其可见”都在语言上已经认定，我们要考虑的是现成的关系状况以及过去的关系经验的联系。被分析者传达他的愿望、期待和忧虑等情绪，诚然，它们从其生活历史中产生，但并不能在除了当下的分析情境之外的地方找到；因为被分析者的需求和渴望是无意识的，因此他并不能直截了当地传达或表述这种情绪。分析情境激发着关系想象和关系塑形，而这个过程是无意识的。通过语言的联想，以及诸如梦境和回忆等其他精神分析材料，被分析者指向这样的关系塑形。分析者的交互传达的想象，对于患者的情绪反应，用更多的棱角丰富了这个关系塑形。如果真的接受，传达是精神分析治疗的核心概念，并且在传达中，当下被组织的关系结构是可认识的，那么精神分析批判的对象就不是事先存在，而是通过协同的分析工作才被揭示出来。

2. 内在世界的外在世界

批判着手于传达本身及其准备阶段的意义。如果在陈述关系中分析者就像其他对象一样反应，那么被分析者就不会有什么收获。但这一定会发生；早些时候，有一些为此专用的术语，比如说，行动(Agieren)，这被草率地视为错误的技巧。如果在分析中，想象的关系仅仅是被强调、反应、处理，并且分析者从外在于传达的立场上分析，那么，在第一部分被系统表述的东西，就没有什么能对被分析者产生影响的了。另外，或许不可能将认同与移情作用从参与中分离出来。为了理解被分析者，分析者必须把自己放入被分析者中(在分析中也是如此)。这就意味着，他——无论程度多小——也总是共同-行动(mit-agieren)。

尽管如此，诊疗式的自我分裂不仅仅出现在被分析者这一边，也直接出现在分析者这一边。他必须打开一个批判的空间，从被分析者提供的客体关系中找出信息，为他设身处地地着想，而这就意味着，他可以要求(被分析者)讲述，可以创造一个想象空间，让他能分析与主导性的客体关系关联的想象，这样，分析者就扩展了言说的能力。他可以展示，被分析者为了澄清自己的"原创地位"(Urheberschaft)是如何塑形关系的；也可以展示，在这个过程中被分析者是如何成为诸关系的牺牲品的；最终，他可以清楚地将手头的关系总体与它的前提假设联系起来。他在所有的环节中都打开了一个空间，借此拉开一段距离——这里本应提及许多相关的、应当被澄清的精神分析的专业术语。如此，总会出现一种批判性的距离，而这就是批判的前提。不过，这里所说的拉开距离的步骤，是一个持存于合作进行的叙述之中的运动，它与对于关系的共同经历相关。毫无疑问，我们无法设想，影响着分析者的认识的外在标准，作为先入之见，被排除在分析者的构造工作之外。这样看来，内在立场并非与之前所描述的外在批判立场完全分离。但外在立场的出现并不伴随规范性的引导，因此，它并不是万无一失的，只起到一种补正作用，是对于当下共享的经验，或者没有被共享的、必定不会得到实现的愿望世界的描述。每个解释都提供了一种意义，而它的目标并不在于真相，而在于对自我说明的扩展；它的正确与否在于它是否触发了反思——之前我已经讲过叙述身份认同的扩展了。真相的问题会引出被分析者的自身身份认同批判过程的可利用性问题，换言之，会带来一种实用的规范。①

(三)内在世界的外在世界的内在世界，或者说，内在与外在批判的交织

诚然，分析者所接纳的立场并非是提前被规定好的。确定离场是分析者的任务。在第一部分我这样描述了分析的目标："批判的能力不可避免地与认识相关，换句话说，并没有所谓批判的彼岸。批判并不是过渡状态，而正是通过分析所能达到的结果本身。"分析者只能用自我批判的方法确定自己的离场；他不能心安理得地采纳一个外在批判或者内在批判的立场。因此，以一种对批判者立场的界定的形式进行的自我批判是必要的。

---

① Joachim Küchenhoff, »Selbstinterpretation, Beziehung, Deutung. Zum Interpretationsbegriff in der Psychoanalyse«, in: ders., *Die Achtung vor dem Anderen*, Weilerswist 2005, S. 249-260.

这样，分析者就可以发现，内在世界的外在世界只能作为内在世界展现自身：分析者理解传达信息，解释它，在解释过程中，他站在认识者的视角上考察传达，或许他说出了对的东西，但这是因为他满足于引导甚至领导被分析者的愿望。这样，外在直接的内在世界又变成了传达中的内在世界。或者说，内在世界的外在世界显现为分析者的内在世界，它不可能放弃成为认识者的渴望。关于这个问题，拉康认为，分析者是“伪装的救世主”(supposé savoir)，认识活动归属于他，但他并不能没有附加条件地利用这种知识，因为这就总是处于一种落入统领对话(Herrendiskurs)的危险中，也就是说会使用权力。这一危险也出现于，或者说，更多地出现于批判的外在立场，比如说，在诊疗关系中的诊断层面。如果权力被使用，如分析者为医疗保险撰写报告，那么决定性的问题就是，分析者是否作为不受质疑的权力保持在分析工作之外，或者说，权力维度是否也被纳入分析的关系交织之中呢？①

三、结论：批判立场与对批判立场的批判的摇摆

我描述的是一种双重运动，它构成了分析者的批判

① Wolfgang Loch, *Deutungs-Kunst. Dekonstruktion und Neuanfang im psychoanalytischen Prozeß*, Tübingen 1993.

性视角。这种运动以不同的方式在外在批判和内在批判之间转换，不同的视角之间彼此考察，并相互交织。如果没有批判的外在化过程，那么它也不会有什么发展，在个人认同的发展中也不会有什么影响。借用弗洛伊德的重要技术性论文来说，批判就不停重复，并不让我们介入或者进行回忆。而如果没有批判的内在化过程，个人认同的发展也就只是外在的，最好的情况下，它能发展为一种教学，而最糟糕的结果，就是它变成被治疗伪装的权力运用，虽然也会产生效果，但却会偏离自我认识的目标，因为它根本不考虑病人的“自我”。我提出这种摆动，是为了形象地说明两种彼此关联，而非限制在交互过程中的一方的批判视角。

视角的变化总是伴随着对当下被采纳的视角的一种否定，而这种否定必须被把握、领会、承认。考察转述的分析者，必须将自己从应当被他满足的被分析者的关系要求中，或者进一步说，他想满足的被分析者本人那里抽离出来，并且，被分析者必须承受这种一般来说被当作倒退的步骤。在其中，分析者必须承受住被分析者的失望，因为被分析者不再是关注的焦点。分析者必须在协作中承认分析的社会规范条件，即存在着一个分析关系的彼岸，而分析工作的可能性与影响也因此是相对的。被分析者必须忍受，这种彼岸意味着对于分析者能力与可能性的限制。分析者必须将自己从某些在分析之中被作为批判同伴的被分析者不断提出的要求中抽离出来。在视角的转换中总能认识到，两种视角并不能在分析关系中同时出现，而批判视角的转换也就意味着对另一视角的否定。这种在视角之间的否定关系可以在不同的方面上演。在这里我们只在如下的意义上讨论它：一个视角介入另一个视角，它们彼此进行否定，也必须承受对方的否定。这种相互否定的关系最终会导向对于批判者的总体视角的考察。在分析理论中提到，如果分析不能完成对于否定性转述的工作，那么它就不能算完成了。这意味着，困难的、糟糕的、残忍的客体关系并不能被排除在转述分析之外，而对于它们的辨识也可能因为分析者而消失。这必然伴随着情绪、矛盾、冲突甚至攻击。[①] 从这种为了划分而必须进行的“攻击”中会产生出什么？从对否定性的转述的考察之中，首先会出现对于转述的否定。在转述对象（分析者）总是承担的角色的背后，变得清晰的是承受攻击的分析者，即未能达成被分析者愿望的人。这时，分析者所持有的批判的视角就消解了，这个视角就转移到了被分析者那里：当被分析者能自己思考转述过程的时候，当他能自己把握希望与失望的转换的时候，他不仅仅获得了分析和批判的能力，而且他还自主发展了这一能力。能询问自己的人，

---

① Joachim Küchenhoff，»Das Objekt，die Trennung und die Anerkennung des Anderen-Ziele psychoanalytischer Therapie«，in：*I-magination*（vormals *Aerztliche Praxis und Psychotherapie*，ISSN 1021-2329）27. Jg.，Nr. 3，2005，S. 5-21.

就不需要外在的抓手，也不需要批判的结晶点。这样，分析就在承认中抵达终点：在对于一个永远不能在分析关系中把握的真正的他者的承认中，在对于分析者所拥有的批判立场已经消失，并过渡到被分析者的手中这一事实的承认中，达到终点。

解释学与批判

艾米尔·安戈恩(Emil Angehrn)
阿思汗　译

一、反题和补充

解释学和批判，这一对概念在传统中代表诸多互补学科共同构成的整体，也是弗里德里希·施莱尔马赫著名讲座的标题①，但在今天，它们的含义却彼此相

① Friedrich Schleiermacher, *Hermeneutik und Kritik mit besonderer Beziehung auf das Neue Testament*, aus Schleiermachers handschriftlichem Nachlasse und nachgeschriebenen Vorlesungen herausgegeben von Friedrich Lücke, Berlin 1838, neu hg. von M. Frank, Frankfurt/M. 1977.

反。[①] 在最新的讨论中，占上风的观点是，批判反对解释学。在海德格尔和伽达默尔的著作中，解释学思想以对于先入之见的再度正名，以及对于传统和历史的亲和性为标志；哈贝马斯则用更清晰的方式刻画了批判-解放思想针对来自风俗和既成关系的拘束的攻击。关于主要的对立，即“解释学和意识形态批判”，已经有就批判性思考的基础和解释学的对比展开的辩论。[②] 在后来的论争中，如在后现代的思潮和解构主义中，解释学从不同角度被视为一种传统，一种肯定性的思考形式，它进行着一种观念化的工作，并不能感知到文本中的断裂，也不能停止错误的片面化行为。按照这种观点，解释学和形而上学串通一气，缺少批判的潜力，它是未经批判的。为了达到理解传统、阐释自身、对现实进行全面的阐释的后形而上学思想，我们需要这种批判。

---

① 我暂且不考虑这种关注的转移伴随着语义变化——从语言学的批判转移到意识与社会批判——这一事实。施莱尔马赫本人从批判之任务的历史学变化，以及这个概念多样的运用方法出发：“这个词，就其在技术上的表达来说，很难被把握成一个真正的统一。”（Friedrich Schleiermacher，*Hermeneutik und Kritik mit besonderer Beziehung auf das Neue Testament*，aus Schleiermachers handschriftlichem Nachlasse und nachgeschriebenen Vorlesungen herausgegeben von Friedrich Lücke，Berlin 1838，neu hg. von M. Frank，Frankfurt/M. 1977，S. 241）施莱尔马赫将它区分为语言学批判、历史学批判、教条批判和评论性批判几种主要类型。

② Karl-Otto Apel u. a.（Hg.），*Hermeneutik und Ideologiekri-tik*，Frankfurt/M. 1971.

现在，这种经典的对立已经不再是回应探讨、理解两种思维方式的关系的核心路径。批判和解释学的对立已经在许多意义上被相对化了，相反，被强调的是它们的互动和共性。伽达默尔本人，以及诸如利科和罗蒂等学者，都致力于将解释学从它与实体形而上学和主体形而上学的表面的亲和性中解放出来，将解释学变成对有限性、差异和不可完成的阐释的思考。意味二者关心相同的问题域，以及思维方式的差异及其可比较性，之前被强调的解释学与解构的对立，也在新的阐释中被消解了。

还有，在解释学中发展出了一个类型，它也被视为批判性阐释的典范。保罗·利科认为，我们不能把意识形态批判视为解释学的对立面，而是要将它看作解释学本身的一种形式。正如哈贝马斯所做的那样，他将意识形态批判与精神分析并列为解释学的一种，因为意识形态批判在社会的层面上进行着对错误的意识的发现与解释，而精神分析则在个人的精神层面上进行着相似的工作。以马克思和弗洛伊德为榜样——再加上尼采这第三个"怀疑大师"(maître du soupçon)——利科发展出了他的怀疑的解释学的概念。这个概念的基本形象与一般的解释学理念不同，因为它并不仅仅关注在意义生产者和意义接收者之间的媒介，换句话说，并不仅仅关注说明和理解的技术——它通过改写、语境还原和解释，让我们理解来自遥远过去的文献，或者是来自异文明中的礼俗。利科的解释学更关注这样的解释工作：它首先将意义澄清，展示给意义生产者，更精确地说，这是一种重构，这种过程是意义形象在其自身之中，为其自身的合理性结晶而成的(而陌生的文本或者生活方式并非就其自身，而是对于我们来说是难以理解的)。解释学的努力，并非为了跨越时间上、社会上或者文化上的距离，而是在对象自身之中的，对意义的扭曲和遮蔽。在这里，解释学的工作为一种批判冲动做界定：这种冲动并不将一个意义形象(例如一段文本、一种传统和一种生活方式)，或者一个由它本身产生出来的理解视为一个固定的整体，而是逆着它的方向解读，暴露它内在的扭曲，逆着它的自我阐释和流传成俗的解读，将它的意义展现出来。“怀疑”的解释学被质询所引导，因为对象的自身展现中包含着某种伪装，而重构这种伪装，将真实的意义从其中表达出来，是解释学的任务。

这样就出现了一种特定的解释学类型，它毫无疑问地包含着批判的要素，但这却并不是全部的解释学。问题是，我们是不是无法普遍地、严格地刻画解释学和批判的关系呢？人们可能会问，怀疑的解释学在多大程度上，或者说能不能，声称自己并非是解释学的一个特殊案例，而是解释学本身的真理所在，在一定程度上，呈现了解释学努力的典范呢？也可以这样问：独立于这个模式，或者说超出这个模式，在解释学之中，即我们处理意义，理解世界和自己的过程中，是否已经暗含着某种批判性的潜能？接下来我就要探讨这样的问题。本来我们也应当用一些相关的问题去补充完善它，相对于追问解释学的批判潜力，我们也要追问批判的解释学维度，即批判对于解释学的依赖性。但接下来我不会考虑这些对于批判理论的自身理解而言非常重要的问题，他们最多会偶尔出现一下。我的论述的核心问题在于解释学，它的目标是澄清，解释学如何包含了批判的元素，又如何在根本上和批判相关。

我考察这个问题的角度从一种理解的基本否定性出发。我的观点是，我们必须在对于这种否定性的反思中确保解释学的批判维度。我用否定性这个词来刻画这样一种事态：意义和理解总是彼此相关联。理解发生在与不理解的紧张关系中。理解意味着在理解本身的边界劳作；理解显现为误解的反面，而后者是一种有漏洞的、被错误引导的、有缺陷的理解。正如理解一样，意义也处在对立中：关于意义，我们已经列举了它的反面，如非-意义(Nichtsinn)、荒谬、缺乏意义和没有意义(Sinnlos)。就像真理是通过与谬误的对立被界定出来的一样，意义和理解并不是孤立的概念，我们必须在它们与自己对立面的紧张关系中把握它。

我们可以在三个层面上运用这个不可怀疑的对立。首先，它是在理解自身之中的否定性：在对理解与不理解，感知意义和取消意义的分析中的否定性。其次，它关系到理解的对象，即在意义和意义扭曲之间，开显与遮蔽或者说扭曲之间的辩证关系。最后，这种对立还关涉世界中的真实否定性，即在理性要求和无意义之间的对立，理解的意愿与荒谬的东西、不堪承受的东西、不应当存在的东西之间的对立。在这三种层面上，人类的理解与一种阻碍力量，即阻止他们去理解的力量相互关联。三个层次描绘了不同的情形，而这些情形又彼此相关。在整个框架中，我们要展示，在多大的程度上人类的理解，即解释学，和批判相关。批判的解释学在三重视角下包含着批判：第一，它是对于不可理解的东西的批判；第二，它是对错误意义的批判；第三，它是对存在者的否定性的批判。

二、理解的边界：不理解、误解

在标准情况下，解释学的出发点在于：意义并非是自明的。解释学面对意义复杂的对象，我们并不能直截了当地理解它们，相反它们的含义是关联复杂的：它们关联到晦涩的文本、陌生的生活方式，这些都需要转写和解读。理解并不是总在进行的过程，而意义也不是已经被给予的东西。卢曼的系统理论认为，意义呈现了一种“不可否认的媒介”[①]。因此，关于意义问题的紧张，以及所有对于意义缺乏的抱怨，都可以归结为范畴错误。与此不同，对于解释学来说，意义是另一种现象：

① Niklas Luhmann, *Die Gesellschaft der Gesellschaft*, Frankfurt/M. 1998, S. 52.

在意义的凸显中，我们从意义丰富的东西进展到意义贫乏的、被遮蔽的意义，以至于无意义。界限与差异之所在，是随着时代与文化的不同而变化的，而保持不变的东西，并非是意义的简单先天性，更不是无意义的先天性，而是这样一种事实：意义是有问题的，而这构成了我们理解自身和世界的先验基础。

背景理论从两个相互对立的视角讨论了这种紧张关系，即意义可疑的存在：一方面，误解是一种基本的现象，就好像是从否定的东西中强夺来了一种理解，是一种面对失败的抵挡，是局部的胜利。如果像海德格尔说的那样，理解本身就已经处在非本真与衰退的过程中，或者说，误解正是原初的和基础的东西，而理解才是它的例外状况。① （意义只是"人允许的无意义"②。）这种对于理解的基本怀疑的对立面，是对于理解可能性的信任。这样，误解和不理解就是在已经达成的理解，或者

---

① Jonathan Culler, *Dekonstruktion. Derrida und die poststrukturalistische Literaturtheorie*, Reinbek 1988, S. 195.

② 例如：Odo Marquard in »Zur Diätetik der Sinnerwartung. Philosophische Bemerkungen «, in: ders., *Apologie des Zufälligen. Philosophische Studien*, Stuttgart 1986, S. 33-53, hier: S. 33. 尼采在讽刺性夸张中展现了无意义的基础地位："我所听过的最严肃的滑稽作品是这个'起初是无意义，而无意义与上帝共在！上帝（神圣地）是无意义。'"〔Friedrich Nietzsche, *Menschliches, Allzumenschliches*, in: ders., *Kritische Studienausgabe* (KSA), Band 2, hg. von G. Colli und M. Montinari, Berlin, New York 1988, S. 388.〕

说一种“基本的同情理解”的背景下，出现的缺失。[①] 只有在理解之内，并且以理解本身为基础，误解才是可能的。在解释学的基础理论之外，这里可以看到一种形而上学式的选择：要么是按照经典形而上学，强调现实东西的基本可理解性，要么是强调人和世界之间的陌生性：在同一件事上，前者认为我们可以基本清晰地解读世界，为我们说明了现实东西的自身开显，而后者则反对这个信念，认为世界只向我们展现一种面向，而我们也只能理解这一面向。[②] 而在海德格尔看来，真理是发生在一种基础性的显现与抽离之间的二重性中的。正像这些选项所说明的，在我们所经验的理解中，我们不可能坚持两者的紧张关系，这就是说，我们不可能一方面坚持意义的抽离，另一方面坚持意义的不可置疑性。按照梅洛-庞蒂的说法，我们已经“被判给了意义”[③]，在我们的行动中，如我们的知觉中，我们已经通过理解行动和世界，与我们自身的存在相连，而正是在这种连接的总体之中，面对着理解的边界和摇摇欲坠的意义。

在这样的情境中，解释学只能是批判性的：它是理

---

① Hans-Georg Gadamer，»Die Universalität des hermeneutischen Problems«，in：ders.，*Gesammelte Werke*，Band 2，Tübingen 1986 ff.，S. 219-231，hier：S. 223.

② Michel Foucault，*Die Ordnung des Diskurses*，Frankfurt/M. 1991，S. 34 f.

③ Maurice Merleau-Ponty，*Phänomenologie der Wahrnehmung*，Berlin 1965，S. 16.

解对于自身的批判性态度，是对于自己的前提以及便捷的反思。批判的解释学首先是理解的自身批判，是对理解的有限性与无限性的深入分析。

解释学，就其基本特征来说，是对理解之边界的深入探讨。它立足于对朴素理解的怀疑与针对关于意义本身素朴性的信念的怀疑。它强调意义本身的开放性，但也认为，我们一定要考察意义图像借以向我们显现的形式，并且通过将它与显白的表达或者既成的解读方法进行对比，来阐释它的意义。理解的批判性自身反思可以呈现为不同的形态。这里我们要提及的是三种处理具有代表性的传达意义的理解方式，它们构成了解构过程，同时也界定了一种综合的解释学：首先，它是作为对于固定意义形式的批判性消解的解构；其次，它也是作为诠释与意义生成的建构；最后，它是作为对于客观表达或者主观意味的意义的接受尝试。

在这些行动的联系中，理解是人类交流之有限性的来源。这意味着这样的事实：没有意义是通过纯粹的理念性被给予的，没有语言能毫无遗漏地表达意谓，没有解读能穷尽文本。同样，批判性的自我反思也涉及理解的立场。它反思理解经由传统和历史关联受到的限制，这两者虽然构成了所有理解的根本前提，但并非是无可置疑的前提，相反，我们应当批判地考察它们。反思性的理解将自己从既定的范畴框架和沉淀存留的意义中解放出来。理性批判用抽象的方式进行对能力的分析与判断，而解释学则考察理解行动处在具体情境中与自己和世界的关系。如果不考虑理解的条件以及对象的陌生性，那么理解的真实性就无从保证了。只有理解行动关注自身的有限性，它才有可能成功。

三、意义的错误：意义的扭曲、意义的遮蔽、意义的回撤

如果说，本文第一部分最后所述的第一种批判针对的是理解的不同侧面及其有限性这一侧，那么，第二种和第三种批判则针对对象这一侧。它涉及的是诸如在怀疑的解释学中所展示的，意义图像本身之中的意义回撤。在这里，批判是对象针对自身内在的虚假的批判。这是一种针对图像的批判，它包含着错误的要求，超出了自己的真相。有时很容易看出来，这样的自我吹嘘是有意的还是无意的；按照经典的定义，意识形态的东西必然是一种错误的意识，因为它必然陷于系统性的自我欺骗，而这种自我欺骗无法从内在被克服。马克思描述的资产阶级的、自由观的意识形态关系，以及尼采描述的关于传统道德的自我幻觉，就是这种局限性的例子，我们只能从外部惊动这种幻觉，只有被迷惑的意识首先认识到这一点，对这些幻觉的修正才是可能的：这是解放性的道德关系的前提，也是对于自由派的自由平等预设的进步呼吁的前提。这在精神分析案例中是很明显的，其

中，病人最本真的意图就是作为自我启蒙的批判。

精确地说，按照第二种模式，“批判性的解释学”中包含了一种双向的刺激，它一方面针对缺失的理解，另一方面针对对象的谬误或自身遮蔽。两者不可分离。理解克服了对象的陌生性，因为它同时克服了它的自我异化与自我遮盖。同时，进行意识形态批判和精神分析的意义在于，实现了对于无意义和谬误之产生的洞见并超越了它。在这种意义上，我们关注的是一种“解释性”的理解，在其中，(由专业知识引导的)对于充实意义的解释使得我们可以理解被错置的表达。症状的意义展现在一段痛苦的经历的背景上，意识形态计划或者观点则在统治机制的语境中被理解。关于意义扭曲的解释学则关涉强迫和压抑的现象，就此而言，它不仅仅是对认知意义上的锁闭的批判(对进行理解的主体，也对表达自身的主体)，也是对实在的痛苦关系与压抑关系的批判。按照哈贝马斯①的区分，占主导地位的认知旨趣并非只是解释学的旨趣，而是还有一种解放的目标，后者将发展成熟视作从欺骗中自我解放，以及从现实压迫中解放。这种批判的规范性前提分两种。就其将意义扭曲视为病态现象而言，解释学与痛苦和现实的否定性相关。诚然，批判冲动首先关注的是意义现象本身，而非真实的强迫。

许多不同的学说都可以归入这种批判的解释学。比

---

① Jürgen Habermas, *Erkenntnis und Interesse*, Frankfurt/M. 1968.

如说，解构方法、尼采的“批判历史学”或者说某种（被尼采发明，又被福柯精炼的）批判谱系学。[①] 谱系学并不能自己确认自己的规范研究方向，因为它可能指向对于历史产物的辩护，也可能是驳斥。[②] 历史既是自身固化的，也是自身揭露的，既构成某种一致性，又拆解这种一致性。诚然，从神话时代开始，就有一种意义深远的塑造过程，这将谱系学的重构与批判的倾向连接到了一起，因为，这种塑造过程可能会深入到意义图像的晦暗本原或者深层来源——比如说，道德在权力或者仇恨中的基础——或者说，它可能会将看上去并非历史性的权力历史化并且展现出它的偶然性。[③] 这其中发生着错误

① Emil Angehrn，»Vom Zwiespalt des Historischen«，in：M. Esfeld und J.-M. Tétaz（Hg.），*Généalogie de la pensée moderne*，Volume d'hommages à Ingeborg Schüssler/*Genealogie des neuzeitlichen Denkens*，Festschrift für Ingeborg Schüssler，Frankfurt/M. 2004，S. 365-380. Siehe auch den Beitrag von Martin Saar in diesem Band，»Genealogische Kritik«，S. 247-265.

② Klaus Heinrich，»Die Funktion der Genealogie im Mythos«，in：ders.，*Parmenides und Jona. Vier Studien über das Verhältnis von Philosophie und Mythologie*，Frankfurt/M. 1982，S. 9-28.

③ Axel Honneth，David Owen und Martin Saar in：A. Honneth und M. Saar（Hg.），*Michel Foucault. Zwischenbilanz einer Rezeption. Frankfurter Foucault-Konferenz* 2001，Frankfurt/M. 2003，S. 117-180. Die vorgeschlagene Zuordnung der Genealogie zum Typus einer kritischen Hermeneutik ist eine bestimmte Antwort auf die von Honneth（S. 118）aufgeworfene Frage nach der Genealogie als einem Dritten neben Hermeneutik und universalistischer Theorie.

意义的自身反驳和相对化，这近乎于对怀疑的解释学(Hermeneutik des Verdachts)，尽管来自谱系学对于视角的有限性的提醒仍然和对于错误以及扭曲的批判有所区别。[①] 内在于谱系学中有许多不同类型，它们都与批判的、阐释性的理解过程有相当的亲和性：谱系学并非是一种结构的重构，而是——就它是批判的谱系学而言——一种对于遮蔽和束缚的提示，而它们可能伴随着自我欺骗与压抑。

一个作为出发点的问题是，怀疑的解释学在多大程度上是解释学的一个特例，又在多大程度上同时提供了理解的可普遍化的典范。在某种程度上，它标志了某种理解的普遍途径。不透明的意识不仅仅标志了某种病理学的遮蔽，它更标志了普通语言和交流本身的有限性。解释学就像解构一样，坚定地认为，没有任何意谓和表达能获得完善的自我呈现，它们也不能自我保障；伽达默尔认为，解释学问题最深刻的核心就在于自我脱离，而非在于意义生成与意义接收之间的陌生性。所谓“比作者本人更能理解他自己”的信条向我们展示了一个普遍的事态，它出现在每个文本、每种传统和每个构成意

---

① 两个视角的共同点在于反思的缺乏，这种缺乏可以被界定为认识上的缺乏和解放性的缺乏。〔David Owen，»Kritik und Gefangenschaft. Genealogie und Kritische Theorie«，in：A. Honneth und M. Saar(Hg.)，*Michel Foucault. Zwischenbilanz einer Rezeption. Frankfurter Foucault-Konferenz* 2001，Frankfurt/M. 2003，S. 122-144.〕

义的行为之中。我们不仅仅在他人那里，也在我们自身之中找寻“真正”被意谓的和被希望的东西。解构更尖锐地刻画了这种解释学路径，而按照这种解释路径，每一个意义图像都需要被阐释、被改写、被阐发。在某种程度上，前置条件遭遇了针对每一个呈现出来的意义解构及其自身展示的批判性理解。就此而言，正像在第一种情况中，我们又一次不再站在理解的角度，而是站在意义及其生成过程的角度上考察了作为条件的有限性。我们以完全不同的方式要求怀疑解释学的可普遍化特性(Verallgemeinerbarkeit)，因为在其中，重要的环节并不是一般而言，不加规定的有限性，而是强迫和现实的否定性。

四、世界的否定性：不可理解的东西与不应当存在的东西

与持存世界的否定性相对照，批判在解释学中就是字面意义上的“定罪”。在这里，被扭曲的，向我们遮蔽的，或者自身不可理解的、失真的意义不构成意义的对立面，反而，与理解和意义直接对立的东西，是明显的荒谬、无意义、荒诞。理解的愿望总会面对着某种抗拒，它阻碍我们进行有意义的把握，以及对我们理解的整合。考虑到这种好像自己反驳自己，自身消解着的意义，我们对世界有两个认识维度——理论-解释学的维度

和实践-规范性的维度。自身矛盾的、错误的、语法上不一致的命题挣脱了理解，毁坏了语义理解的可能性。解释学上更重要的例子发生在实践领域中。

在这里，我们要讨论一种否定性东西，它并非简单地脱离了对意义的阐述与接受的概念框架。我们要说的是一种不能被理解的否定的东西，因为它作为一种不应当存在的东西，以及我们不能期望，也不能肯定的东西，被从可理解与可认识之物的范围内排除出去了。在这个意义上，无意义的东西代表了某种无辜的受苦，就像加缪在《鼠疫》中刻画的，或者伏尔泰借以反对形而上学乐观主义的里斯本大地震那样的自然灾害那样。这样的事态，对于理解的愿望来说是不可合理化，也不可辩护的刺痛。“理解就是宽恕”(Comprendre c'est pardonner)并非仅仅是理解姿态的宣言，也标注了理解的界限所在。不堪忍受的、不能接受的、不可原谅的东西，是不可能被理解的。

之前为了解释怀疑的解释学而提及的精神分析，对于现在讨论的主题而言是一个经典的例子。精神分析的核心概念——无意识，在某种程度上精准标记了从理解中被排除的东西，这并非是什么未阐明或者原始的或者不能探本溯源的东西，而是某种不可运用的，从意识中被排除出来、驱散出来的东西。它之所以被排除出来，是因为它不应当基于某些特定的理由被承认或者认识：因为它们是羞耻和反感的对象，主体害怕它们，觉得会被它们损害。它是某种否定性东西，它不应当被意识到或者被理解，因为它不应当存在。精神分析和病理学一样，不仅仅关注缺失的理解形式与意识形式，也关注作为一种整体状况的痛苦。

对创伤的结构性描述是这种关系的极端情况；这些也在文化学语境(如大屠杀)中出现的概念，代表了某种存在性的战栗，这种战栗是如此深刻，以至于经历本身不能通过回忆和口头叙述在当下复现。① 我们并不将否定的东西把握为理解的边界或者对意义的遮蔽，相反，它是不可忍受的，在实践中是“无意义的东西”。理解遭遇这样存在性的——有时是形而上学式的——意义空洞与荒谬的挑战，正如不可理解之物的解释学谬误一样。

解释学的努力是意义本身在其边界的努力。解释学不会对我们直接可以理解的东西的边界置之不理，而是希望扩展以至于跨越我们的边界，我们希望理解，和无

---

① Wulf Kansteiner, »Menschheitstrauma, Holocausttrauma, kulturelles Trauma: Eine kritische Genealogie der philosophischen, psychologischen und kulturwissenschaftlichen Traumaforschung seit 1945«, in: F. Jaeger und J. Rüsen (Hg.), *Handbuch der Kulturwissenschaften*, *Band 3*: *Themen und Tendenzen*, Stuttgart, Weimar 2004, S. 109-138; Joachim Küchenhoff, »Die Negativität des Symptoms und die Schwierigkeit, Nein zu hören«, in: B. Hilmer, G. Lohmann und T. Wesche (Hg.), *Anfang und Grenzen des Sinns*, Weilerswist 2006, S. 195-209; Rudolf Bernet, »Das traumatisierte Subjekt«, in: M. Fischer u. a. (Hg.), *Vernunft im Zeichen des Fremden. Zur Philosophie von Bernhard Waldenfels*, Frankfurt/M. 2001, S. 225-252.

意义的东西作斗争。如果说，人对于表达的需求，对于符号化与阐释的需求标志着一种基础性的“意义要求”，① 那么，这个要求所关心的，并非只是认识上的透彻和对于世界解释的恰切，而且还有赞同它们，在它们之中创造一个理性的、正当的、美好的秩序的愿望。② 理解的愿望承受世界之中的无意义和荒谬的压力。当理解不仅仅是一种被动的接收，还包含一种建构性的解读，以及意义的筹划的时候，建构本身就被一种对于意义的志趣所引导，虽说这种志趣不仅仅指向可以理解的意义。文化的成就、语言和艺术的创造、社会组织的产物、对于世界新颖的理解方法与揭示方式都是人类借以构造与表达自己生活的“意义建构”的形式。

这样的意义建构已经在与无意义和空洞的对立之中表达自身。比如说，尼采就言明了这种联系，他认为，道德与宗教的发展是针对“无意义的痛苦”展开的。③ 更一般地，在历史反思中，历史性意义建构这一关键词是

---

① Hans Blumenberg, *Die Lesbarkeit der Welt*, Frankfurt/M. 1986, S. 126 ff.; Susanne K. Langer, *Philosophie auf neuem Wege. Das Symbol im Denken, im Ritus und in der Kunst*, Frankfurt/M. 1965, S. 48 ff.

② “由人们的反思所感受到的对于自身作为人的存在的意义的需求并不是单纯的理论需求。”(Arnold Gehlen, *Der Mensch. Seine Natur und seine Stellung in der Welt*, Wiesbaden 1978, S. 9.)

③ Friedrich Nietzsche, »Zur Genealogie der Moral« (1887), in: KSA, Band 5, S. 245-412, hier: S. 411 f.

一个类似的概念。约恩·吕森将苦难记忆的动机视作历史研究的核心："无法回忆和无法把握的痛苦作为基本的对无意义的经验，是近来文化意义建构的努力和成就所在。"[①]更一般的名言"痛苦孕育意义"[②]希望将一般意义上文化与文化学的意义建构都锚定在意义与无意义的辩证法之中。被尼采视作一种揭示性的、随发性的去合法化进程的东西，反过来看标志着作为现代文化的基础否定性结构。无意义的深层次、理解愿望的对立面，不是否定，而是构成意义的基础。意义与其对立面构成一种积极的紧张关系，在其中展现自身，这也符合对于意义之不可还原的要求：我们不能把不可理解的、不可同化的，以及不能解释的东西简单地排除在视野之外，相反，我们必须把它作为有意义理解的视域之中的他者，提示自己，反思它们。从意义中被排除出去的、被阻挡的东西，也和遥远的、不可理解的东西，被遮蔽的和被损害的东西一样。对于意义和无意义之间的整体辩证的

---

① Jörn Rüsen, »Sinnverlust und Transzendenz - Kultur und Kulturwissenschaft am Anfang des 21. Jahrhunderts«, in: F. Jaeger und J. Rüsen (Hg.), *Handbuch der Kulturwissenschaften, Band 3: Themen und Tendenzen*, Stuttgart, Weimar2004, S. 533-544, hier: S. 542.

② Jörn Rüsen, »Sinnverlust und Transzendenz - Kultur und Kulturwissenschaft am Anfang des 21. Jahrhunderts«, in: F. Jaeger und J. Rüsen (Hg.), *Handbuch der Kulturwissenschaften, Band 3: Themen und Tendenzen*, Stuttgart, Weimar2004, S. 533-544, hier: S. 542.

揭示，是比意义和理解更高的一致。

这样，意义的他者就在连续不断的激化中登场了：作为陌生意义，不理解的东西、错误的东西，最后是否定的和不应当存在的东西。它不仅仅对于理解而言是否定性的，而且对于意愿而言也是否定性的。我们在这里提及的并不仅仅是理解的边界，而是在追求和意愿之内的张力，而这种张力表现于理解之中：不可忍受的，令人羞耻、令人恐惧的东西，也在某种程度上是不能理解的。我们要问：在什么程度上，不理解一方面根植于对于否定性的经验，另一方面自身又是一种否定和批判？

五、批判性的解释学和否定主义

为了理解的努力不仅仅会因为费解的东西产生，而且也会同样地被否定性的经验激发。解释学可以是“否定主义的”，它恰恰通过与否定东西正面对峙来建构并表达意义。[①] 这符合尼采与吕森刻画的形象：为了对抗无意义，给它一个回应而去筹划意义。正是因为经历了否定性的东西，我们才希望理解，并且借此与否定性共存：历史哲学、神学、形而上学产生了意义，使得坏与

---

① 乌多·梯茨(Udo Tietz)强调不同的方面，在更严格的意义上运用了这个概念，用内在解释学的方式将它与不理解相对于理解的原初地位结合了起来。(*Vernunft und Verstehen. Perspektiven einer integrativen Hermeneutik*, Berlin 2004, S. 191-208.)

恶能够借以理智的理解被整合进世界中。黑格尔将分裂视作“对哲学之需要的来源”[①]，而哲学则在与世界和解的任务中发挥了重要的作用。在日常的理解中，如厄休拉·沃尔夫所阐释的那样，意义问题可以被理解为对于先天存在问题的答案。[②] 在面对意义缺乏和意义真空的时候，我们才思考意义本身；理解的愿望是对于意义追求的表达，而并非仅仅是认识的需求。[③] 诚然，“在否定东西内部”产生的否定主义的意义创造并不是产生于阻碍之中的，后者是思维通过对于否定东西的经验而获得的。痛苦并不仅仅推动意义需求，还在与无意义和非意义的对立中描画意义。痛苦也使得理解成为可能，是自

---

① Georg Wilhelm Friedrich Hegel, *Differenz des Fichteschen und Schellingschen Systems der Philosophie*, in: ders., *Werke in zwanzig Bänden*, Band 2, Frankfurt/M. 1970 ff., S. 20.

② 按照厄休拉·沃尔夫(Ursula Wolf)的观点，意义问题的答案应当基于对存在疑难的经验而给出，这就意味着，基于对在生命中达到完满幸福之不可能性的洞见而给出。提供意义使得对于人类有限性的洞见以及对于人类追求本质上是不可满足这一事实的洞见与我们对于幸福的渴望得以协调，因为意义将它们放入更大的框架中，并且赋予人类困窘的存在以更高的合目的性层次。(Ursula Wolf, *Die Philosophie und die Frage nach dem guten Leben*, Reinbek 1999, S. 19 ff., 123-139, 152 ff. passim; vgl. Ernst Michael Lange, *Das verstandene Leben. Eine nachmetaphysische Lebensphilosophie*, © Lange 2006: 〈www.emlange.de〉.)

③ Martin Asiáin, *Sinn als Ausdruck des Lebendigen: Medialität des Subjekts-Richard Hönigswald, Maurice Merleau-Ponty und Helmuth Plessner*, Würzburg 2006, S. 15 ff.

身产生现实性的东西。[①] 对于否定东西的经验带来一种解释学与认知的潜能，因为它打开了一个存在的维度，而这个维度并不向日常存在展开。这种经验要求阐释，以使得世界能够展现其有意义的面向，它为经验提供语言和表达。痛苦使得目盲和喑哑之物被看到。否定性的东西是启发性的，同样也可以是遮蔽与扭曲的。阿多诺简直是在对否定东西的敏感中发现了哲学思考的尺度，他将“让痛苦被言说的需要”视作“一切真理的条件”。[②]

另外，理解并非仅仅从否定的东西中产生，它也将自己展现为否定的东西的对立面。理解从反抗和矛盾中获得自身的创造力和解释力：在否定主义的视角中，理解不可能脱离否认。阿多诺的讲座《论历史学说和自由学说》中阐述了关于“作为意义的哲学”的计划。[③] 其中，他简明扼要地提及了这个在解释学与批判之间的限制。

---

① Emil Angehrn, »Leiden und Erkenntnis«, in: M. Heinze, C. Kupke und C. Kurth (Hg.), *Das Maß des Leidens. Klinische und theoretische Aspekte seelischen Krankseins*, Würzburg 2003, S. 25-44.

② Theodor W. Adorno, *Negative Dialektik*, in: ders., *Gesammelte Schriften*, Band 6, hg. von R. Tiedemann, Frankfurt/M. 1970 ff., S. 29. Vgl. Emil Angehrn, »Kritik und Versöhnung. Zur Konstellation Negativer Dialektik bei Adorno«, in: G. Kohler und S. Müller-Doohm (Hg.), *Wozu Adorno? Beiträge zur Kritik und zum Fortbestand einer Schlüsseltheorie des 20. Jahrhunderts*, Weilerswist 2007, S. 267-291.

③ Theodor W. Adorno, *Zur Lehre von der Geschichte und von der Freiheit*, Frankfurt/M. 2001, S. 179.

在许多方面，批判理论的进步都与解释学理论息息相关，在对世界上各种面相学、历史的可解释痕迹、否定的倒写体的解读之中，在破译事物的内在结构、理解寓言、表现手法与符号等方面。解读现象意味着面对差异：在存在与假象之间，形式与内容之间，要求与现实之间，可能性与现实性之间，事实与意义之间的差异。①我们想要的是进行这样一种描述：它撕破现象的表象，深入虚假的直接性，进入历史和本质之中。这样近乎于内在批判的理想型的诊断在批判的模式中展开，使得缺乏、不一致和矛盾显现出来。在阿多诺看来，它的内核和最终的支点就在于直面否定性：这种否定性是无法通过理性化来和解的身体上的痛苦、死亡和虚无；对于否定的拒斥，对于虚无的拒斥是不可还原的，不能回溯到其他东西上的批判姿态。②

不过重要的是，在阿多诺看来，这种内在性并不封闭在自身之中，反而超出自身，指向它的对立面。就算按照马克思的观点，批判理论首先是对于持存之物的连贯批判，而非对于自由社会的筹划的话，这也不妨碍批

---

① Bernhard Waldenfels, *Bruchlinien der Erfahrung. Phänomenologie*, *Psychoanalyse*, *Phänomenotechnik*, Frankfurt/M. 2002, S. 22 ff.

② Theodor W. Adorno, Max Horkheimer, *Briefwechsel 1938-1944*, in: Theodor W. Adorno, *Briefe und Briefwechsel*, Band 4. II, Frankfurt/M. 2004, Brief vom 17. August 1941, S. 190.

判从它的对立面中获得启发。阿多诺正是在意义的环节中谈到了这一点，意义正如缺乏、承受和不被消解的他者一样，在碎片中凸显整体，在可能性的视域中显示事实。如果批判以内在的方式发生，那么，“为了解除这种内在性”，批判就已经需要在这种内在性之外的存在。[①] 如果批判保持内在性，那么它就无法认识，正如《否定辩证法》的金句之一所说：“如果不照映超越之物，人和物之中就不会有光彩。”[②]这个命题就像是《最低限度的道德》结尾处警句的回响：“认识的光芒仅在于它对世界的照亮。”在这里，阿多诺生动地展示了，对于呈现否定性而言，超越性视角是必需的。[③] 诚然，超越的东西并非奠基于一个肯定性的基础，而是从否定的东西和错误中产生出来的；所谓“爆发的力量”从无法成为整体而存在的否定的辩证法之中，“从内在联系之中挣脱出来”[④]。阿多诺认为，因为灰色感到绝望的可能性，就来源于“不同颜色的概念”，“而我们在否定性的整体之中

---

① Theodor W. Adorno, *Zur Lehre von der Geschichte und von der Freiheit*, Frankfurt/M. 2001, S. 189.

② Theodor W. Adorno, *Negative Dialektik*, in: ders., *Gesammelte Schriften*, Band 6, hg. von R. Tiedemann, Frankfurt/M. 1970 ff, S. 397.

③ Theodor W. Adorno, *Minima Moralia*, in: ders., *Gesammelte Schriften*, Frankfurt/M. 1970, Band 4, S. 283.

④ Theodor W. Adorno, *Negative Dialektik*, in: ders., *Gesammelte Schriften*, Band 6, hg. von R. Tiedemann, Frankfurt/M. 1970 ff, S. 398; vgl. S. 399.

仍然能发现它溃散后的痕迹”①，而在痕迹的概念中则可以发现过去与未来，逝去与超越等，看似对立的旨趣被非常紧密地交织在一起。在这样的统一之中，这些要素构成了这样的想法：哲学、意义和批判可以构成不可消解的统一体，并且在这个统一体之中，哲学最接近其目标概念。说明的超越环节并非认识的自足潜能，而是对于现实中的、在不同的对人类生命的表达与反思样式之中的卓绝东西的意识。②

---

① Theodor W. Adorno，*Negative Dialektik*，in：ders.，*Gesammelte Schriften*，Band 6，hg. von R. Tiedemann，Frankfurt/M. 1970 ff，S. 370.

② 哈贝马斯再次强调了这个环节，并且着重指出了政治交流对于这样的“语义潜能”的依赖性，这种潜能并不出现在枯燥乏味的日常生活中：“没有刺痛的文化会被一种单纯的补偿性需要吸纳，借用格里夫拉特的一个词，它将自己像一块泡沫毯子一样铺在危险的社会上。尚没有任何精妙裁剪的公民宗教能够防止这种意义混乱。单靠这个在日常交流中被表达出来的主导的超越性权能要求的环节，是不具备无条件性的。另一种超越的形式在未被偿清的东西之中，它展现了构造同一的宗教传统的批判性占有倾向，再一种超越性就在于现代艺术的否定性。平凡的东西必须能够在直截了当的他者、费解和恐怖的东西面前自身破裂，而这些东西否认了向先入之见的同化，尽管在它背后没有什么被构筑的特权。”（Jürgen Habermas，*Faktizität und Geltung. Beiträge zur Diskurstheorie des Rechts und des demokratischen Rechtsstaats*，Frankfurt/M. 1992，S. 631.）

六、解释学意义与存在的意义

在否定主义的标签中，出现了一种在第三类和第二类批判之间的相互指涉——对于现实的否定性的批判，以及对于错误意义的批判——也是在解释学和存在主义的意义概念之间的相互指涉。对于痛苦的反抗是为了世界的可理解性的争辩，也是对于存在主义意义需要的回应。解释学努力遇到的缺乏，既是理解的缺失，也是世界意义合理性的缺失。批判针对的是装作意义的空洞存在物，针对单纯的、成为意义和正当性的替代品的存在物。[①] 对于痛苦、死亡和存在困境的承受，与生命之荒谬的对立，伴随着在世界中寻找希望的努力，以及想要深入理解意义的努力，和用艺术作品以及演绎来创造属于自己的意义的努力。[②] 但理解世界的努力可能导致错误，以及对意义的改写或顽固坚持。在黑格尔看来，可理解的东西在严格意义上与理性的一致性，是具有积极意义的，而按照批判的视角，被强调的却是从否定性东西产生的，不理性和不被理解的东西。

---

① Theodor W. Adorno und Max Horkheimer, *Dialektik der Aufklärung*, Amsterdam 1947, S. 176.

② Annemarie Pieper, »Homo Creator: Sinnstiftung durch Kunst. Der ›Mittagsgedanke‹ bei Camus und Nietzsches ›Großer Mittag‹«, in: B. Hilmer, G. Lohmann und T. Wesche (Hg.), *Anfang und Grenzen des Sinns*, Weilerswist 2006, S. 184-194.

在理解现实事物的过程中，批判在整体中保有着三种自我批判的方向，即针对理解本身的不充分性的批判，揭露被误解或者被遮蔽的意义结构的批判，以及对无意义和痛苦这样的否定性的反对。这样的否定性结构包含了意义和无意义的多重辩证关系，涉及许多哲学的基本问题。它将意义与无意义放置在一个无可置疑的对立之中，认为它们不是能够通过无可置疑的中介所彼此通达的东西，这样我们就要问，我们要把它理解成对于基础性理解的根基的反对，以及作为前提的对意义的肯定的反对，还是在一个包揽性的二分中把握它呢？我们在解释学中和形而上学中都面对这一抉择。在解释学中，这是在一种作为一切理解和错误之前提的先天条件与作为开端的误解和不理解之间的选择，是在基础性的意义之肯定性与否定性之间的选择。① 在形而上学观念史中，这个选择的一方是以肯定性要素——同一性、真理、善——为主导的一元论思想，它认为每一个偶发对立都仅仅是缺失和中止，恶是善的缺乏，错误是真理的缺乏。选择的另一方是二元论思想，无论涉及认识还是现实世界，它都以基础性的对立原则为出发点。形而上

① 这个反对意见一定程度上反映了卡姆斯对于克尔凯郭尔和卡夫卡的反对，在后者那里，存在的窘迫最终通过宗教的方式被取消了。（Annemarie Pieper，» Homo Creator：Sinnstiftung durch Kunst. Der › Mittagsgedanke ‹ bei Camus und Nietzsches › Großer Mittag ‹«，in：B. Hilmer，G. Lohmann und T. Wesche（Hg.），*Anfang und Grenzen des Sinns*，Weilerswist 2006，S. 184-194.）

学的主要线索就是对抗二元论原则，而批判则提出了对应的问题：在多大程度上，对于二元论的对抗在深层次上也是对否定性的抵抗呢？毫无疑问，形而上学思想的形成包含了内在的对虚无的厌恶——无限、无规定、空洞——而这种厌恶不仅仅是逻辑的、本体论的，也在实践意义上具有重要价值。它和解释学中的问题构成了现成的平行关系。无意义仅仅是逻辑上对意义的否定，还是它的实际对立面，甚至完全反过来，意义只是无意义的一种形式，这个问题涉及了人类存在与理解的核心。对于将自己变成解释学哲学的解释学来说，对于意义和理解问题是同一个，对它而言，这个问题就是第一哲学的问题。否定性问题在其中的重要价值，对于理解作为批判的解释学来说，是至关重要的。

理解 - 怀疑 - 批判

君特·菲加尔(Günter Figal)

刘珂舟　译

一

理解能否是批判性的，这一问题属于新近解释学讨论的基本对象。若止于汉斯-格奥尔格·伽达默尔拟定的哲学解释学，即便在更确切的考察下，答案也似乎只能是否定的。即使伽达默尔考虑到了，在意见与坚持自己认识的信念间存在批判性关系，理解也不是以批判性方式得以实现的。伽达默尔的筹划(Entwurf)是对理解的历史羁束之辩护，是对那些由传统塑造的前见(Vorurteile)的复原。被理解的是在一种现行的文化伦理(Ethos)中已然被理解的东西。

对此立场的决定性批评由哈贝马斯所表述。他反对伽达默尔的哲学解释学，坚持批判和反思的普遍不可或缺。理由在于，传统并不等于真理；它常常也传递错误意见并与之相系，使得其权威无法保证知识。[①] 因此，与解释学的普遍性要求相反，需要坚持批判性启蒙的必要性。按此批评调整，则解释学仅仅澄清了一般性理解(das normale Verstehen)，也就是与显而易见的持续性社会共识相联系的理解。因此，尽管解释学可以平衡对启蒙与批判的绝对化，但由于并非所有表现为一般性理解的理解都是真正的理解，解释学仍然需要由彻底的、单独对理性负责的批判作为补充。[②]

伽达默尔和哈贝马斯争论的对立涉及两种关于对话的见解。伽达默尔着眼于与流传物(Überlieferung)会话的非对象化发生，过去和当下共有的实事(Sache)由此通过流传物被归于当下。与之相对，哈贝马斯看到的则是一种对历史性交流关系进行批判的可能性，这是对解释学尚未被问及的，关于流传物条件的对话性反思。不

---

① Jürgen Habermas, »Zu Gadamers ›Wahrheit und Methode‹«, in: K.-O. Apel u. a. (Hg.), *Hermeneutik und Ideologiekritik*, Frankfurt/M. 1971, S. 45-56, hier: S. 48, und Jürgen Habermas, »Der Universalitätsanspruch der Hermeneutik«, in: ebd., S. 120-159, hier: S. 158. 亦参见: Jürgen Habermas, *Erkenntnis und Interesse*, Frankfurt/M. 1968, S. 267.

② Jürgen Habermas, »Der Universalitätsanspruch der Hermeneutik«, in: ebd., S. 120-159, hier: S. 158. Vgl. auch Jürgen Habermas, *Erkenntnis und Interesse*, Frankfurt/M. 1968, S. 158-159.

过很明显，两种立场间的抉择——其争议性表达仍缺少一个关键点。伽达默尔和哈贝马斯都掩饰了，他们的争论乃是解释学内部的冲突。哈贝马斯预设了可以找到与传统批判性的关系，伽达默尔则将这一预设视作“教条的客观主义”进行批判[①]，与哈贝马斯相反，他认为流传物可能成问题的条件不能被视为“实在因素”（Realfaktoren）[②]，而必须就其本身来理解[③]。事实上，哈贝马斯必须能够接受这一点。毕竟，为了说明他的批判性纲要，他也提到了一种应该对“理性言谈规范性原则”负责的“深层解释学”（Tiefenhermeneutik）。[④] 他对伽达默尔的批评因而本质上是解释学的；需要考虑的是一种批判性理解，它并不会取代一般性理解的位置，而是作为与

---

① Hans-Georg Gadamer，»Rhetorik，Hermeneutik und Ideologiekritik. Metakritische Erörterungen zur ›Wahrheit und Methode‹«，in：K.-O. Apel u. a.（Hg.），*Hermeneutik und Ideologiekritik*，Frankfurt/M. 1971，S. 57-82，hier：S. 68.

② Hans-Georg Gadamer，»Rhetorik，Hermeneutik und Ideologiekritik. Metakritische Erörterungen zur ›Wahrheit und Methode‹«，in：K.-O. Apel u. a.（Hg.），*Hermeneutik und Ideologiekritik*，Frankfurt/M. 1971，S. 57-82，hier：S. 70.

③ Hans-Georg Gadamer，»Rhetorik，Hermeneutik und Ideologiekritik. Metakritische Erörterungen zur ›Wahrheit und Methode‹«，in：K.-O. Apel u. a.（Hg.），*Hermeneutik und Ideologiekritik*，Frankfurt/M. 1971，S. 57-82，hier：S. 71.

④ Jürgen Habermas，»Der Universalitätsanspruch der Hermeneutik«，in：K.-O. Apel u. a.（Hg.），*Hermeneutik und Ideologiekritik*，Frankfurt/M. 1971，S. 158.

之相对的修正(Korrektiv)而出现。尽管如此，哈贝马斯还是否认“解释学的普遍性要求”，并且将解释学和批判相互对立起来，仿佛是在处理两种根本不同的方法。

当双方相互和睦地争执时，对于如何解决伽达默尔和哈贝马斯间的冲突，已经存在一个提议；若这个提议在其中被考虑到，并被作为交流的基础，或许这场争论会以另外的方式进行。[①] 保罗·利科将这个提议以“解释的冲突”[②]为题进行了表述，将其拟定为对一种批判性理解与一种思索性(sich besinnenden)、交谈性理解之间的互补性的辩护。[③] 然而，利科的提议之所以值得注意，并非由于其终结了这一争论。相反，他完全以前后矛盾为代价，使得这一争论保持开放；从他的思考中产生了这一论辩结构性延续的观点。利科对两种相互冲突解释的阐述引发了对其解决提议可靠性的质疑，特别是由于他对一种特殊批判性理解的阐述很明显出现在其有问题的方面。因此，他的解决提议仍需要检验：一种与一般

---

① Hans-Georg Gadamer, »Klassische und philosophische Hermeneutik (1968)«, in: ders., *Gesammelte Werke*, Band 2, Tübingen 1993, S. 92-117, hier: S. 114.

② Paul Ricoeur, *De l'interprétation. Essai sur Freud*, Paris 1965, Kapitel II: »Le conflit des interprétations«, S. 30-46.

③ Paul Ricoeur, *De l'interprétation. Essai sur Freud*, Paris 1965, Kapitel II. 2: »L'interprétation comme récollection du sens«, S. 36-40. 对这一建议的讨论参见：Emil Angehrn, *Interpretation und Dekonstruktion. Untersuchungen zur Hermeneutik*, Weilerswist 2004.

性理解彻底区分的批判性理解，如哈贝马斯所设想的那样，到底是否可能。如若答案应当是否定的——也将会是否定的——也不需要放弃这样一种批判性理解的构想。但考虑到理解与批判的关系问题，这将不会导向疑难。毋宁说，这个问题被重新提出了，并且以其当前可以被肯定回答的方式被提出了。为了解决利科带出的难题，在对理解的澄清中，在由理解概念出发对批判的规定中，将会得出答案。

二

正如利科所规定的，批判性理解源于一种作为“怀疑练习”的解释。① 这指的是对一般性理解的可靠性进行系统怀疑的解释学结果。就此怀疑而言，意识不再是如此这般确定性的最终权威，使得只有事物的实存被怀疑，而非其在意识中的呈现被怀疑。怀疑的大师们——利科提到了马克思、尼采和弗洛伊德，但这个序列当然还可以更长——已经多少接纳了笛卡儿式的怀疑纲领，从而如利科所言，承受笛卡儿式堡垒的核心。② 与这一堡垒假定的安全性相反，他们设定了“意义的阐释”(Au-

---

① Paul Ricoeur, *De l'interprétation. Essai sur Freud*, Paris 1965, Kapitel II. 3: »L'interprétation comme exercice du soupçon«, S. 40-44.

② Paul Ricoeur, *De l'interprétation. Essai sur Freud*, Paris 1965, Kapitel II. 3: »L'interprétation comme exercice du soupçon«, S. 43.

slegung des Sinns)[1]，这意味着，他们试图展示出，那些似乎被当作意识内容确定的东西，只有通过变化和推延才得以通达意识。被意识之物是一种影响，是意识，或者更确切地说，是以意识为标志的生物在其生命性(Lebendigkeit)的运行和发生中遭遇的影响。是生命使得某物被意识到。但在意识中出现的，既非激发产生意识的某物，也非意识产生的过程(Vorgang)。它只是和生命性之发生相区别的，并且是由这一发生自身调节的结果。

如若不可能至少从根本上追踪意识产生的过程以及其中发生的推延，上述设想就将是荒谬的。被意识之物必须至少根本上作为生命发生的效应被弄清楚。根据利科的阐述，在怀疑的解释学中，这应该通过一种间接处理的意义科学(Wissenschaft des Sinns)来进行，这种科学本质上是间接的，也就是说，不可还原为直接的或即时的意义意识。[2] 只有当这种科学相较于此意识是另一种形式的知识时，它才能证明自己是这种知识的真理。

这种间接科学的运用就是怀疑练习。这意味着，它

---

① "意义的阐释"(exégèse du sens)(Paul Ricoeur, *De l'interprétation. Essai sur Freud*, Paris 1965, Kapitel II.3: »L'interprétation comme exercice du soupçon«, S. 44.)

② "一种间接的意义科学，不可还原为直接的意义意识"(une *science* médiate du sens, irréductible à la *conscience* immédiate du sens)。(Paul Ricoeur, *De l'interprétation. Essai sur Freud*, Paris 1965, Kapitel II.3: »L'interprétation comme exercice du soupçon«, S. 44.)

使某一意识内容带上了非真实性的标志。那些始终被意识到的东西并非自身存在的东西，而且是其生成性无法追及的生成物。在其从根本上被设定的直接性中，意识不能把握到自身的，以及在自身中被给予物的生成性。正如怀疑的解释学所预设的，意识没有经验的可能性。它是某个他者的影响，因而是其直接性中的假象(Schein)。①

现在，对于怀疑解释学而言，关键在于，这一假象没有明确可与之等同的存在相对应。那些不存在，而仅仅显现的东西不是什么特殊之物及其在特殊性中确定之物的显象，而是将自身作为生命之动力构建的东西——无论这种生命被设定为与自然的新陈代谢、权力意志，还是力比多的发生。就此而言，显象一方面同与其相异的东西关联，另一方面又是不可还原的。它只能使自身在怀疑中作为显象被确定。因此，对于怀疑解释学而言，必须考虑其可能性。为了适应一种可识别的、清楚明白可确定的深层含义，怀疑解释学又复归于一般性意识的基础。这样，虽然它以一种间接的方式追寻其相关意义，但只要意义被发现，意义也就会直接地，即在一般性意识中被把握。

怀疑解释学因之有充足理由承其名。怀疑不仅是其

---

① 这一设想可以通过尼采的文章《论非道德意义上的真理与谎言》(*Ueber Wahrheit und Lüge im aussermoralischen Sinne*)得到很好的说明。〔*Kritische Studienausgabe*（KSA），Band 1，hg. von G. Colli und M. Montinari， S. 873-890.〕参见：Günter Figal，*Gegenständlichkeit*，Tübingen 2006，hier：§7，S. 59-67.

起点，不仅是其过程，而且是其存在之可能性。只在怀疑中才存在怀疑解释学。若其一刻放松，以求让位于确定性，则与之联系和推进的解释学也在其可能性中作为整体消失了；它作为向一般性意识的绕行拒斥了自身。因此，怀疑解释学不能承认一般性意识的修正。那些从属于它的吁求，若将之考虑为自然的新陈代谢、权力意志或本能生命的不可避免性并以之为基准，① 就不应把意识回溯至其与生命的联系；在意识中出现的，是依据怀疑解释学的信念从这种联系，即从生命环节与生命力的活动中脱落的。就此而言，这种吁求仅仅以敞开怀疑为目标，而怀疑则保持并持续在这种决断的非决断之浮荡中。它可以将所有意识内容都打上可疑的标志，并由此给出自身的优越性特征。但怀疑仍是一种姿态，并将保持为一种姿态、一种无可辩驳的建议，它从未确定自身，也从未被驳斥。

每种“深层解释学”(Tiefenhermeneutik)都是怀疑解释学，这种解释学希望在理解后批判地反问并寻求异于可理解物的东西。这种解释学的困难并不在于其实行了教条的客观化，如伽达默尔批评哈贝马斯那样，而是在于，它是解释学而又无法兑现为解释学。其姿态是这样一种批判性理解的姿态，这种批判性理解不应是一般性理解，并且在其非决断的浮荡中也根本不能是理解。

---

① Paul Ricoeur, *De l'interprétation. Essai sur Freud*, Paris 1965, S. 45-46.

批判解释学的不稳定性是显而易见的，而一种批判性理解的构想又是不可反驳的。这种构想似乎无可辩驳；存在要求这种构想的事态。哈贝马斯提到的那种理解条件的扭曲是存在的；若非同时与理解性的边界、与不可理解之物碰撞，则理解很难被经验到。同样，对反思必要性的提示也不能被拒斥。对明显超出自明之物的事态之把握，没有反思也很难成功。问题只是在于，反思及其注意力是否必须从外部被带入理解里面的不确定的、受限的和受妨碍的东西之中，使得一种称为批判性的理解被证明是一般性理解的真理。或许一般性理解与批判性理解的对立——正如直接意识与间接科学在利科那里的对立——太过醒目且错失了理解的本质。或许"深层解释学"根本就只是解释学。只有当人们试图将理解的本质至少粗略地澄清时，两者才得以相互区分。

三

理解①不同于把握或领悟，它尤其不是单纯的知识获取。这在如下处境中尤其明显，这种处境首先通过非理解被规定，而理解在其中立刻设定自身。当一个对话伙伴的表达被理解，人们不仅知道他人意指的是什么，

① 更详细的讨论见：Jürgen Habermas, *Theorie des kommunikativen Handelns*, 2 Bände, Frankfurt/M. 1981, § 12, S. 104-126.

而且也知道与之应对。当人们理解和明白一个之前不清楚的游戏规则，就可以参加游戏。理解因此意味着：从某物开始某物。

然而，理解不是单纯的能力；它不同于一种作为倾向被获取，并在适当时机被实现的“能力之知”。[①] 对理解而言，关键其实在于，某物被理解；某物自行展开，从而为某人自身提供了一种之前尚未存在的行为可能性。或多或少明显的是，这规定了某种行为，这种行为被普遍地看作解释学行为；就理解而言，相对于行为的正当，它较少依赖于行为本身。理解意味着：能够从某物开始某物，并且，人们以某物为准进行设定，使其在解释学行为中如其所是地发挥积极作用。正因如此，人们在一个充分理解的答案中评估对话伙伴的表达，也正因如此，游戏较少关乎本己行为，而更关乎本己行为所属的游戏的现实性。[②]

相对于理解者作为实事在场的东西越集中，理解的事实束缚和事实性也就越明显。文本建构就是最集中的情况，就其本质而言，它是需要解释的。在这里，在本己解释行为之下的意图是，使文本，也就是说，使一部

---

① 参见吉尔伯特·赖尔对于“能力之知”(knowing how)和“命题之知”(knowing that)的区分。(Gilbert Ryle, *The Concept of Mind*, London 1949, besonders Kapitel 3, S. 62-82.)

② Hans-Georg Gadamer, »Spiel als Leitfaden der ontologischen Explikation«, in: ders., *Gesammelte Werke*, Band 1, Tübingen 1986, S. 107-139.

作品内在的意义组织（Bedeutungsgewebe）发挥积极作用。若其成功，并且文本在行为中得以呈现，那么文本就被理解了。也就是说，理解是从本己行为的适当性出发，对伴随行为所呈现的实事进行的成功设定。

由于理解首要关乎要理解的实事，这种成功很少是终极的。某物越是要求集中的解释，它在一个单独解释中，或者在少数几个解释中展开得就越少。即使它已经被理解，也还总是可以被更彻底地理解。理解固然不是先行的；伴随着展开文本的解释，文本得到理解。但理解也并不是锁闭的；它不会终结，而是在解释可能性的差异中积聚。

若一个文本能够被更彻底和更好地理解，那么所有解释都是受限的，而解释正是在其受限性中或多或少变得清晰可辨。这种可辨性是为了实现更彻底和更好的理解；特殊的解释应该为了解释和理解行为而在其独特性和受限性中被考量。如若这样，这种解释行为就是反思的。人们不应将之视为一种从解释行为外部添加的对解释行为的思索和检验。对一个解释的反思考虑仍然从属于解释行为。它是解释行为本身的一个构成环节，不必总已实现，但在任何时候都可以实现。

就其字面意思理解，反思就是弯折回去（Zurückbeugung）。这可以意味着，解释行为的注意力不在于要解释的实事，而在于解释。但只有解释作为对文本，以及对作为文本被给予之实事的解释时，解释才是其所是。这样，人们对某物的注意就属于解释行为的反思。正如反思不是解释行为的外在思索，它也没有以实事为代价朝本己行为折返的特征。相反，反思总是在解释与文本间运动，并得以尝试将双方联系起来澄清。反思从属于解释和文本的关联(Korrelation)。

这一关联——可以因其对解释学事态的重要性被称为解释学关联(hermeneutische Korrelation)——不是两个自身确定实存间的关系，而是一种使解释和文本得以可能的敞开状态(Offenheit)。在反思中，文本和解释在其敞开状态的视角下得以相互澄清，使得它们的本质同属性和差异性，以及两者间的关联游戏发挥积极作用。

理解的成功是在解释学关联的敞开状态中得到的。这一成功等同于一种适于这一关联的事实一致性——伴随着一个在特定方面合适的解释，文本才能发挥积极作用。这种一致性固然不是制造出来的；它不可强求，只能自行得到。但这并不意味着，这种一致性是一种难解的发生；它和一种在“实在的当下”①生发的文本揭示(Offenbarung)没有什么关系。相反，理解所是的那种一致性有其本己的，在反思中仍可提升的清晰性。这种清晰性提升之可能性不仅适用于解释和文本，或普遍而言适用于一种努力理解的行为，以及应在其中发挥积极作用的实事，也还同样适用于其关联自身的敞开状态。

---

① George Steiner, *Real Presences. Is there anything in what we say?*, London 1989.

因此，这种清晰性也涉及理解的空间，努力理解行为的进行条件，以及能被理解之物的被给予性条件。反思在解释学关联中，以及相应在使解释学关联得以可能的敞开状态中有其位置，这种敞开状态在理解中或多或少地发挥积极作用。

如果这样，那么就没有一种和一般性或非反思性理解相区别的反思性理解。相反，反思根本就是理解的一种可能性，这种可能性固然不总是被实现，但总是可以实现的，从而构成了理解的一个环节。在解释学视角下，所有有意义的反思都来自理解本身的联系，就此而言，理解不需要补充。既然理解已经澄清了自身，也就不必添加外在于理解的东西。

现在，反思不等同于批判，并且就此而言，对批判性理解可能性的追问仍是敞开的。对这一追问的回答仍然要通过对反思的思考来准备。某物要能够被批判，就必须能够被当成主题来思考。批判来自反思，没有反思就没有批判。就此而言，可以说，批判依赖于反思。对于理解和批判关系的探讨也就因之能够接续迄今为止的考量。这一探讨必须纳入迄今为止澄清的批判环节结构中。因此，在特定方面下发展出的对反思的规定也需要修正。

四

批判是区分，一般伴随着评价。它将善恶、得失、真假区分开来。在这一意义上，对理解的批判可以指对真正和虚假理解的区分。但只有当区分以可领会的方式进行时，这种批判才是令人信服的。区分的可能性，即其宣告和断言，是不够的。这正是怀疑解释学的问题；这种解释学依赖于区分的潜伏，也就是说，它断言了区分，但尚未兑现，而是将其置于漂浮中。只要怀疑解释学将理解像这样置于怀疑之下，对真正和仅仅虚假的理解之区分就尚未开始。

因此，怀疑的解释学仅仅表面上是批判性的。它还缺少兑现批判的可能性，因为它仍保持与理解的相对外在的对立。但批判只能在理解自身中兑现。某人是真正地，抑或只是虚假地理解，这取决于理解是否是可证明的。对游戏规则理解的宣称通过正确玩游戏得以被确认，并通过不合适的行为得以被否定。同样，对文本的理解而言，所宣称的解释成功也必须能够被证明和展示。

由于理解就是这样一种成功，批判的可能性就在于理解自身。解释学把握的批判不关乎理解本身，而关乎在理解中能够实现的，并且被正确理解后也确实实现了的东西。理解一开始就涉及在实现与不实现间的抉择。它本质上属于这样一种解释学经验，其使得无论自身行为还是要理解之物都服从于可实现性的视角。任凭谁想要努力理解，都以不同程度投入了理解的可能性，从而使要理解之物发挥积极作用。本已的可能性只在此观点下被考虑；只要其仍关乎实事，而非关乎以特定视角呈现自身并作为人自身采取某种立场，那么可能性是否是本己的就无关紧要了。对这些立场的肯定，如断言某一断言，在理解意愿和理解中就是不重要的；如现象学转向所言，这是“加括号”，是设定悬置。由于本己的可能性作为本己的被“加括号”，这些可能性就不能不受限制地从实事的视角出发起作用。这关乎实事，而非关乎人们自己相较其他东西当作信念使之起作用和主张的东西。

在理解愿望中被加括号的不仅是本己的可能性，实事也被加括号。即使实事自身是可以被确定和规定的，它在其所是之中也是敞开的。在理解的视角下遭遇的东西，只能通过解释在理解中实现的方式展开。只有当某物证明自己是可理解的，它才在解释学视角下是确定的。

如同反思已然明确的，使实事作为可理解的而发挥积极作用的可能性同样也涉及实事，正如实事也涉及理解它的可能性。批判的可能性正是存在于这种交互性和反思之中的。当解释学的行为相较于其他行为，其可能性被标记为特别合宜或不充分时，这种可能性会被感知到。或者，当人们就特定方面将一件实事视为对于解释学行为不可通达时，其亦会被感知到。因此，批判是解释学态度之中的一种立场，相较于在其敞开状态中，它更多地在展望其实际完成中得以实现。由于批判在这之中有其标准，要使批判可信，它就必须在这之中证明自身——通过比较某种批判行为的可能性与其他成功的或至少更成功的可能性，或通过证明尽管进行了各种尝试，某物还是未能展开。因此，一个解释之所以是可批判的，是因为其尚未达到其他解释的差异性和简明性。当一个文本在重复的、从不同看法出发进行的解释尝试中没有展开为一致的，这个文本就是可批判的。人们不应把文本的非一致性与其不可穷尽性混淆，如同这种不可穷尽性对伽达默尔所谓著名文本①是根本性的那样。一个著名文本是在无限多的解释中将自身呈现为一致的，而不能在其一致性中被最终展现。

若从其他意义来把握解释学行为及其相关实事的可批判性，那么对交流关系的阻碍也将随之被提及，这是对批判性理解可能性发问之开端。当一个行为明显显得有碍理解时，其标准始终是在这行为中，但却从根本上保持为不可理解的实事。没有什么行为是根本上有碍理解的。对阻碍之确定始终只能是特殊的，就此而言，怀疑一个被证明为可理解的行为会最终有碍，这是完全没有意义的。还有如何克服阻碍的问题，其标准也在要理解的实事中，并且总是着眼于无碍的、展开实事的行为可能性。

---

① Hans-Georg Gadamer，» Text und Interpretation «，in：ders.，*Gesammelte Werke*，Band 2，Tübingen 1993，S. 330-360，hier：S. 348.

但要追问阻碍之本质及其性质，就必须不仅仅满足于对不合宜性的批判性确证。有碍的行为就其自身而言可以成为解释学行为的对象，尤其是解释的对象。这等同于这种行为的文本化，也就是说，行为作为文本，作为意义组织被对待，如有必要，被置于一个包含此行为的意义组织的联系中。对一个有碍行为的解释任务常常是首先发现这样的意义组织。不仅对于解释学行为，而且对于要理解的，被证明为不一致的实事都是如此。也只有从实事出发，对不一致性和一致性可能更紧密联系的文本或语境的发问，才是有意义的。

这就是怀疑解释学的真理环节：并非所有能够被理解的东西都只能从自身出发来理解。但某物所属的文本联系，必须就其自身被理解，在这一点上，伽达默尔是对的。没有什么有特权的，从被视为批判的本己理解的高度出发才可能的路径与之通达。对于阻碍、碎片化和可比较化的理解都适用的解释学努力不是根本上不同于“一般性”理解的另一类理解。但伽达默尔没有注意到的是，这种解释学努力常常是可反思的，并由批判的区分力所引导。

当这种批判被证明是一种理解的，更确切地说，一种在理解中完成的解释学行为的内在可能性，人们就批判地通达了怀疑解释学这一名称显示的实事。同时，人们也获得了如此的可能性，从而在这种解释学姿态与其施行间作出区分。问题在于，在这样的施行中，存在对与之相对的，出现差错的怀疑，到底什么是在描述和阐述环节中所探讨的。这种怀疑解释学的批判不是意识形态的，它是真正的批判。其关键不在于拒斥那些被利科称为怀疑的大师们。相反，关键是要看穿其成问题的姿态并澄清什么是在其描述和阐述中可以免于其怀疑的，什么是在一种解释学澄清的理解意义上要保存的，以及如若必要，要重构的。这类概念性反思不是朝向怀疑的幻景，因此是拯救批判的批判。

科学与批判

——一些历史性的观察[①]

米歇尔·汉普(Michael Hampe)

阿思汗　译

在这篇论文中，我们会考察三种批判与科学的关系：一是对非科学性信念的科学批判，二是对科学的科学性批判，三是从常识与日常知识出发，对科学进行的生活世界批判。所有考察都从一个历史性的视角出发。

① 我感谢剑桥的雷蒙·盖斯(Raymond Geuss)，苏黎世的卢策·温格特(Lutz Wingert)和在剑桥的以“批判主义必须得是建设性的吗?”为题的工作坊的参与者，以及苏黎世联邦理工学院的哲学研讨会成员，感谢他们对于这篇文章的改进建议和文献提醒。

一、作为科学的批判

(1)科学并非亚里士多德所谓的实体。① 科学并没有超越历史的本质。问“科学是什么”，而不考察它的特定历史语境，是没有意义的。在科学哲学中我们经常问“科学是什么”，对它的科学哲学式回答往往不反思作为背景的形而上学传统，但正是这个传统给予了科学一种哲学的意义，并且，在它之中还有审慎地将它与技术知识区分开来的倾向。② 人们不妨问问自己，在众多不同的科学领域中，如理论物理学、动物心理学、法学、建筑学、艺术史和运动生理学中，是否存在着某种有趣的共同点，它必然地为这些学科所共享，并使它们成为科学。它会不会是给出了科学性之标准的“批判性思维”，或者能自我批判的认识呢？

作为人类组织的科学随着它在其中运行的社会条件而变迁。如果我们要思考科学与批判的关系，那么我们必须要考虑一个历史事实。实验性的科学“从自然来讲”或者“究其本质而言”既不是批判的，也不是非批判的。就像有时我们用来考察政治的道德理想不能与现实政治混淆，我们也不能将某种有时我们愿意拿来考察科学的

---

① Aristotels, *Metaphysik* 1028 a 10.

② John Dewey, *Reconstructions in Philosophy* (1920), Chicago 1982, Kap. 1.

所谓道德理想，如批判的理想或者说“价值中立”的理想，与具体的现实科学混淆。[1]

(2)在这个意义上，科学不仅仅像政治，也像“宗教”，将它们进行比较会是有用的。如果我们将从《旧约》文本中发展出来的道德宗教(犹太教、基督教和伊斯兰教)和诸如印度教、佛教或神道教等亚洲宗教作对比，那我们几乎找不到什么使它们成为“宗教”的共同点——对于神的朝拜不能完成这一点。至少在它们历史中的某些阶段，有些宗教——如果不是全部宗教——都曾以批判的态度站在它所处的社会与政治环境的对立面。与之相反，在另外一些时代，宗教是国家进行压迫的控制系统的一部分。第一种情况可以以在罗马帝国早期的基督教为例。另外一些时代，同一个宗教就成为国家借以压迫和控制人民的工具。罗马帝国晚期的基督教，以及现今在某些偏远的拜仁村落的基督教就有这样的功能。教会可能为了非宗教人员，或者社会上层的成员的组织(在埃利亚斯的意义上)[2]，也可能不顾它是在为谁“服务”，而改变自己的批判性动力。

正像宗教一样，科学潜在的批判功能也随着历史环境的变化而变化。当现代科学从大学之外的社会中诞生

---

① Raymond Geuss, *Philosophy and Real Politics*, Princeton, Oxford 2008, S. 9 f.

② Norbert Elias und John L. Scotson, *The Established and the Outsiders. A Sociological Enquiry into Community Problems*, London 1965.

之时，古老的，在那时被重新发现的阿基米德式方法，就和彼时统治基督教大学的亚里士多德主义对立了起来。哥白尼、伽利略和开普勒的天文学，以及牛顿的“实验哲学”，都曾经是批判性的学科：它们是批判性的，因为它们质疑基督教大学的教学计划、教学方法和教学理论，正像占上风的“常识”质疑当时从被扭曲的基督教教义中产生的迷信倾向一样。

我们现在在特定学科中讨论的“科学革命”，不如说仅仅是一种在库恩意义上的范式转化：这是欧洲教育体系的一次革命，而最后演变成了社会结构的变迁和一种尝试，因为后者与教育体系有紧密的关联。(“常识”并不意味着在笛卡儿意义上的“自然之光”，即一种认识理想，而是一种假定的静态事实，即特定时代的显明的“普通民众”的观点。)在科学革命与法国大革命之前，教会统治着教育体系，这样，不接受基督教教育而想要获得社会特权或政治影响力几乎是不可能的。在科学革命和法国大革命之后，教育体系就发生了变化。拉马克在那个周日早上，于博物馆中为自然史所做的公开演讲，在当时是作为礼拜而进行的，因此，这或许可以看作这一变化的最著名的例子，而这一变化也被称为“世俗化”。从此以后，成为一个科学专家就是一种用完全不同的，而且越来越重要的，在社会上获得影响力的方法。

为了理解科学的批判性力量，考察十六至十七世纪科学批判的目的是十分重要的。在这个视角下，人们应当注意到，多数的焚烧女巫事件并不像人们所想象的那样发生在中世纪，相反，它多发于1550—1650年，也就是1543年哥白尼死后。这是布鲁诺、笛卡儿和伽利略的时代。在1619年，开普勒曾出庭为他的母亲辩护，因为她被指控为女巫。在这个过程中，开普勒所保护的并不仅仅是他母亲的生命，还有自己的遗产。因为当时，在许多德语国家，指控一个人为女巫或者与黑魔法相关，都是攫夺被告人财产的方式：胜诉者将被诉为女巫或者巫师的人的财产作为“报酬”据为己有。开普勒的母亲最终在1621年被释放，但不久之后就因之前的审讯拷问去世了。[①]

我们现在称为“启蒙”的东西，是一个过程，它致力于批判和解放社会及其司法权，特别是将其从关于魔鬼、妖魔和女巫的宗教观点的影响之中解放出来。启蒙运动不仅仅针对神学教义，它也尤其针对宗教教义成为常识后产生的后果。基督教公开地通过肉体复活宣扬灵魂不朽的学说，学者之中也有许多关于复生者可能会获得何种身体的思辨。[②] 对于灵魂不朽的常识性信赖曾经是，并且现在也是关于在身体朽坏后，脱离肉体的“精

---

① Berthold Sutter, *Der Hexenprozeß gegen Katharina Keppler*, Weil der Stadt 1979.

② Carolyn Bynum, *The Resurrection of the Body in Western Christianity*, 200-1336, New York 1995.

神""继续生存"的想象。这样的想象，和基督教的再生比起来，更像是荷马式的，在冥府的阴影。对于非肉体性精神的实存的信仰，是宽泛的神怪学的前提，而它支配了十五至十六世纪非学院思想的许多分支。批判这种思想是诸如霍布斯、斯宾诺莎和休谟这样的哲学家的目标，他们要么是实验哲学运动的一部分，要么至少对它持同情态度。斯宾诺莎在他于 1662 年写成的《神、人及其幸福简论》中，就详尽地探讨了鬼怪之存在的问题。① 斯宾诺莎并非致力于实验科学进步的科学与启蒙团体的一分子，尽管如此，他对他们的工作抱有极强的兴趣，而且从他的通信往来中可以明显地看出，他还自己动手做一些实验。② 考虑到对于实验性证据的喜爱和对于迷信的批判，斯宾诺莎可以说是这个运动的典型。

在这个时代，科学团体和学会、大学是分离的。前者首先于佛罗伦萨、巴黎和伦敦，由托里拆利、维恩、波义尔、费马和帕斯卡等人创立③。这些团体支持创新

---

① Baruch de Spinoza, *Kurze Abhandlung von Gott, dem Menschen und seinem Glück*, Hamburg 1965, Kap. XXV: von den Teufeln.

② Brief 6: an Heinrich Oldenburg, »enthaltend einige Anmerkungen zu dem Buch des wohledlen Herrn Robert Boyle über Salpeter, Flüssigkeit und Festigkeit«, in: Baruch de Spinoza, *Briefwechsel*, Hamburg 1977, S. 15-30.

③ 西芒托学院、法国科学院、英国皇家学会。参见：Martha Ornstein, *The Role of Scientific Societies in the Seventeenth Century*, London 1963.

的实验研究。不过，他们是以教育事业的局外人的身份进行这一工作的——这些研究都由建制大学以外的学者进行。在十九世纪，这个图景已经有所变化。因为从那时开始，实验科学不仅仅进一步统治了绝大多数欧洲大学，也成了医院和私人医生实践医学理论的方法。在十九世纪，医学就开始将实验性的研究，而非抽象的自然哲学思辨作为自身的基础。像这样开始用研究者在现代大学实验室而非仅仅在学会之中，通过试验方法和学术研究获得的专业知识，来改变日常生活的学科，医学是第一个。（值得注意的是，当今因自然科学研究而享誉世界的剑桥大学直到二十世纪都没有为大学的实验室购买过实验器具，因此，实验员只能用自己的私人财产来支持工作。）随着上述进程的发展出现的免疫运动，如在罗伯特·科赫发现细菌后提出的一系列卫生措施，以及由公共财政支持的针对肥胖、高血压和性传播疾病的措施，都是立足于经实验验证过的观点之上的公共政策措施。而这些观点从那时以来，就是对现行生活方式批判的基础。在礼拜仪式上，批判从教会一方展开：人们不能通奸，要爱邻人，不能追求财产和私人幸福。自己若不向善，就是损害自身，也无法得救赎。而现代卫生健康部门和医疗保险也用类似的方式批评营养过剩、过量吸烟、缺乏运动和无保护的性行为等做法。谁不按照科学已经证明的正确路线生活，谁就死得更早，并且还会额外给公众造成大量的花费。

从十九世纪以来，科学实验和相关专家成为整个欧洲和北美社会文化力量的主导者。他们代替了基督教和它的神职人员，并且从一个被庞大的社会阶层不加质疑的信念中收获良多，即他们掌握着真相，并因此被授权改变人们的生活，给予它“正确”的形式。现在，尤其是在科技运用的发展中，正是实验科学具有定义什么是理性的，什么是有用的东西的能力。一个展示实验科学在文化中的支配地位的例子是，实验科学在智力研究中尝试“规定”，哪种食物、哪种娱乐、什么样的教学法，以及何种社会生活可以促进，或者说是符合智力的。精神病学家曼弗雷德·施皮策的一系列成功的著作和讲座仅仅是诸多神经科学“布道”中的一个例子，而这正是由科学启蒙所带来的。①

(3)如果不是全部，那么大多数试验方法的追随者(如牛顿就不在其列)也是对知识的发展的时代新方向的代表人：对于大多数现代科学家和哲学家来说，发展知识的事业之目的并不在于，像牛顿所说的那样(他相信要去重建失落的智慧)，复兴古老的智慧，而是在代际积累更多的经验与真知，以期能达到对于“终极”真理无可置疑的理解。这样来说，创造知识就一方面是一项收

---

① Manfred Spitzer，*Lernen：Gehirnforschung und die Schule des Lebens*，Heidelberg 2006；ders.，*Vorsicht Bildschirm！Elektronische Medien，Gehirnentwicklung，Gesundheit und Gesellschaft*，Frankfurt/M. 2006；ders.，*Vom Sinn des Lebens. Wege statt Werke*，Stuttgart 2007.

集性的工作，另一方面是一项只有在未来才能成功的事业。尽管这种进步的观念，被卡尔·洛维特批评为一种基督教救赎思想的世俗化形态①，但它仍然成为一般而言现代科学研究的方法论理想和评价标准。科学家必须追求进步。一个研究项目越追求进步，它就越好。

不过，进步观念的发展可以分为明确的两个阶段。第一个阶段从 1600 年延伸至 1850 年。在这个时期，理论从根本上的质疑与批判，并不被视作知识的积累。在科学进步的第一个发展阶段，占支配地位的是知识体系的连贯性：从哥白尼到伽利略，再到牛顿、黑尔姆霍尔茨和法拉第。不过在 1850 年之后，科学的进步就不能通过一个知识体系的不断自身分化来积累完成了，即开普勒将自己的体系“建立在”哥白尼的体系之上，又如开普勒是伽利略的基础，或者是如牛顿所想“站在巨人的肩膀上”。1850 年之后，在第二个阶段的进步只能通过对旧理论的彻底否定来达成。进化论（达尔文）、相对论（爱因斯坦）和量子力学（普朗克）构成了这个阶段的开端。借助这些物理学和生物学的新理论，科学被推动了，因为它证明由它自身提出的关于自然种类、空间、时间以及物质的观点，是完全错误的。从此以后，对于旧理论的彻底批评就被视为真正进步的必要条件，而积累性的知识则不再是获取知识的标准模式。自然，进一

---

① Karl Löwith, *Weltgeschichte und Heilsgeschehen. Sämtliche Schriften Band* 2, Stuttgart 1986.

步也就有了科学与知识积累之间的区别。粒子物理学的“压力”和从弦理论出发，将一个更先进的关于“暗物质”的理论推进为关于整个物质世界的新理论的希望，显示了这样的事实：从十九世纪晚期和二十世纪早期引导“革命”的，揭示光的本质的理论所获得的极高赞誉，是错误的。

在科学进步的第一阶段，柏拉图式的数学式的确定性概念仍然会被运用到实验科学之中；科学不仅仅必须追求进步，同时也必须能够满足可以用数学语言表达的要求，这样，科学的洞见才能从数学中获得确定性。在这个意义上，开普勒可以称得上是狂热的柏拉图主义者，他相信，上帝创世是为了从事几何学。① 然而，因为从二十世纪以来，科学的进步只能通过将旧理论批判为错误实现，实验科学和数学科学就进入了一个不可消解的困境之中：即使对现代科学来说，数学的确定性也同样意味着永恒的有效性，因为今天人们仍然保有柏拉图式的和毕达哥拉斯式的理想。杜威提示我们，柏拉图时代有着这样的信念，“我们只有在固定不变的东西中才能找到确定性”②。现代科学的进步仅仅在没有科学洞

---

① Johannes Keppler, *Mysterium cosmographicum/Das Weltgeheimnis* (1597), hg. und übers. von M. Caspar, Berlin 1936.

② John Dewey, *The Quest for Certainty. The Later Works 1925-1953*, Volume 4: 1929, hg. von A. Boydston, Carbondale, Edwardsville 1988.

见是确信无疑之时，才是可能的，因为任何理论都可能被批判为错误的。

这样就出现了科学中复杂的批判图景：十六世纪的“科学革命”的批判影响并不仅仅针对某一个别理论（比如说针对托勒密的《天文学大成》及其宇宙论），而是针对宗教、神学、由亚里士多德主义统治的教育体系，以及一种对于抽象知识的看法，而这些构成了早期在欧洲的欧洲式社会结构的根基。因此，在十六至十七世纪发生的是一种深刻的文化批判，一种对由基督教信仰支配的文化的批判。而相对论和量子力学对于牛顿物理学的批判并不以整个文化作为标准，但它或许违背作者的意图，改变了从二十世纪以来人们进行与理解科学批判的方式。严肃地批判一个理论，不再意味着改进它，而是彻底剥夺它作为普世真理的地位。不同于近代早期，二十世纪的科学批判首先是内在的，这意味着，它针对的是其他的科学理论，而不是站在它的角度上针对已经被科学支配的整个文化。神经科学在法学和教育的角度对自由意志的批判，是对于文化的观念体系的批判的第一次再现，其中，这个体系据称尚未得到足够的“科学启蒙”。

（4）数学式的确定性和实验产生的知识进步构成（刻画了现代科学）的对立引发了两种科学家：创新主义的和蒙昧主义的。蒙昧主义者想要保障确定性，而创新主义者想要创造进步。约翰·杜威认为，实验方法本身是一种工具，用来批评守旧派科学观点。[①] 二十世纪早期以来，它却变成了产生不可预料的新事物的工具。现在，人们设想，最好的实验会产生一个又一个不可预见的结果。[②] 不过，一方面，为了能辩护科学能够带来确定的结果而非仅仅是推测和教条这一信念，科学必须保护它能带来普遍可接受的结果的方法，如数学的和实验的方法。另一方面，为了真正地带来新的洞见，就像二十世纪初所发生的科学进步那样，它也必须对被继承下来的方法发起质疑。（比如说，对于作为物理空间理论的质疑导向了相对论，对于将质量在空间中的点的简单定位的质疑导向了量子力学）。而蒙昧主义者面对质疑数学确定性和明晰性的革新，则尝试辩护既成方法的合法性。他们这么做，是因为他们知道既成方法的价值。关于他们，怀特海这样写道：

> 在几代人之前，僧侣，准确地说，僧侣阶层已经给出了蒙昧主义的经典范例。现在，自然科学家取代了他们：他们因为他们的成就最终获得了这个可耻的声名。每一代的蒙昧主义者都招兵买马，使自己成为运用主要研究方法的一个整体。现在，自

---

① John Dewey, *Logic: The Theory of Inquiry* (1938), Carbondale, Edwardsville 1986, Kap. XXI.

② Jörg Rheinberger, *Experimentalsysteme und epistemische Dinge*, Frankfurt/M. 2006.

然科学的研究方法占据了主导地位，自然科学家构成了蒙昧主义团体。[1]

怀特海不仅认为获得并运用既定方法的努力是理性的，也认为摧毁既定方法并寻找全新方法的努力也是理性的。他考察了在奥德修斯和柏拉图身上表现出来的理性形式，并且指出，尽管奥德修斯从不怀疑他回家这个目的，但是他却找到了实现目的的最佳方法。反过来，柏拉图思考我们在我们的生活中应当追求怎样的目标。在怀特海之后，费耶阿本德认为，发生在既成科学的支持者与持续追求基础性创新的人之间的冲突根本是非理性的。[2] 对现代科学进步之中的冲突的不同理解，根源在于不同的理性概念。费耶阿本德或多或少将方法和理性视为一个概念，并因这样的理由反对旧方法：旧方法导致新的方法不会被尝试，换言之，并没有向新方法检验的投入。[3] 与之相反，怀特海则认为奥德赛的说法涉及方法，而柏拉图式的理性则用思辨的方式与之区分，并且既追求新的思维方式也追求新的知识。因此对于怀

---

① Alfred North Whitehead, *Die Funktion der Vernunft* (1929), Stuttgart 1974, S. 38 (meine Übersetzung).

② Michael Hampe, »Vernunft, Gefühl und wissenschaftlicher Wandel: Feyerabend-Dewey-Whitehead«, in: ders., *Erkenntnis und Praxis*, Frankfurt/M. 2006, S. 229-253.

③ Paul Feyerabend, *Wider den Methodenzwang*, Frankfurt/M 1986, Kap. 11 und 12.

特海来说，科学既是方法的，也是思辨的。这样看来，按照他的观点，科学革命就是一个理性的进程，在其中，思辨理性通过基础性的批评超越方法理性。对于费耶阿本德来说，科学革命是一个非理性的和解构性的批判过程。对怀特海来说，科学革命是唯一用来反抗认知疲劳的理性手段。

二、被批判的科学

(5)对于科学来说，理性的概念作为批评的对象也有重要意义。科学观点被人们公开在公众场合——尽管是以不同的方式——辩护，而这些辩护者并非科学家。在常识之中，科学假设和定理都变成了“单纯的意见”。在这个过程中，它的意义发生了变化，它的正当性也部分地甚至彻底丧失了。十六至十七世纪的科学以及为它辩护的科学家们批判常识，因为它产生于被宗教和神学所支配的文化中。因此，在和对神怪、女巫和魔鬼的迷信的斗争中，科学的启蒙批评古老的、被扭曲和误解的宗教信条。

从十九世纪开始，科学自己变成了世俗化世界中占主导地位的文化要素，它批评常识，因为它歪曲了科学的历史。一旦常识被赶超它的科学观点所支配，科学启蒙就会尝试用新的、正确的和更清楚的科学观点替代旧的、扭曲的和不清晰的观点。比如说在二十世纪上半叶，把自己的身体暴露在放射性物质之下被认为是非常健康的。这是产生于二十世纪初的科学观点。直到第二次世界大战之后，它才普遍地被视为谬误。[①] 尽管从十九世纪以来，常识已经不再为宗教所支配，但它仍然会发现自己就像是一个孩子，科学作为它的父母之一，总是用新的科学发现和它作对。这种“改正”的最新例子是常识对于基因研究中对纳米科学的运用所带来的危险的反对。加斯东·巴什拉(Gaston Bachelard)曾建议，用在常识中遭受反对的程度来“测量”科学进步的意义。[②] 不过，他并不将常识视作旧时代宗教、科学观念和意见的残余，而是将它视为独立的观念体系。不仅仅是他持这样的观点，胡塞尔关于生活世界的观点，以及日常语言的概念(“普通语言”)的含义也与其类似。更新的语言哲学也为日常理解进行了这样的辩护。

语义的整体论是当下语言哲学的基本信条，它认为，科学理论和非科学语言都展示了整体性的意义关联。因为生活世界提供了理解世界的可能渠道，它也就被当成一个语义整体，而非偶然甚至有时不一致的观点与技巧的堆积。此类整体论发展中影响力最大的人物是蒯因，实际上他并没有按照科学理论和自然语言的视角

---

① Christiane Staigler, »›Strahlende Gesundheit‹. Zur Geschichte der Radiotherapie«, in: *Pharmazie in unserer Zeit*, Band 34, Heft 6, S. 454-459.

② Gaston Bachelard, *Die Bildung des wissenschaftlichen Geistes* (1938), Frankfurt/M. 1987, Kap. 1.

区分“信念的网”。这种关于生活世界和自然语言的整体主义视角产生了影响广泛的结果：它向我们展示了对改变生活的科学与技术革新进行批判的更多可能性。如果我们将生活世界或者非科学的说话做事的方式视作独立的，那么问题是，究竟科学是怎么获得批判日常语言的权力的。赖尔①和维特根斯坦②站在分析哲学视角对于一般语言的批评可以算是这类批评的知名例子。

不过，还有另外一种完全不同类型的，对现代经验科学的批判，即由伽达默尔、霍克海默、阿多诺和哈贝马斯提出的批判。他们的批判并不立足于一个完整的日常语言概念，而是立足于人类和人类生活应该如何的筹划。对于这种科学批判来说，科学引进新的科技，改变人类生活的方式是至关重要的。这一路径在当下相当有影响力的一个分支是由哈贝马斯开创的。他将科学与技术对日常生活的影响描述为一种“对生活世界的殖民”。③殖民意味着，一个入侵性的陌生帝国，将一个既定完善的社会结构不正当地“纳入”自己的统治之下，甚至将它彻底摧毁。生活世界的概念，如在胡塞尔的《欧洲科学

---

① Gilbert Ryle, *Begriffskonflikte* (1953), Göttingen 1970, Kap. VI.

② Ludwig Wittgenstein, *Philosophische Untersuchungen*, Frankfurt/M. 1984.

③ Jürgen Habermas, *Theorie des kommunikativen Handelns*, 2 Bände, Frankfurt/M. 1981, Kap. IV. 2, und ders., *Technik und Wissenschaft als Ideologie*, Frankfurt/M. 1968.

危机和超验现象学》首次提及，并为后来的法兰克福学派所接纳的那样，是非常模糊的。不过像胡塞尔那样，哈贝马斯也相信每一个人类交流“总是发生在生活世界的领域内”。①

“生活世界”看上去与某种“情感的家”相关，后者与由诸如结构化的科学，冷酷无情的商业和金融世界的逐利行为所代表的“冰冷的理性”构成对立。歌德笔下的墨菲斯托区分了“灰色了理论”和“金色的生命之树”〔“理论是灰色的，而生命的黄金树长青。”(《浮士德》)②〕，这表达了面对科学与生命之对立的情感态度。库伦坎普夫认为③，这是两个世界的对立，其中一个是“从外部”由科技和行政机构组织的世界，而另一个则是由自己组织或者说“成长”的，直觉上可信的生活世界。从此以后，我们可以在政治上持非常不同立场的作者，如伽达默尔和霍克海默那里原封不动地发现这个对立。维特根斯坦少数几次对“生活方式”这一概念的运用也在其列，因为这个概念和一种终极的辩护可能性相关：可信性不再是通过论

---

① Jürgen Habermas, *Theorie des kommunikativen Handelns*, 2 Bände, Frankfurt/M. 1981, Kap. IV. 2, und ders., *Technik und Wissenschaft als Ideologie*, Frankfurt/M. 1968, S. 107.

② Johann Wolfgang von Goethe, *Dramatische Dichtungen I. Hamburger Ausgabe*, Band 3, München 1988.

③ Jens Kuhlenkampff, »Notiz über die Begriffe ›Monument‹ und ›Lebenswelt‹«, in: A. Assmann und D. Harth (Hg.), *Kultur als Lebenswelt und Monument*, Frankfurt/M. 2001, S. 26-33, hier: S. 29-32.

证生产的，而仅仅是被给予的。[①] 维特根斯坦的生命形式概念与胡塞尔的生活世界概念有类似的功能，因为胡塞尔也将这个表达视为"不可怀疑的有效存在者的领域"[②]。

如果现在我们将在一般语言的哲学中被接受的语义整体性，和生活世界之观念与实践的直觉明证性、有效性放在一起，那么，任何尝试改变生活世界的做法都会被批评为是对有价值和重要的功能性要素的伤害。一个被视为运作良好的整体的生活世界，看上去是免疫于来自科学的批判的。在这样的语言和生命的视角看来，任何发生在生活世界中，由科学驱动的，最后落实为技术的改变，都会被冠以恶名。尽管存在着这样在哲学上否定科学与技术变化的努力，它也流传甚广，但不难看出，这些批评终究无法与 20 世纪日常生活经由科技进步带来的快速而深刻的转变相提并论——这些进步发生在医学、通信、营养、能源经济和交通等方面。这样的转变看不到尽头。伴随着新的对象和新的描述方式的出现，科学和技术或许将在 21 世纪用不断加快的速度影响我们的生活方式。

(6)正如胡塞尔一样，霍克海默和伽达默尔把一种

---

① Ludwig Wittgenstein, *Über Gewissheit*, Frankfurt/M. 2006, Nr. 95 und 95.

② Edmund Husserl, *Die Krisis der europäischen Wissenschaften und die transzendentale Phänomenologie*, 2. Aufl., hg. von W. Biemel, Husserliana Vo. VI, den Haag 1962, S. 113.

关于人类本质的概念与生活世界的观念连接了起来。基于海德格尔的思想，伽达默尔相信，现代科学首先是一项被理性规划的“事业”，这项事业就其理性而言难以将自己与官僚机构的现代形式区分开来。在现代世界中，人已经发生了如此的变化，最终甚至会将其“真正的本性”摧毁，而现代科学和现代政治在伽达默尔看来都是从特定视角出发对这个世界的呈现。

用科技支配世界的理想按照自己的图景塑造人性，并让它成为技术的管理者，恰如其分地执行它的功能，不顾他人的感受。在我看来，其中包含着我们文明的瓶颈，要突破它需要的不仅仅是另一个启蒙。启蒙本身保持了之前的样态：它是关于判断力、自我思考，以及关于培育这些能力的。康德关于启蒙的格言“敢于认识——拥有使用自己知性的勇气”应当这样被重新理解：从科技的梦中醒来。①

伽达默尔支持，现代社会需要第三次启蒙(在第一次由智者在古希腊引发的启蒙，和第二次由实验科学及其哲学上的支持者在十七至十八世纪引发的启蒙之后)，在这个启蒙之中，人类要承认，现代科学几乎已经创造了一个对科学与技术的宗教式信仰，而这种信仰损害了人的判断能力。霍克海默用非常相似的口吻写道，思想

---

① Hans-Georg Gadamer, »Wissenschaft als Instrument der Aufklärung«, in: ders., *Lob der Theorie*, Frankfurt/M. 1983, S. 88-102, hier: S. 102.

与政治中“工具理性”的高歌猛进，引导了文化中的“普遍人类概念”[①]。现代科学影响世界的方式，反而导向了文化上的“去人性化”倾向。[②]

这种观点的根源在于，对于霍克海默来说，人类本性究其本质来说首先是自主的，而这种自主意味着，人能通过理性的思考选择自己生命的目标。按照霍克海默的观点，在一个被工具理性支配的文化中，对生命目标的理性思考会消失。为了在资本主义社会中消除对目的的批评，关于目的的讨论会被当作是非理性的。决定生命的目的并不需要被辩护，而仅仅需要被强大的意志所贯彻，在霍克海默看来，在一个由科学支配的世界中，关于目的的问题变成了关乎权力的问题。[③] 如果一个社会将目的设定为收益最大化，那么它在这样的目的设定中不再能被批判了，因为在被工具理性所支配的世界之中，我们不可能用理性的方式来批判目的。

霍克海默认为，“物化”的进程是非工具理性在现代社会中失败的主要原因。[④] 要做出某个行动或者按照

---

① Max Horkheimer, *Kritik der instrumentellen Vernunft* (1947), übers. von A. Schmidt, Frankfurt/M. 1967, S. 39.

② Max Horkheimer, *Kritik der instrumentellen Vernunft* (1947), übers. von A. Schmidt, Frankfurt/M. 1967, S. 39.

③ Max Horkheimer, *Kritik der instrumentellen Vernunft* (1947), übers. von A. Schmidt, Frankfurt/M. 1967, S. 42 und 46.

④ Max Horkheimer, *Kritik der instrumentellen Vernunft* (1947), übers. von A. Schmidt, Frankfurt/M. 1967, S. 54 f.

金钱价值评价某物，它就必须被视作一个对象，必须被物化。如果现在文化只关注交易的过程，那么所有不能被交易的东西，就都是可疑的，进而是不现实的，因为只有在经济上可以估价的东西才是“踏实可靠”的、现实的。但是，因为生活目的既非交易产品，也不能被物化，那么在一个由工具理性统治的资本主义社会中，就不可能用理性的方式思考生活目的了。这样，工具理性的支配一方面损害了人类的自主性，另一方面也损害了人类本性之中真正的目的理性。

霍克海默认为，由定量方法界定的科学用资本主义贸易的方法设下了边界，否定了其他所有采用定性方法以及针对目的观念的研究(怀特海所谓的“思辨理性”的活动)，认为它们是不精确而“软弱”的。这样，对于另一种生活方式的考量就是不可能的，因为面对所谓的“实际困难”来说，这种考量是“不切实际”的。已经进入工具理性占据主导地位阶段的社会(不难在这个 1947 年的描述中看到我们当下的情况)，紧接着就会“被夺走一切用以对抗奴役的精神工具”①。

(7)伽达默尔和霍克海默二人进行的科学批判及其在科技、政府机构和经济中的运用，成问题的是生活世界与人类本性或者所谓人类本质的联系。生活世界不能被作为对象把握，它的整全性只能被模糊地感知，但不

---

① Max Horkheimer, *Kritik der instrumentellen Vernunft* (1947), übers. von A. Schmidt, Frankfurt/M. 1967, S. 89.

能被对象化。因此，我们不能清楚地知道，为什么生活世界是一个人性在其中现实地出现的“王国”。一样不清楚的是，人性可能是什么，它能不能通过某种尤其关照生活目的的自主理性来实现。在这些关系里，我们还要问，将自主强调为人类本质的观点，如何与将精神分析视作批判理论的人类学来源的观点相统一。① 一旦我们考察这些前提，伽达默尔和霍克海默的科学批判及其运用就像他们潜藏起来的本质主义人类学一样值得怀疑。如果不存在这种作为人类本质的现实王国的生活世界，那生活方式在科学和技术上的变化就不必然是对于人性的伤害。伽达默尔和霍克海默都没有说出，为了将我们的文化变成一个生活世界，让人们在其中可以实现本性，要去掉哪一部分科学和技术的影响。而这一事实恰恰说明，他们的批判是多么模糊。阿多诺认为，如果所有的人都在错误的环境中生存，每个精神都由错误的关系塑造，那么也就不存在建设性的批判，只存在否定。这个思想或许标志着他认识到，霍克海默的人类本质观念指向了一种不可能实现的东西。至于这个观点关系到人类本性，完全自足的、不可对象化的自主，还是暗示

---

① Herbert Marcuse，*Der eindimensionale Mensch. Studien zur Ideologie der fortgeschrittenen Industriegesellschaft*，Neuwied，Berlin 1967，Kap. 3，und Joel Whitebook，*Perversion and Utopia. Studies in Psychoanalysis and Critical Theory*，Cambridge/MA 1995 passim.

根本不存在人类本性，我们在这里不予讨论。[①]

由萨宾娜·拜尔(Sabine Baier)译自英语。

① Theodor W. Adorno, *Minima Moralia*, Frankfurt/M. 1988, S. 42.

译后记

该论文集由导论和十五篇文章构成，译稿是八位译者共同努力的结果，现将分工情况介绍如下：导论、第十四篇：刘珂舟(重庆大学博雅学院)；第一、七篇：施林青(德国波恩大学 Uni. Bonn)；第二篇：刘万瑚(北京师范大学哲学学院)；第三、四、九篇：孙铁根(外交学院马克思主义学院)；第五、八、十篇：韩骁(中国社会科学院哲学研究所)；第六篇：文晗(湖南大学岳麓书院)；第十一篇：武潇洁(扬州大学马克思主义学院)；第十二、十三、十五篇：阿思汗(德国图宾根大学 Uni. Tübingen)。

论文集中的专有名词和重要术语，我们尽量做了统一。该论文集的翻译对于我们而言也是学习的过程，如有任何错误和疏漏，还请各位尊敬的读者多多批评指正。

感谢田毅松老师和北京师范大学出版社的邀约，感谢责任编辑刘溪认真负责的工作！

孙铁根

2022 年 11 月

图书在版编目（CIP）数据

什么是批判/（德）拉埃尔·耶吉、蒂洛·韦舍编；孙铁根等译.
—北京：北京师范大学出版社，2023.3
（拉埃尔·耶吉作品系列）
ISBN 978-7-303-28774-1

Ⅰ.①什… Ⅱ.①拉… ②蒂… ③孙… Ⅲ.①哲学—研究 Ⅳ.①B0

中国国家版本馆 CIP 数据核字（2023）第 022347 号
北京市版权局著作权合同登记号 图字：01-2021-4113 号

营销中心电话 010-58805385
北京师范大学出版社
主题出版与重大项目策划部

SHENME SHI PIPAN
出版发行：北京师范大学出版社 www.bnupg.com
北京市西城区新街口外大街 12-3 号
邮政编码：100088
印　　刷：北京盛通印刷股份有限公司
经　　销：全国新华书店
开　　本：890 mm×1240 mm 1/32
印　　张：15.25
字　　数：250 千字
版　　次：2023 年 3 月第 1 版
印　　次：2023 年 3 月第 1 次印刷
定　　价：72.00 元

策划编辑：祁传华　　责任编辑：刘　溪
美术编辑：王齐云　　装帧设计：王齐云
责任校对：段立超　　责任印制：赵　龙

版权声明